*Keep your face towards the sun and
your shadow will always be behind you*

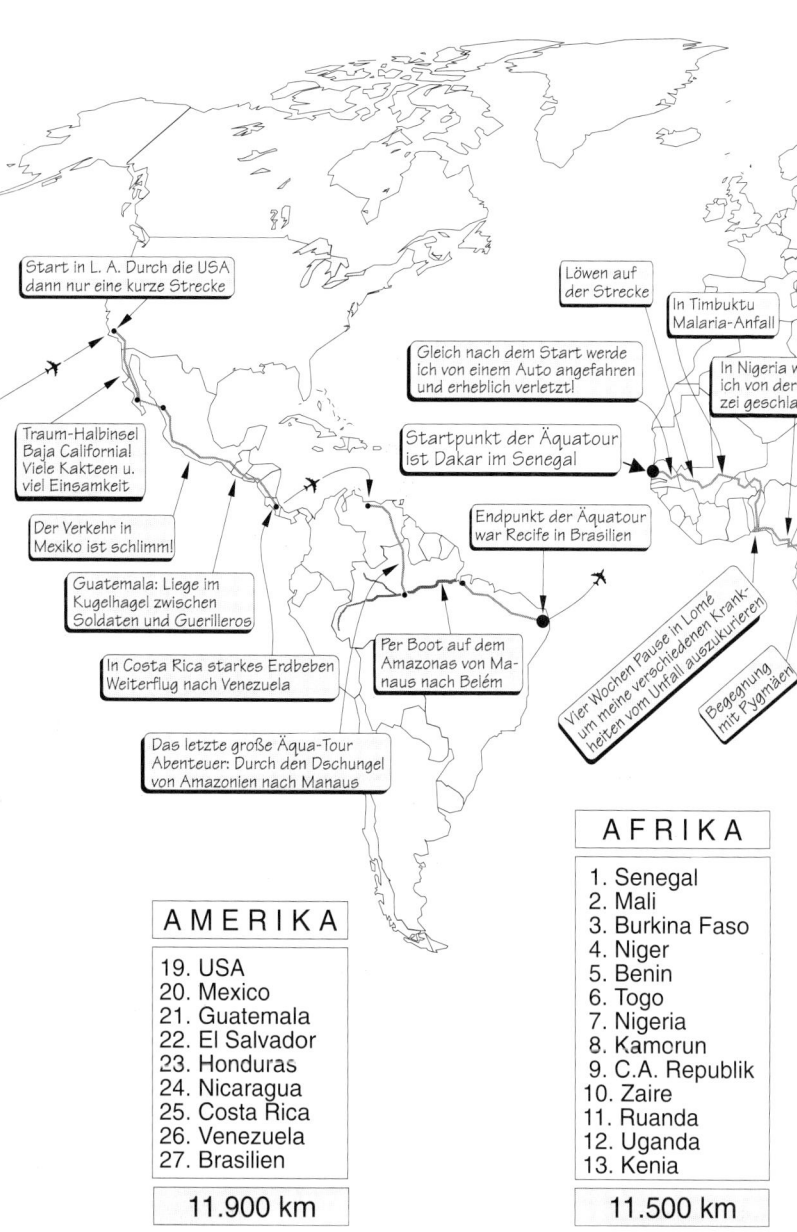

Start in L. A. Durch die USA dann nur eine kurze Strecke

Löwen auf der Strecke

In Timbuktu Malaria-Anfall

In Nigeria werde ich von der Polizei geschlagen

Gleich nach dem Start werde ich von einem Auto angefahren und erheblich verletzt!

Traum-Halbinsel Baja California! Viele Kakteen u. viel Einsamkeit

Startpunkt der Äquatour ist Dakar im Senegal

Der Verkehr in Mexiko ist schlimm!

Endpunkt der Äquatour war Recife in Brasilien

Guatemala: Liege im Kugelhagel zwischen Soldaten und Guerilleros

In Costa Rica starkes Erdbeben Weiterflug nach Venezuela

Per Boot auf dem Amazonas von Manaus nach Belém

Vier Wochen Pause in Lomé um meine verschiedenen Krankheiten vom Unfall auszukurieren!

Begegnung mit Pygmäen!

Das letzte große Äqua-Tour Abenteuer: Durch den Dschungel von Amazonien nach Manaus

AFRIKA

1. Senegal
2. Mali
3. Burkina Faso
4. Niger
5. Benin
6. Togo
7. Nigeria
8. Kamerun
9. C.A. Republik
10. Zaire
11. Ruanda
12. Uganda
13. Kenia

11.500 km

AMERIKA

19. USA
20. Mexico
21. Guatemala
22. El Salvador
23. Honduras
24. Nicaragua
25. Costa Rica
26. Venezuela
27. Brasilien

11.900 km

Reise Know-How
Die Äqua-Tour • Tilmann Waldthaler

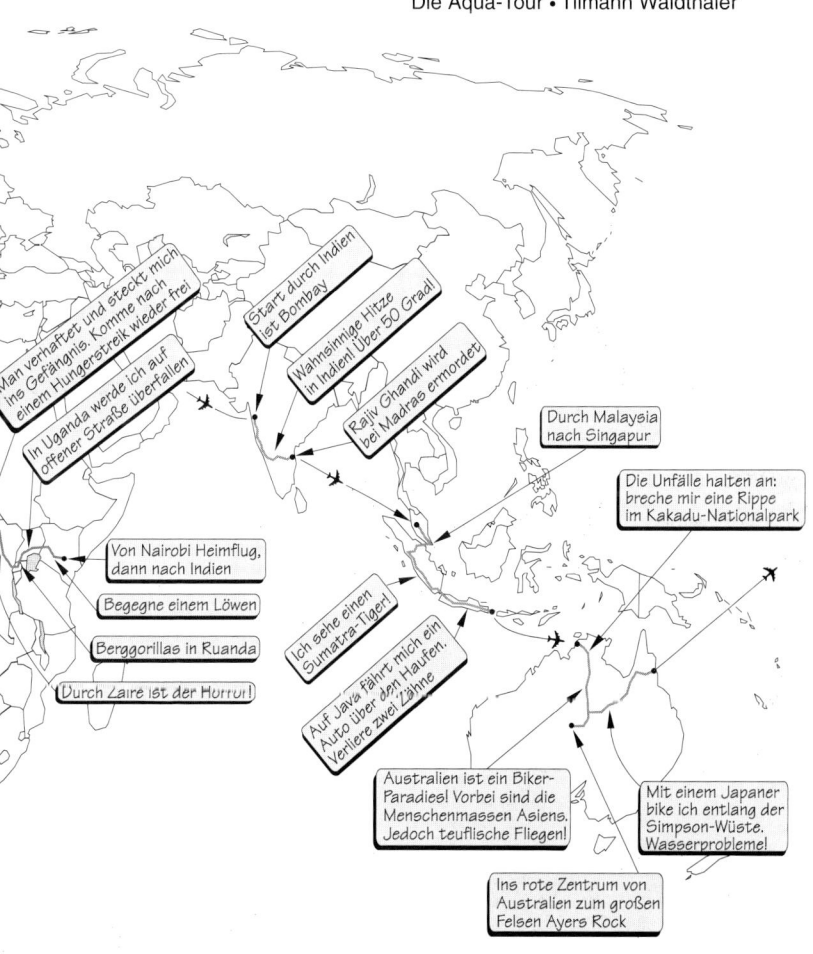

Man verhaftet und steckt mich ins Gefängnis. Komme nach einem Hungerstreik wieder frei

In Uganda werde ich auf offener Straße überfallen!

Start durch Indien ist Bombay

Wahnsinnige Hitze in Indien! Über 50 Grad!

Rajiv Ghandi wird bei Madras ermordet

Durch Malaysia nach Singapur

Die Unfälle halten an: breche mir eine Rippe im Kakadu-Nationalpark

Von Nairobi Heimflug, dann nach Indien

Begegne einem Löwen

Berggorillas in Ruanda

Durch Zaire ist der Horror!

Ich sehe einen Sumatra-Tiger!

Auf Java fährt mich ein Auto über den Haufen. Verliere zwei Zähne.

Australien ist ein Biker-Paradies! Vorbei sind die Menschenmassen Asiens. Jedoch teuflische Fliegen!

Mit einem Japaner bike ich entlang der Simpson-Wüste. Wasserprobleme!

Ins rote Zentrum von Australien zum großen Felsen Ayers Rock

ASIEN		
14. Indien		
15. Malaysia		
16. Singapore		
17. Indonesien		
6.500 km	AUSTRALIEN	TOTAL
	5.500 km	35.400 km

Der Verlag Helmut Hermann
ist Mitglied der Verlagsgruppe

Die ÄQUA-TOUR

Mit dem Mountainbike
35.000 km am Äquator um die Erde

Tilmann Waldthaler

Impressum

Tilmann Waldthaler
Die Äqua-Tour

ISBN 3-929920-12-3

ist erschienen im
Reise Know-How Verlag Helmut Hermann
Untere Mühle
D 71706 Markgröningen

© RKH Verlag H. Hermann
Alle Rechte vorbehalten
1. Aufl. Febr. 1994

Gestaltung
Umschlagkonzept: M. Schömann, P. Rump
Buchgestaltung und Karten: H. Hermann
DTP: René Steiner
Fotos: Tilmann Waldthaler, S. 243 o. E. Därr

Produktion
Druck und Bindung: Fuldaer Verlagsanstalt
Satzbelichtung: SRW, Markgröningen
Farblithos: Litho-Connection, Lorenzenberg

Bezug und Auslieferung für den Buchhandel
Deutschland: PROLIT, Postfach 9, 35461 Fernwald
Schweiz: AVA-Buch 2000, Postfach 89, 8910 Affoltern
Österreich: Mohr & Morawa, Postfach 260, 1101 Wien
Niederlande: Nilsson & Lamm bv, 1380 AD Weesp
Wer im Laden trotzdem kein Glück hat, bekommt dieses Buch gegen
Voreinsendung des Kaufpreises (Scheck im Brief) direkt beim Verlag.

*Alle Angaben leider ohne Gewähr. Der Reise Know-How Verlag Helmut Hermann
sucht weitere Autoren zur Fortsetzung der RKH-Buchreihe "rad & bike"*

Inhaltsverzeichnis

„Ich bin erstaunt, daß ich noch nicht tot bin..." *9*

Die Äqua-Tour *11*

So ging es los *14*

Und schon nach sechs Tagen alles vorbei? *16*

Betten in den Bäumen *21*

Die Fahrt nach Timbuktu *25*

Grausamkeiten der Sahelzone *29*

Blutvergiftung und Malaria *37*

Geister, Blut und Hexenzauber *45*

Nigeria, die Hölle Afrikas *50*

Ein Biker bei den Pygmäen *55*

Rast im Knast *63*

Trampeln statt Strampeln *71*

Zu Besuch bei den Berggorillas *79*

Überfälle sind normal *86*

Die Dörfer der Toten *91*

Naturparadies Kenia *95*

Indien - mit und ohne Wunder *106*

Hitze, Staub und Dürre *117*

Rajiv Gandhi wird ermordet *122*

Durch Malaysia nach Singapur *126*

Sumatra: Tiger und Vulkane *134*

Auf Java und Bali *150*

Australien: unendlich weit *160*

Rock around the clock *177*

Die Simpson-Wüste - ein Fall für zwei *185*

Biken in den USA *200*

Traumhalbinsel Baja California *202*

Verkehrschaos Mexiko *211*

Im Kugelhagel der Guerilleros *216*

Die Revolution entläßt ihre Kinder *223*

Nicaragua: Make Bikes not Bombs *227*

Traumland Costa Rica *233*

Venezuela: La Gran Sabana *239*

Amazonas und Kulturschock Manaus *244*

Endspurt nach Recife *255*

Äqua-Tour - Nachbetrachtungen *260*

Waldthalers Fahrrad-Expeditionen *287*

Tilmann Waldthaler

wurde 1942 in München geboren und er lebt, wenn er nicht gerade auf einer Biketour ist, auf einem Bergbauernhof im Sarntal in Südtirol. Hat einen italienischen und australischen Paß. Nach einer Koch- und Konditorlehre zog es Tilmann alsbald in die Welt, nach einem Aufenthalt in der Schweiz ging es für einige Jahre nach Südafrika. Von dort für sechs Jahre weiter nach Australien, wo er 1975 seine Liebe zum Fahrrad entdeckte. Es folgten ausgedehnte Radtouren durch Australien, Asien und Amerika, mittlerweile hat er über 100 Länder bereist, die meisten davon mit Tourenrad und Bike. Heute hauptberuflich als Autor, Fotograf und Vortragender tätig, auf seinen Fahrrad-Expeditionen testet und entwirft er neue Produkte rund ums Bike.

„Ehrlich gesagt, ich bin erstaunt, daß ich noch nicht tot bin..."

In den letzten siebzehn Jahren habe ich über 300.000 Kilometer mit verschiedenen Fahrrädern und Bikes zurückgelegt. Während diesen abenteuerlichen Fahrten durch alle fünf Kontinente habe ich gelebt, erlebt und überlebt.

In diesen letzten siebzehn Jahren hat sich die Welt dramatisch verändert. Von Tag zu Tag muß unsere Erde immer mehr Menschen tragen und ertragen. Der Überlebenskampf hat mancherorts bereits unfaßbare Formen angenommen. Die weltweite Verstädterung wuchert wie ein Geschwür und mit ihr die sozialen Entwurzelungen der Menschen. Wo es gestern noch paradiesische, idyllische Plätze gab, trifft man heute oft nur noch Chaos an. Auf meinen Reisen waren Vulkanausbrüche und Erdbeben, Überschwemmungen, Hitze- und Dürrekatastrophen, Bürgerkriege, Überfälle, Unfälle und Malariaanfälle oft ständige und gefährliche Begleiterscheinungen. Ehrlich gesagt, ich bin erstaunt, daß ich noch nicht tot bin.

Und dennoch entflammte nach jeder vollendeten Reise das Feuer zum Neuaufbruch einer abenteuerlichen Radtour in mir: mal entlang des Nils, durch Australien oder gar zu den höchsten Bergen der Welt. Ich weiß, daß mein ungebundener Lebensstil, meine Unabhängigkeit, meine Pässe, meine Erfahrung und mein Willen mir die Freiheit geben, dahin aufzubrechen, wohin ich will.

Es ist ein Traum Vieler, einmal in ihrem Leben die Erde zu umrunden - ob im Flugzeug, mit dem Auto, auf einem Segelboot oder Schiff. Aber nur die wenigsten sind fest entschlossen und haben auch den Mut, ihren Traum in die Tat umzusetzen. Es werden die verschiedensten Gründe angeführt, warum man sich seinen Traum nicht erfüllt - meist Zeit- und Geldmangel (früher wurde als erster Grund meist „Geldmangel" genannt).

Die Wahrheit dürfte jedoch in einer anderen „Schublade" liegen: dem „Gewohnheitstier Mensch" fällt es in der Regel sehr schwer, von zu Hause, von den Lieben, von der gewohnten, sicheren Umgebung für längere Zeit Abschied zu nehmen. Er mag es auch nicht, für längere Perioden nur auf sich selbst angewiesen zu sein. Und ich gebe zu, in anderen Ländern mit fremden Sitten unter vielerlei Entbehrungen auf längere Zeit zurechtzukommen ist selbst für erfahrene Reise-Nomaden nicht immer leicht. Und wenn der Trip dann auch noch durch Gebiete führt, in denen die Ungewißheit und das Abenteuer zum Überlebens-Streß ausartet, sollte man sich wirklich gut überlegen, ob man sich auf solcherart Reisen einlassen will.

Mit 265.000 Kilometern in den Beinen und den damit verbundenen Erfahrungen im Kopf glaubte ich genügend Lehrzeit absolviert zu haben, um mir meinen Traum von einer Radreise rund um die Welt erfüllen zu können. Es gab für mich überhaupt keinen Zweifel, daß ich ein Mountainbike als „Transporter" benützen würde. Die Frage war nur, ob ich die Welt auf einer „leichteren" oder auf einer „schwierigeren" Strecke umrunden sollte.

Ich verbrachte einmal zwei Monate in einem indischen Ashram und vier Monate in einem buddhistischen Kloster in Sri Lanka. Seitdem weiß ich, daß extreme Leistungen wie eine Weltumrundung per Bike auch als ein mittlerer Weg bezeichnet werden können. Der Äquator ist die Mittellinie um die Erde, und eine Radtour entlang dieser imaginären Linie zwischen den beiden Wendekreisen war für mich der „mittlere Weg", die Welt zu umrunden.

Die Äqua-Tour

war eine 35.400 Kilometer lange und 22 Monate dauernde Mountainbike-Tour um die Welt vom Juli 1989 bis Mai 1992.

Ausgangspunkt war der westlichste Punkt Afrikas, Senegal. Von da kurbelte ich quer durch den „Schwarzen Kontinent" nach Kenia. Nach einem Heimflug ging es weiter durch Asien. Ich startete in Bombay in Indien und radelte durch Malaysia, Sumatra und Java bis Bali. In Australien fuhr ich von Darwin über Alice Springs nach Cairns. Nach dem Flug in die USA bikte ich von Los Angeles nach Süden, durch Mexiko und Mittelamerika und Venezuela bis zum östlichsten Punkt Südamerikas, zum Endpunkt Recife in Brasilien.

Die Strecke verlief nicht nur durch die ausgedehnten Wald- und Steppengebiete Afrikas, Asiens und Südamerikas, sondern sie führte auch zu großen Millionenstädten, wie Lagos, Bombay, Madras, Singapur, Los Angeles, Guadalajara, Caracas oder Manaus. Diese von „Menschen bewohnten Ameisenhaufen" waren ein gewaltiger Kontrast zu jenen Gebieten, in denen ich oft wochenlang einsam unterwegs war.

Ich habe mich oft gefragt, warum die Menschen in diesen furchtbar chaotischen Städten leben und leiden müssen. Platz gäbe es wohl genug in der Sahelzone, in den Regenwaldgebieten Zentralafrikas, im fast menschenleeren Australien oder in der Gran Sabana in Venezuela. Doch der Mensch hat sich selbst unfähig gemacht, in der Natur, die ihm eigentlich am nächsten liegt, zu überleben. Er hat es nicht verstanden, mit dem Vorhandenen sinnvoll umzugehen. Nach den abgeholzten und abgebrannten Wäldern, nach dem großen Sterben in der Tier- und Pflanzenwelt sehen wir uns jetzt einer zerstörten Umwelt gegenüber und als letzte Konsequenz droht uns unsere Selbstvernichtung.

Die Äqua-Tour war für mich nicht nur meine zweitlängste Biketour und die Erfüllung eines Traumes, für mich war diese Reise um die Erde auch ein noch längerer Weg bis ins Innerste meiner Gefühle und Gedanken, ständig gespeist und gefüttert von den Aussichten, Ansichten und Einsichten, die mir der tropische Wind in die Ohren flüsterte. Ich war erstaunt und entsetzt, was unterwegs meine Augen zu sehen bekamen, war fasziniert von so vielen verschiedenen Kulturen, Sitten und Entwicklungsstufen der Menschheit. Schokkiert von der Brutalität der „Rambo-People", aber auch motiviert von den vielen schönen Erlebnissen und Dingen, die ich auf meiner Reise erfahren durfte.

Während der Äqua-Tour wurde mir auch bewußt, daß ich sicherlich die Träume jener Menschen verwirklichte, die im Stillen von einer derartigen Fahrradfernreise träumen. Freuen würde es mich deshalb ganz besonders, wenn vielleicht der eine oder andre eines Tages den Mut aufbrächte, seine Radtouren-Träume in die Realität umzusetzen. Es muß ja nicht gleich eine Reise rund um die Welt sein...

Ich wünsche schöne Stunden beim Lesen der Äqua-Tour! Wer die Äqua-Tour in Dias nacherleben will, bitte Seite 287 beachten.

Herzlichst, euer Tilmann

Bedanken

möchte ich mich bei allen, die mir mit „Rat für die Tat mit dem Rad" vor, während und nach der Tour beigestanden haben. Ohne eure Hilfe wäre es bestimmt nicht so gut gelaufen. Ganz besonders ein herzliches Dankeschön an meine Lebensgefährtin Renate Traemann und für Deine Einstellung „Wenn du einen Mann behalten willst, mußt du ihn ziehen lassen...". Dank den Firmen Kettler, Karrimor, Grofa, Löffler und Roeckl. Eure Unterstützung und euer Verständnis für meine Abenteuerlust tat mir gut. Auch ein herzliches Dankeschön der Fa. Montres Rolex in Genf. Der „Honourable Mention Award 1990" hat mir bewiesen, daß ich auf dem richtigen Pfad der Anerkennung bin.

Last but not least besten Dank auch den Polizisten, die mich unterwegs verhaftet, dann aber doch wieder „enthaftet" haben, den kleinen Betrügern, die sich von mir große Beute erhofften, sorry boys, es hat halt doch nicht geklappt. Dank auch den vielen Menschen in der Dritten Welt, die mir stets ein Dach über dem Kopf geboten haben. Und dann gibt es noch Hunderte von lieben Leuten die mir geholfen haben, ohne zu wissen, daß sie es getan haben.
EUCH ALLEN EIN DANKESCHÖN!

Afrika

So ging es los

Die Vorbereitungen, die ich für diese lange Reise rund um die Welt getroffen hatte, waren meines Erachtens gut und realistisch durchdacht. Doch ganz gleich, wieviele Radtouren ich bereits hinter mir habe, am Abreisetag stehe ich immer wieder grübelnd vor meinem aufgetürmten „Fernlaster" und frage mich, wie ich es nun wieder geschafft habe, soviel Zeug mitnehmen zu wollen. Und dann wird jedesmal schnell noch dieses oder jenes ausgetauscht, dazugegeben, wieder weggenommen und doch wieder eingepackt. Im Flugzeug läuft mir dann eine Gänsehaut über den Rücken: „Scheiße... - nach all der Hektik habe ich das Ding jetzt doch vergessen!" Das vergessene Objekt war diesmal nichts anderes als ein altes T-Shirt, das ich bereits während meiner vorherigen Tour liebgewonnen hatte. Doch es hätte mich ja gewundert, wäre es diesmal anders gelaufen. Was mich an dieser Sache überraschte, war die plötzliche Wichtigkeit der kleinen Dinge im Leben eines Radfahrers.

Beim Anflug auf Dakar mit dem Linienflug aus Rom sind meine Augen zu beschäftigt, um noch länger über ein altes T-Shirt nachzudenken. Und obwohl es noch mindestens zwanzig Minuten bis zum „touch down" sind, bemerke ich die Aufregung bei den Passagieren. Man hätte meinen können, es würde in Dakar keine Toiletten geben! Ein unablässiges Kommen und Gehen nach hinten und vorne, Türen auf und Türen zu. Viele holen bereits ihr Handgepäck aus den Ablagen und stellen alles auf den Boden. Unruhe auch vor den Ausgängen. Die Stimme des Stewards fordert die Leute auf, das Gepäck zurückzustellen, sich niederzusetzen, anzuschnallen und zu warten, bis das Flugzeug vor dem Terminal zum Stillstand gekommen ist.

Unglaublich, daß Afrikaner solche Hektiker sein können. In vielen Situationen sind sie die Ruhe selbst, in anderen Situationen kann man ihre Ungeduld kaum ertragen und schon überhaupt nicht verstehen. Der Innenraum des Flugzeugs ist mit einem afrikanischen Marktplatz vergleichbar - doch statt schwarzen Diplomaten-

Köfferchen, Whiskey- und Parfüm-Tragetaschen liegen Körbe, bunte Taschen, Tüten, Kartons und alle mögliche andere Behälter verstreut herum. An der Bekleidung der Passagiere ist zu erkennen, daß wir in einigen Minuten in einem Land mit starkem arabischen Einfluß landen werden, und deshalb rollt das „Duty Free"-Wägelchen mit seinen Alkoholika auf diesem Flug auch gar nicht erst heran.

Um 4.30 Ortszeit ist es dann soweit. Sanft setzt der Pilot den Airbus A 300 auf die Landebahn des Flughafens Dakar-Yof. Und um 5.30 Uhr war ich bereits auf der Straße nach Dakar.
Doch meine Reise rund um die Welt begann nicht direkt am Flugplatz. Ich wollte mich zuerst akklimatisieren und informieren, meine Ohren dem Lärm Afrikas aussetzen und meine Haut, nach einem langen kalten Winter, an die heißen Strahlen der afrikanischen Sonne gewöhnen. Ich finde es immer sehr wichtig, Körper und Geist in einer neuen Umgebung die Möglichkeit zu geben, sich anzupassen. In Gedanken kann man dies bereits vor der Reise tun, doch ob Körper und Geist dies dann auch noch im Chaos der Dritten Welt tun, ist eine andere Frage.
Zwei Tage habe ich in Dakar verbracht, in den Marktbuden Couscous gegessen, meine Verpflegung für die Fahrt durch den Senegal gekauft und mit den Leuten gesprochen. Dabei mußte ich feststellen, daß es zwischen Senegal und Mauretanien offensichtlich Probleme gibt. Probleme zwischen den Völkern Afrikas, von denen wir in Europa entweder gar nichts oder nur wenig wissen.
Ich wollte mich nur solange in Dakar aufhalten, bis ich den Drang verspürte aufzubrechen, und als ich dann endlich lospedalte, war dies ein Gefühl, daß sich kaum beschreiben läßt.
Mein Bike steht bereit, ausgerüstet und bepackt für die lange Reise rund um die Welt. Egal, ob meine Füße den „Kreislauf" am Kettenblatt 1000 Mal oder 900.000 Mal wiederholen werden. Es ist auch gleichgültig, ob ich 100 Liter oder 9000 Liter Wasser während der Reise trinken werde. Jetzt stehe ich vor der Traumstraße meines Lebens, einer Idee, die schon lange in meiner Phantasie rumorte. Das Besondere an meiner Tour ist die absolute Ungewißheit, in die ich hineinradle. Zwar kann ich mich als Mensch an klimatische

Bedingungen anpassen und selbst in den menschenunfreund-
lichsten Regionen dieser Erde eine Zeitlang überleben, doch ist
man immer auch den Ungewißheiten, Überraschungen und den
Ideen anderer Leute während einer derartigen Reise ausgeliefert.
Der Gefahrenbereich während einer Fahrrad-Ferntour ist in den
letzten Jahren um vieles größer geworden. Einerseits kann man
den Massentourismus für diese Situation mit verantwortlich machen, andererseits wiederum haben eine Reihe von sozialen und
wirtschaftlichen Verwerfungen in unseren Reiseländern diese
Veränderungen gleichfalls verursacht.

Ich stand am Anfang eines Traums und hatte innerlich das Gefühl,
diesen Traum austräumen zu können. Natürlich war mir auch
bewußt, was da auf mich zukam: 27 Länder, 4 Kontinente, Hitze,
Staub, Regen und Wind, gefährlicher Straßenverkehr, wilde Tiere,
Bürgerkriege, Elend, Not, Korruption, Papierkram und vieles mehr.
Doch es hat mich ja niemand gezwungen, diese Reise durchzuführen. Es war meine Art, „von der Welt zu nehmen und der Welt
zu geben".

Jetzt stehe ich am westlichsten Punkt dieser Weltreise. Vor mir die
Sahelzone, der Südrand der Sahara.

Und schon nach 6 Tagen alles vorbei?

In Afrika gibt es besondere mentale Einstellungen für außergewöhnliche Umstände oder den Verlauf des Schicksals. In den arabischen Ländern nennt man dieses Bewußtsein „Inschallah", südlich der Sahara heißt es: „C'est l'Afrique". Beide Ausdrücke werden mit den dazu passenden Gesten verstärkt. Bei dem ersten
werden mit einem leidenden Blick die Arme gegen den Himmel
gerichtet. Bei dem zweiten deuten die Hände auf den Boden, die
Augen funkeln, und mit einem melancholischen Ton wird die Aussage nochmals betont: „Oui, c'est l'Afrique..."

Afrikaner sind Menschen, die ihren Frohsinn gerne zeigen, und
davon war ich schon immer fasziniert. Oft ist diese Fröhlichkeit
auch mit einer unglaublichen Darstellungskraft verbunden. Einfach
überzeugend. Obwohl die allermeisten Leute eigentlich nichts zum

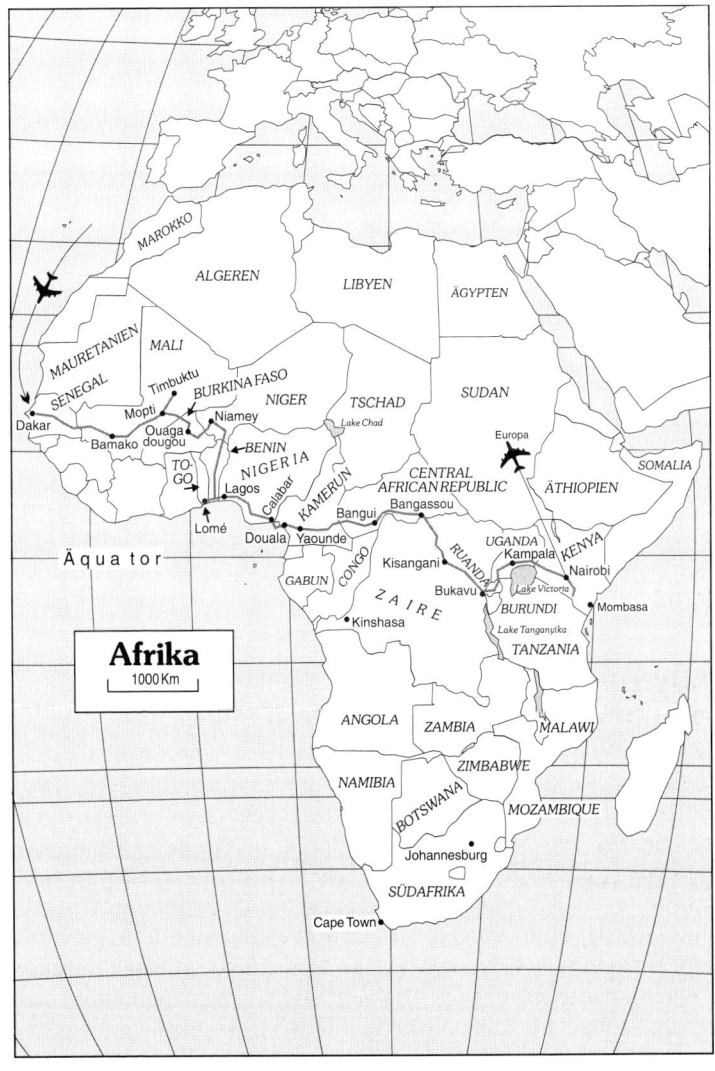

Lachen haben. Für einen Europäer ist das oft schwer zu verstehen.

Es ist gleichgültig, wieviel man bereits vor der Reise trainiert hat, die eigentliche Tour ist dann für mich immer die beste Zeit, Geist und Körper auf die Reise einzustellen. Es geht nichts über ein „on-the-road-training", vorausgesetzt, man bringt die richtige Einstellung mit.

Ich hatte die ersten 600 Kilometer hinter mir und alles schien nach Plan zu laufen. Die ersten Reisetage waren leicht zu bewältigen, denn die Straße war asphaltiert. Schlaglöcher und andere Unebenheiten bezeichnet man in Afrika nicht als schlechten Straßenzustand.

Schwer beladene „taxi brousse" - Buschtaxis - quälten sich entlang der immer schlechter werdenden Straße. Die Passagiere jubelten mir zu, denn sie waren offensichtlich überrascht, einen Europäer auf dem Bike zu sehen. Von hinten raste ein Motorrad auf der holprigen Straße auf mich zu. Der Fahrer setzte zum Überholen an. An der Lenkstange baumelten Hühner und der Mann hatte viel Mühe, seine Maschine um die mit Regenwasser gefüllten Schlaglöcher zu steuern. Dann ein kurz aufheulender Motor und gackernde Hühner, gefolgt von einem schweren Schlag an meine linke Schulter und ein weiter Sturz über den Fahrradlenker kopfüber in die größte Pfütze.

Es ist alles so schnell passiert, daß ich gar nicht wußte, wie es ablief. Das Motorrad lag auf meinem Bike. Der Fahrer wurde durch den Aufprall unter die Bäume am Straßenrand geschleudert. Mein Körper schmerzte und ich lag neben einigen toten Hühnern auf der Straße. Der Afrikaner saß stöhnend unter einem Baum. Ich raffte mich zusammen, humpelte hinüber zum Motorradfahrer und mußte feststellen, daß sein Schienbein total zerfetzt war. Auch mein Körper hatte den Unfall nicht ohne Wunden überstanden. Blut strömte aus einer faustgroßen Verletzung an meinem Knie. Wütend stand ich vor dem Afrikaner und fluchte meinen französischen Wortschatz unkontrollierbar in den Dschungel. Immer wieder beteuerte er seine Unschuld, von welcher ich eigentlich nichts wissen und hören wollte. Sollte dies bereits das Ende meiner Äqua-Tour sein?

Ich war am Rande der Verzweiflung und mußte mich sehr beherrschen, ihm nicht noch sein zweites Bein zu brechen. Ich hatte ein ganzes Jahr an den Vorbereitungen für diese Reise gearbeitet und jetzt schien alles schon vorbei zu sein. Unfaßbar, einfach unglaublich. Dieser Scheißkerl. So rücksichtslos und provokant diese schlechte Straße zu befahren war für mich unverständlich. Dann standen plötzlich viele Leute um uns herum, ich wußte nicht, woher die so schnell gekommen waren. Doch an neugierigen Menschen fehlt es in Afrika nie. Jeder wollte helfen und einen Beitrag zu unserem Unglück leisten. Die Frauen bemitleideten uns, die Männer gestikulierten und fuchtelten wild umher, sinnlos, nichtssagend, mit viel Geschrei und bla bla. Die vielen Kinder standen mit weit geöffnetem Mund herum, mit großen Augen starrten sie auf mich und konnten doch das Kichern nicht verbergen. Das Bild vom blutenden weißen Mann mit seinem Bike werden sie wahrscheinlich nie vergessen.

Dann wurde der verletzte Afrikaner wie ein Sack Kartoffeln in ein von den Leuten angehaltenes Buschtaxi gelegt und sein Motorrad auf dem Dach des Autos befestigt. Mein Fahrrad und meine Taschen paßten schließlich auch noch drauf und die 22 überlebenden Hühner wurden an den Beinen wieder zusammengebunden und auf der Ladefläche verstaut. Mit viel Geschrei und einer unglaublichen Aufregung wurden wir anschließend ins nächste Dorf zum „Centre médical" verfrachtet und medizinisch versorgt.

Ich war ja nicht das erste Mal in Afrika und wußte aus Erfahrung, daß die medizinische Versorgung in einem afrikanischen Buschkrankenhaus nicht immer, aber meistens viel zu wünschen übrig läßt. Europäische Schlachthäuser haben mit Sicherheit bessere hygienische Bedingungen als einige Krankenhäuser in Afrika. Obwohl ich nur eine tiefe Wunde am Knie und Hautabschürfungen am Oberschenkel hatte, wurde mir das ganze Bein in einen gipsähnlichen Verband gelegt. Ohne Verband konnte ich mich frei bewegen. Mit dem Verband fühlte ich mich nahezu gelähmt. Der Unfall war für mich eine psychische Belastung, der Gipsverband jedoch wie ein vollstrecktes Urteil - sofortiger Freiheitsentzug!

Doch meine Verletzung erschien mir nicht schwerwiegend genug, um längere Zeit im „Centre médical" zu bleiben. Außerdem wußte ich, daß es mir mit einem normalen Verband psychisch besser gehen würde. Ich hätte ja auch einfach weglaufen können. Doch wäre dies für meine Krankenschwester bestimmt mit unangenehmen Folgen verbunden gewesen.

Aber frei nach dem Motto: „lieber draußen in der Natur überleben als drinnen im Krankenhaus darniederliegen" humpelte ich zum Stationsleiter. Ich überzeugte ihn, daß es besser wäre, wenn ich ginge. Verbandszeug und Heilsalbe etc. hatte ich ja selbst in meinen Taschen. Nach einem Blick auf mein Bein beauftragte er einen Mitarbeiter, das Bike und die Taschen aus einer Kammer zu holen. Der Arzt sah sich das Bike und die Ausrüstung genau an und begeistert hörte er mir zu, als ich ihm von meinen anderen Reisen erzählte (von der Äqua-Tour konnte ich ihm ja nicht viel erzählen, da diese Tour erst sechs Tage alt war).

Ich wollte losfahren. Doch der Verband war so fest zusammengebunden, daß ich mein Knie gar nicht abbiegen konnte. Man machte mir einen neuen und lockeren Verband, und ich ließ den Arzt dafür mit dem Mountainbike eine Runde im Dorf drehen. Wir betrachteten dies als einen realistischen Kompromiß. Gemessen an europäischen Maßstaben unvorstellbar, doch in Afrika die logischste Sache der Welt. Nachdem der Arzt seine Probefahrt beendet hatte (wobei das Stethoskop aus einer Tasche seines weißen Kittels baumelte), war er so begeistert, daß er mich anschließend noch zum Mittagessen einlud.

Am Nachmittag fuhr ich dann weiter in Richtung Mali, auf einer Piste mit tropischen Bäumen, vielen Steinen und Schlammlöchern. Gegen 16 Uhr war dann dieser Unglückstag beendet, denn ein Fluß versperrte die Weiterfahrt. Auf einer Anhöhe neben dem braunen Wasser stellte ich mein Zelt auf und sammelte Holz für das Lagerfeuer. Die Sonne stand schon so tief, daß ich meine Augen direkt in den feurigen Ball richten konnte. Die Hitze ließ nach. Meine Wunde schmerzte, doch es war erträglich. Die wunderbare Stimmung, das Farbenspiel der untergehenden Sonne, die Flammen im Feuer, das Geschrei der Vögel, die noch einen sicheren Schlafplatz für die Nacht suchten und das Froschkonzert am Ufer ließen mich den Schmerz jedoch vergessen. Es war einfach schön, in der Natur mit der Natur einzuschlafen.

Betten in den Bäumen

Weniger schön war es dann am nächsten Morgen. Der Fluß führte Hochwasser und schwarze, tiefhängende Wolken zogen über den Osten Senegals. Manchmal so tief, daß sie bereits die Baumspitzen streiften. Es war schwer festzustellen, ob es Wolken, Dunst oder Nebel war. Der Himmel war jedenfalls grau und der heftige Regen während der Nacht hatte meinen Zeltplatz in einen Schlammplatz verwandelt. Trotzdem, es war nicht unangenehm. Verregnete Tage in Europa sind meistens kühl und windig, hier war es anders, nämlich feucht und warm.

Ich ging hinunter zum Fluß und warf einige Steine in die Fluten um festzustellen, ob ich die Überquerung aus eigener Kraft schaffen könnte. Aus dem dumpfen Ton der Steine beim Aufprall auf der Wasseroberfläche zog ich den Schluß, daß die Überquerung viel zu riskant war. Die Möglichkeiten, einen Fluß zu überqueren, von dem man nicht weiß wie tief er ist sind zwar limitiert, doch es ist machbar. Bäume gab es zum Beispiel genug, um daran ein Seil zu befestigen, an dem ich mich festhalten konnte, um das Bike und die Taschen Stück für Stück ans gegenüberliegende Ufer zu bringen.

Doch ich hatte kein so langes Seil (die Äqua-Tour sollte ja keine Klettertour werden, sondern eine Radtour). Also ging ich am Ufer entlang um zu sehen, ob die Afrikaner eventuell ein Kanu im Ufergebüsch befestigt hatten. Ich hatte kein Glück. Auf der Piste konnte ich zwar Fußspuren erkennen, doch wann der letzte Mensch diese Strecke zu Fuß zurückgelegt hatte, ließ sich aus den vom Regen verwischten Spuren nicht erkennen.

Es blieben noch zwei Möglichkeiten: entweder abwarten bis der Wasserstand soweit gesunken war um durch den Fluß zu waten, oder zu rasten und warten bis die nächsten Leute vorbeikamen. Die Fahrt zurück in das nächste Dorf schien mir sehr weit und schwierig, denn die Strecke war durch den Regen ziemlich aufgeweicht. Außerdem ist für einen Radler eine Rückfahrt immer etwas sehr Unliebsames. Zurück zu den Töpfen am Lagerfeuer und nach Kalorien wühlen war zunächst einmal der realistischere Schritt.

Aus dem Regen wurde bald ein Tröpfeln und große blaue Löcher schimmerten durch die Wolken. Die ersten stechenden Sonnenstrahlen fielen auf das Zelt und in kürzester Zeit hüllte mich sehr heiße Luft ein.

„Wenn der Wasserspiegel auch so schnell sinkt wie das Wetter sich verändert, könnte es heute noch eine schöne Fahrt geben", dachte ich mir.

Mit den Stunden verging auch meine Geduld. Ich stapfte durch das hohe Gras, um nochmals nach dem Wasserstand zu sehen und war angenehm überrascht, als die ersten größeren Steine aus dem Flußbett ragten. Schnell packte ich meine Sachen am Lagerplatz zusammen und wagte mich an die Flußüberquerung. Die Strömung war zwar stellenweise noch immer sehr stark, doch schaffte ich es dennoch, Rad und Ausrüstung an die andere Uferseite zu bekommen.

Nach stundenlanger Schlammschlacht, verbunden mit kurzen Steigungen in dieser tropischer Hitze, war ich fast am Ende meiner Kräfte. Immer wieder mußte ich den Rahmen von den klebrigen Schlammassen befreien. Die Räder blockierten und mit den Schuhen blieb ich einfach im Dreck stecken. Von den afrikanischen Hirten, die sich gestern mit ihren Rindern entlang der Piste aufhielten, war nichts mehr zu sehen. Auch die am Vormittag noch tief hängenden Wolken waren wie weggeblasen. Alles, was geblieben war, war die harte Arbeit mit dem Bike in der unerträglichen Hitze der Sahelzone.

Kurz vor Sonnenuntergang hörte ich die dumpfen Töne afrikanischer Trommeln. Ein Zeichen, daß es irgendwo Menschen gab. Die letzten hatte ich vor zwei Tagen zu Gesicht bekommen, und ich wollte meinem Verlangen nach Kontakt zur afrikanischen Bevölkerung nicht wegen „einigen Paukenschlägen" ausweichen. Als Soloradfahrer wußte ich, daß ich in den Dörfern meistens sehr gastfreundlich aufgenommen werden würde, doch ich sah dies nicht als eine Pflicht der Afrikaner an. In unserer Gesellschaft werden Afrikaner ja auch nicht gleich überall mit offenen Armen empfangen, verpflegt und aufgenommen. Die Tatsache, daß mein Körper mit einer „weißen Haut" überzogen ist, gibt mir in Afrika sowieso schon viele angenehme „Sonderstellungen".

Ich kurbelte meinen „Fernlaster" also weiter in Richtung Trommelkonzert. Tritt für Tritt wurden die Trommelklänge lauter und nuancierter. Frauenstimmen und ein Zupfinstrument begleiteten die Trommeltöne. Es war herrlich, diesen afrikanischen Rhythmus zu vernehmen.

Die Piste führte durch das Dorf und als ich es erreichte, bremste ich mein Bike ab. Plötzlich rasten vier Hunde auf mich zu und ihr Gebell übertönte die Trommeltöne. Staub wirbelte durch die Luft, und ich konnte die angriffslustigen Vierbeiner nur mit einer kalten Dusche aus einem Kübel Wasser beruhigen. Dann Stille.

Die Kinder konnten ihre Neugierde nicht bezähmen, rasten den Hunden nach um zu sehen was passiert war und standen plötzlich vor dem Schock ihres kurzen Lebens. Mit offenem Mund und riesigen Augen starrten sie mich an. Ich mußte für die Kinder wohl der Inbegriff eines Alptraumes gewesen sein. Die Angst konnte man ihnen in den Augen ablesen. Und dann rannten sie viel schneller zurück als sie gekommen waren. Ansonsten herrschte weiterhin Stille. Wie in einem Krimi, nachdem der Eindringling erschossen am Boden lag. Nach einer Weile kamen die Dorfbewohner langsam und starrend auf mich zu. Staunen, Sprachlosigkeit und Ungewißheit, bis ein Mann sich aus der Gruppe löste und zu mir ging. Er streckte mir seine Hand entgegen und sagte: „Soyez le bienvenu!"

Das Eis in der afrikanischen Hitze war gebrochen. Mein Bike wurde begutachtet und bewundert, und anschließend schob man es vor eine Hütte. Ich bekam aus Tonkrügen kühles Wasser zum Trinken, und traditionsgemäß wurde auch ein Stuhl neben das Fahrrad gestellt. Der Stuhl ist in einem afrikanischen Buschdorf ein Zeichen des Wohlstandes und wird als Ehrung angeboten. Es ist daher immer ratsam, den Stuhl auch zu benützen, denn die Leute haben oft sehr lange warten müssen, bis sie sich überhaupt einen Stuhl leisten konnten. Ablehnung dieser Geste kann als „respektlos" angesehen werden.

Ich fühlte mich wohl und meine Französischkenntnisse waren für einen Dialog mit den Dorfbewohnern ein großer Vorteil. Es ist erstaunlich, daß es selbst im kleinsten Dorf immer eine oder einige Personen gibt, die Französisch oder Englisch können.

Nach der ersten Erfrischung lud mich dann der „chef de village" zu einem Rundgang ein. Mir fiel auf, daß es in diesem Dorf eine Besonderheit gab, die ich in keinem anderen Dorf gesehen hatte: in den Baumästen waren kleinere Plattformen mit Netzen befestigt. Auf meine Frage, was diese wohl für einen Zweck erfüllten, sagte der Chef:

„Sie sind mit dem Fahrrad durch ein Gebiet gefahren, in welchem etwa 25 Löwen ihr Unwesen treiben. Die haben uns schon viele Rinder gerissen und wir fürchten uns während der Nacht. Durch das Hochwasser sind die Löwen in höher gelegene Gebiete gewandert, und manche wagen sich bisweilen bis ins Dorf vor. So haben wir eben unsere Betten in die Bäume verlegt. Deshalb sind wir sehr erstaunt, einen Weißen mit dem Fahrrad zu sehen. Wir Afrikaner hätten nicht die Courage, mit einem Rad hier herumzufahren. Das wäre uns viel zu gefährlich.

Wenn das Wasser fällt, werden die Löwen irgendwann wohl wieder dahin zurückgehen, von wo sie gekommen sind. Wenn Sie morgen weiterfahren, werde ich ihnen zwei Männer mitgeben. Es gibt eine Flußüberquerung, die Sie alleine nicht schaffen können. Nach der Überquerung gibt es auch keine Löwen mehr, denn die meisten Löwen treiben sich in jenem Gebiet herum, durch welches Sie mit ihrem Rad gefahren sind..."

Während seiner Rede blieb mir irgendwie die Luft weg und mein Blut drohte zu stocken.

„Sie meinen - ich bin die ganze Zeit mit Löwen zusammen gewesen...?"

„Sie sind scheu, und wenn sie genug gefressen haben, geben sie für einige Zeit Ruhe", antwortete der Alte.

Er beobachtete meine Reaktion, doch ich strengte mich an, keine zu zeigen.

„Bon, c'est l'Afrique", sagte ich zu ihm.

Er kicherte laut durch die vorgehaltene Hand, um seine Zahnlücken zu verstecken.

„Ah oui - Sie haben recht. C'est l'Afrique!"

Die Fahrt nach Timbuktu

Seit dem Anfang meiner Reise in Dakar war ich bereits 28 Tage unterwegs und hatte erst 2000 Kilometer durch Senegal und Mali gefahren. Ich hatte mir vorgestellt, daß ich diesen Abschnitt schneller bewältigen würde. Aber sind gleich zu Beginn der Tour einige Dinge schief gelaufen, die Zeit kosteten. Doch trotz meiner Verletzung fühlte ich mich ziemlich gut drauf. Die Strecke von Bamako nach Mopti war asphaltiert und gut zu befahren. Der Dauerregen während den letzten Tagen hat mich nicht besonders gestört. Mein Wunsch, mit meiner „Panaracer Timbuk II"-Bereifung bis nach Timbuktu zu fahren war theoretisch durchaus möglich. Außerdem wollte ich einmal die versandete Stadt am Südrand der Sahara per Bike anfahren, und jetzt war die Möglichkeit größer denn je zuvor. Die Vorbereitungen für den Abstecher nach Timbuktu wollte ich in Mopti treffen. Diese Stadt am Niger wird in vielen Reiseführern als das „Afrikanische Venedig" bezeichnet. Ich bin der Meinung, daß diese Bezeichnung stark übertrieben ist, oder die Schreiber waren noch nie in Venedig bzw. wissen nicht viel über Venedig.

Mopti ist für afrikanische Verhältnisse bestimmt einmalig. Die vielen buntbemalten Boote, die Farbenpracht und die interessanten Leute, der Markt und vieles mehr werden mir noch lange in Erinnerung bleiben. Mopti ist aber auch, und dies sollte man nicht verschweigen, die Stadt der tollsten Misthäufen und einer sehr schlechten Trinkwasserversorgung. Als eine Stadt mit vielen Touristen ist man weder auf dem privaten Sektor noch auf anderen Gebieten diesem Touristenansturm gewachsen.

Die Straße von Mopti nach Timbuktu war hoffnungslos versandet und teilweise überschwemmt. Ich versuchte, mit einem regulären Transportboot auf dem Niger bis kurz vor Timbuktu zu gelangen. Doch war dies, trotz der vielen Boote, die kontinuierlich in Mopti ankamen oder weiterfuhren, sehr schwierig. Die Bootsvermittler spielten alle Tricks aus, um den Touristen für die verschiedensten Summen einen Platz auf einem Frachter zu vermitteln. Nach tagelangen Verhandlungen war es mir dann endlich gelungen, einen Platz für mich, mein Bike und meine Ausrüstung zu ergattern. Mein Bike wurde auf dem Dach der Pinasse verstaut und mir wurde ein Platz auf steinharten Zementsäcken - die überwiegende Ladung des Schiffes - zugewiesen. Zu Beginn der Reise hatte es genügend Platz, doch während der sechs Tage dauernden Fahrt nach Timbuktu wurden etliche Dörfer entlang des Nigers angefahren und weitere Passagiere und Ladung aufgenommen. Somit verringerte sich auch mein Überlebensraum auf der Pinasse. Landschaftlich gesehen war die Fahrt nicht besonders aufregend, denn es ging fast immer nur an Sanddünen und an Steppe vorüber.

Als Ersatz bot sich mir das stets wechselnde Bild meiner Mitpassagiere. Nach Timbuktu selbst wurden nur die Zementsäcke und ich mit meinem Rad gebracht. Nicht einmal die Besatzung wollte nach Timbuktu. Wahrscheinlich reichten den meisten Afrikanern die Erzählungen von der kargen, heißen und trostlosen Oasenstadt. Viele Sandstürme verschärfen den Überlebenskampf der etwa 20.000 Einwohner dort. Ich kam mir trotzdem privilegiert vor, auf diese Weise Timbuktu besuchen zu können.

Die Passagiere waren bereits nach wenigen Stunden auf dem Boot so gut miteinander befreundet, daß man durchaus hätte vermuten können, es sei eine Großfamilie auf Ausflugsfahrt. Es wurde zusammen gegessen, gesungen, gelacht und es wurden lustige Geschichten erzählt. Ich war fasziniert von der unkomplizierten Art der Afrikaner. Es gab keine Hierarchie auf diesem Boot. Alle sahen das Boot als das gemeinsame Transportmittel an. Das Essen, das Geschirr, die Decken und Matten und alles andere, was man während einer derartigen Fahrt braucht, wurde zusammen benützt oder geteilt, gleich wem es gehörte.

Es dauerte nicht lange, bis auch meine wenigen Habseligkeiten in diesen Kreislauf mitaufgenommen waren. Am Abend wurden die Kleinkinder von ihren Müttern einfach unter mein Moskitonetz gesteckt. Somit hatte ich plötzlich die Aufgabe erhalten, mich um das Wohl der Kleinen zu kümmern. Irgendwie war mir dies auch gar nicht unangenehm, denn die Moskitos waren vor allem während der Nacht fast unerträglich.

Die beiden Motoren, welche das Boot vorantrieben, waren öfters außer Betrieb und die Männer unter den Passagieren zeigten ihr technisches Können, indem sie mit Hämmern und Zangen sowie einigen steinzeitähnlichen Werkzeugen an die Reparatur gingen. Meistens mit erstaunlichem Erfolg.

Der Koch war ein sechzehnjähriger Junge mit einem schmuddeligem Hemd und einer vor Dreck strotzenden Hose. Er bemühte sich auf seine Art, den Passagieren einen klebrigen Papp zu servieren. Unbekümmert schaufelte er mit einem Plastikbehälter, in welchem sich zu früheren Zeiten Motorenöl befunden hatte, Kochwasser aus dem Fluß in die Töpfe. Zur Geschmacksveränderung des braunen Wassers wurden reichlich Salz und Chillipulver beigefügt, danach das Maismehl eingerührt und die gare Masse dann im Gemeinschaftstopf serviert.

Ich war froh, noch vor der Abreise aus Mopti meine eigene Verpflegung gebunkert zu haben. Obwohl mir bei der Abreise zugesichert wurde, daß ausreichend Trinkwasser mitgeführt wird, waren die Trinkwasserbehälter meistens leer. Wenn die Wasserpumpe funktionierte, wurden die Behälter wieder gefüllt - natürlich direkt aus dem Fluß.

Bei der Zubereitung meiner Mahlzeiten hatte ich mein eigenes System: das Wasser aus dem Nigerfluß wurde zuerst durch ein Stückchen Stoff geseiht, damit der grobe Schmutz hängenblieb, anschließend wurde das Wasser mit Micropur versetzt und erst dann gekocht.

Geholfen haben diese Vorsichtsmaßnahmen trotzdem nichts. Bei meiner Ankunft in Timbuktu stand zuerst einmal eine Imodiumkur gegen „Dünnpfiff" auf dem Programm. Am zweiten Tag fühlte ich mich etwas besser und ich wagte den Gang durch die versandete Stadt Timbuktu. Bei meiner Rückkehr in meine Billigabsteige spürte ich bereits die ersten Anzeichen einer weiteren Krankheit - jetzt bloß nicht auch noch Malaria! Doch der erste „Rüttler" ließ nicht lange auf sich warten und zwei Stunden später lag ich schweißüberströmt im Bett. Ich war verzweifelt.

Den Fieberthermometer wollte ich gar nicht erst ablesen, wußte ich doch, daß ich soeben einen massiven Malariaanfall durchlitt. So etwas wird leicht zu einem Spiel auf Leben und Tod. In meinen Packtaschen hatte ich verschiedene Malaria-Medikamente, für meinen akuten Anfall nahm ich Lariam. Rein damit. Unbeschreiblich, was mir in dieser Nacht durch den Kopf gegangen ist: Angst, Hoffnung, Schmerz, Resignation und Panik, sie lagen so dicht nebeneinander wie noch nie in meinem Leben. Alles was ich erlebt hatte, was ich besaß und wollte war mir nun völlig egal. Ich hatte nur einen Wunsch und der lautete „Lariam, hilf mir aus der Scheiße!" Malariaanfälle waren mir während meinen vorherigen Reisen in den tropischen Gebieten der Welt stets treue und gefürchtete Begleiter gewesen. Diesmal wußte ich, daß ich ohne das Medikament sicherlich verloren gewesen wäre. Und ich wußte auch, daß mit jedem Anfall der Körper sehr geschwächt wird und er hinterher wieder eine längere Aufbauphase benötigt. Für einen Abenteurer sind es gerade diese Situationen, die man allein durchstehen muß. Da kann einem niemand direkt helfen. In derartigen Situationen wird man entweder stark oder man resigniert. Für mich gab es keine andere Wahl, als den Kampf mit mir selbst in der Fieberhitze und in der Hitze Afrikas durchzuführen.

Am nächsten Morgen verspürte ich Erleichterung, denn die erste leichte Besserung war erkennbar. Das Fieber war gesunken und der Schüttelfrost war nicht mehr so stark. Während den Nachmittagsstunden machte ich meine ersten Gehversuche, ziemlich wackelig zwar, aber wenigstens stand ich auf meinen eigenen Beinen.

Ich mußte am nächsten Morgen wieder auf dem Boot sein, denn ich wollte zur Rückreise nach Mopti die gleiche Pinasse nehmen. Allerdings war ich körperlich noch so schwach, daß ich unter keinen Umständen aus eigener Kraft das Bike und mein Gepäck die 12 Kilometer lange Strecke bis zur Abfahrtstelle fahren konnte. Eine Gruppe junger Burschen hat mir geholfen, daß Bike zum Hafen zu bringen. Ich kaufte noch einige Nahrungsmittel und war bei meiner Ankunft im Hafen erstaunt, daß die Pinasse für die Rückreise tatsächlich schon beladen war. Diesmal erwischte ich einen Platz zwischen vielen Grasmatten. Es war mir gleichgültig, ob ich viel oder wenig Platz zur Verfügung hatte, viel wichtiger war mir Ruhe und Erholung. Ich brauchte sie dringend, wenn ich anschließend meine Tour von Mopti nach Ouagadougou per Bike fortsetzen wollte.

Während der langen Fahrt zurück nach Mopti wurde mir bewußt, daß ich soeben ein Erlebnis gegen den Strom des Lebens gewonnen hatte. Es paßte alles ganz gut zusammen, denn auch das Boot kämpfte gegen den hochwasserführenden Niger. Durch den Malariaanfall hatte ich zwar von Timbuktu kaum etwas gesehen, jedoch vielleicht die Zeit gehabt, mir selbst einen Schritt näher gekommen zu sein.

Grausamkeiten der Sahelzone

Bei meiner Ankunft in Mopti setzte ich die Äqua-Tour wieder auf zwei Rädern fort. Die Strecke von Mopti nach Ouahigouya in Burkina Faso bestand zum Großteil aus Schotterpisten durch die Sahelzone. Es waren einsame Gegenden, mit vielen schönen Zeltplätzen, die mir besonders gut gefielen, wegen der Freiheit, die ich in diesem Gebiet verspürte. Auf diesen wilden Zeltplätzen baute ich jeden Abend ungestört mein Zelt auf, zündete ein Lagerfeuer an und saß bis spät in den Abend vor dem Feuer. Ich dachte über die lange Strecke nach, die noch vor mir lag. Manchmal ratterte ein Buschtaxi an meinem Platz vorbei, doch es ergab sich dabei nie ein Problem, weil mein Zelt meist ziemlich unsichtbar abseits der Straße stand. Ein Sicherheitsfaktor, der mir auch eine ruhige Nacht verschaffte. Da ich jeden Abend trockenes Holz als Brennmaterial zum Kochen und als Lichtquelle benützte, war es auch sinnvoll, mein Lager unsichtbar vom Straßenrand aufzubauen.
Während dieser Fahrt durch die Sahelzone lernte ich auch etwas sehr Wesentliches: Die Wasserversorgung ist in diesen staubigen Gebieten überlebenswichtig. Wasser ist in den Dörfern zwar noch „kostenlos" zu erhalten, doch draußen in der Natur ist die Versorgung schon etwas schwieriger, da es einfach nicht sehr viel von diesem nassen Element gibt.
Die Naturreservoirs in Form von größeren Tümpeln waren in der Sahelzone von Burkina Faso fast alle ausgetrocknet oder aufgebraucht. Die Peul - ein Stamm der Sahelzone - hatten ihre Rinderherden zu diesen Wasserlöchern geführt und Spuren hin-

terlassen die mich oft sehr nachdenklich machten. An manchen Wasserstellen lagen verendete Tierkadaver und der Gestank war unerträglich. Es kostete mich sehr viel Überwindung, meine Wasserbehälter mit dieser Brühe zu füllen, auch wenn es meist nur Wasser als Ersatz oder als Notration bis zum nächsten Dorf war. Es war mir jedoch lieber, diese schmutzige Brühe mitzuführen, als überhaupt kein Wasser zu haben. Notfalls hätte ich ja auch genügend Micropur - nach vorheriger Filterung - hinzufügen können um es „trinkbar" zu machen („kaubar" wäre die richtigere Bezeichnung gewesen).

Bei einigen dieser Tümpel sah es aus, als hätten sich die Rinder mit letzter Kraft zur Wasserstelle geschleppt, getankt bis zum „Gehtnicht-mehr", um dann mit einem vollen Wasserbauch im Schlamm des Tümpels steckenzubleiben. Bei anderen Tierkadavern wiederum war es so, als hätten die Tiere nach tagelangem Marsch auf der Suche nach Wasser kurz vor dem Tümpel die Kraft verloren, sie verendeten auf den letzten 100 Metern.

Doch die Grausamkeiten der Sahelzone machten auch vor den Menschen nicht Halt. In den Dörfern war das Leiden den Menschen buchstäblich von ihren Gesichtern abzulesen. Unterernährung bei Kindern und Erwachsenen, Riverblindness, Malaria und viele andere Krankheiten wurden einfach als „la fievre" bezeichnet, die entweder nicht ausreichend oder überhaupt nicht behandelt wurden.

Der Weg für die Menschen bis zum nächsten „Centre médical" ist meist sehr weit und beschwerlich. Die Ärzte in diesen kleinen Kommunen sind oft nur einmal in der Woche anwesend und gute Medikamente zu erhalten ist in Afrika meistens nur den Leuten in den Städten vorbehalten. Von wo sollte ein Dorfbewohner in Afrika auch das Geld hernehmen, um sich teure Medikamente kaufen zu können? An Markttagen gibt es dann immer auch den einen oder anderen Händler, der neben seinen Marlboro-Zigaretten und Palmolive-Seifen auch aus Europa oder den USA importierte, doch meist längst verfallene Salben, Cremes, Pillen oder Penicillinampullen zum Kauf anbietet. Medikamente waren und sind in diesen Breiten Afrikas immer begehrt. Dabei ist es den Händlern völlig egal, ob die Medikamente tagelang in der Sonne liegen, verschmutzen oder untauglich sind. Den Händlern ist die „Kohle" wichtig, und die Afrikaner stürzen sich auch wie die Geier darauf.

Was mich jedoch immer gewundert hat - wie gelangen diese zum Teil sehr teuren und nicht ungefährlichen Medikamente in die Hände dieser Händler? Bei uns in Europa gibt es doch kein Penicillin ohne ärztliches Rezept? Ein Händler in Burkina Faso erzählte mir die folgende Geschichte:

„Sehr oft werden die Medikamente nach Verfallsdatum von den afrikanischen Krankenhäusern zu günstigen Preisen an die Händler verkauft. Manchmal kann ich die Medikamente jedoch direkt von einer Firma in Ougadougou abholen. Diese Firmen erhalten Spendenpakete und verkaufen anschließend die Sachen."

So einfach geht das. Man ist also nicht interessiert, die Krankheit zu heilen, sondern mit der Krankheit Geld zu verdienen. Schließlich wird ein Händler bestimmt nicht wissen, welches Medikament gegen welche Krankheit gut ist und wie die Dosierung ist. Wichtig scheint, daß die Symptome schnell verschwinden, ob die Krankheit geheilt wird, interessiert den Händler nicht.

Während meiner Fahrt durch Westafrika bin ich sehr oft von den Dorfbewohnern zum Übernachten in den kleinen Dörfern eingeladen worden. Unglaublich, was man in solchen Stunden alles miterleben muß. Es gibt keine Möglichkeit, sich für einige Zeit zurückzuziehen. Man wird ständig beobachtet und beäugt. Nicht etwa aus Mißtrauen, nein, im Gegenteil, aus der immerwährenden Neugierde, die übergroß ist. Ich war für die Afrikaner der „weiße Exote mit dem Fahrrad". Einem Afrikaner mit einem Elefant in einem europäischen Bauerndorf wäre es wahrscheinlich nicht anders ergangen.

Doch mit einem großen Unterschied: die Bilder der Armut und der Verzweiflung, die Anblicke der Kranken und der Hilfesuchenden, der Kinder mit ihren aufgeblähten Bäuchen und ihren verklebten Augen wären dem Afrikaner erspart geblieben. Für mich waren diese Bilder erschreckend, doch sie zählten zur Realität meiner Reise. Als Entwicklungshelfer im medizinischen Bereich hätte ich diese Bilder wohl eher ertragen können, doch als Radfahrer war dies schwieriger. Ich konnte an der Situation der Leute wenig ver-

ändern. Einmal traf ich eine erwachsene Frau mit einer ziemlich-
tiefen Wunde am Bein. Ich saß bis spät in die Nacht mit meiner
Reiseapotheke am Boden und versorgte sie und noch andere Leute
im Dorf. Doch viel mehr als die Wunden zu säubern und Salbe dar-
aufzugeben war bei meinen medizinischen Kenntnissen nicht möglich.

Ein älterer Mann setzte sich zu mir auf den Boden und meinte:
„Was haben wir Afrikaner verbrochen, daß es uns so schlecht geht?
Die Politiker dieses Landes haben uns den Himmel und die Erde
versprochen, doch alles was wir bekamen, ist trockene Luft und
Staub..."

Er schaute mir in die Augen und sagte weiter: „Ich glaube, die Welt
hat uns vergessen!"

Was hätte ich dazu sagen sollen? Nichts, denn die Welt hat die
Leute bestimmt nicht vergessen. Vor vielen Jahren war Burkina
Faso (das früher „Obervolta" hieß) eine Kolonie Frankreichs, doch
früher wie heute gehört dieses Sahel-Binnenland zu den ärmsten
Ländern nicht nur Afrikas, sondern der ganzen Welt. Mit Thomas
Sankara hatte Burkina Faso („Land der ehrbaren Männer") be-
stimmt einen fähigen Politiker, eine bessere Nation zu schaffen.
Doch die Eifersucht, der Neid und die ewigen Machtkämpfe hin-
ter den Kulissen afrikanischer Politik hatten auch für Sankara, wie
schon für so viele andere Politiker Afrikas, nur eine Antwort: den
Todesschuß aus einer Dienstpistole.

Am nächsten Tag radelte ich weiter Richtung Ouagadougou. Es
war mein dritter Besuch in Burkina Faso, und ich liebe Land und
Leute. Die Menschen sind freundlich, egal ob sie Mossi, Haussa,
Lobi oder Fulani sind. Ich mag die Menschen wegen ihrer Freundlichkeit und der Ruhe, die sie trotz der schwierigen wirtschaftlichen
Situation des Landes an den Tag legen, und ich war immer wieder überrascht, wie freundlich und hilfsbereit meistens jene Leute
sind, die am wenigsten materiellen Besitz haben. Vielleicht ist es
gerade deshalb so, daß man sich ungezwungener geben kann,
denn man hat ja nichts, was einem weggenommen werden könnte. Die Burkinabe sind auch nicht die „Schreihälse" Afrikas, selbst
in der Hauptstadt Ougadougou (kurz „Ouaga") genannt, geht alles ein wenig gemächlicher zu.

Start der Äqua-Tour war Senegal in Westafrika.
Noch glänzen Bike und Ausrüstung...

Auf dem Niger von Mopti nach Timbuktu. Oben liegt das Bike

Diesmal lief mein Aufenthalt in Ouaga jedoch etwas anders ab als bei meinen vorherigen Besuchen. Das Stadtzentrum ist klein und es gibt nur einige Verkehrsampeln. Eingereiht mit anderen Radfahrern und Motorradfahrern stand ich an der Ampel und wartete auf das grüne Licht, als ich plötzlich einen Stoß von hinten am Bike spürte. Im gleichen Moment wechselte die Ampel von rot auf grün und ich hatte keine andere Wahl, als weiterzufahren. Kaum hatte ich die Kreuzung überquert, als ich anhielt und nachsah, ob durch den Ruck etwas beschädigt worden war. Da erkannte ich die Bescherung: ein Dieb hatte schnell und geschickt mein Zelt vom Gepäckträger geschnitten und damit das Weite gesucht. Ich sah noch, wie er sich mit dem Zelt in der Hand unter die Menschenmenge mischte. Sofort drehte ich mein Bike um und fuhr ihm nach. Ich war kurz hinter ihm, als ihn wohl sein schlechtes Gewissen veranlaßte, zurückzublicken, ob er verfolgt würde. Ja, paß auf ich komme!

Er begann zu rennen, und ich war dicht hinter ihm her. Plötzlich bog er nach links in eine Gasse ab. Er mußte dieses Stadtviertel nicht sehr gut gekannt haben, denn es war eine Sackgasse, die vor einer verschlossenen Tür endete. Sein einziger Ausweg wäre an mir vorbei gewesen. Er ahnte, was ihm jetzt blühte. Die Angst war ihm ins Gesicht geschrieben. Mit dem Vorderrad zwischen seinen Beinen hielt ich ihn auf Distanz. Auf meine Frage, verbunden mit einer linken und einer rechten Ohrfeige, ob das Zelt in seiner Hand ihm gehöre, gab er mir keine Antwort. Ich wiederholte die Frage und die Ohrfeigen. Jetzt wurde er weich. Zum dritten mal wiederholte ich die Frage und die Ohrfeigen. „Pardon - pardon", rief er mir zu. „Du bist Afrikaner", schrie ich zurück, „und du weißt genau, daß es in Afrika kein Pardon gibt. In Afrika wird Gleiches mit Gleichem vergolten. Gib mir mein Zelt zurück und laß die Finger vom Stehlen!"

Ich drückte ihm noch eine links und eine rechts und ließ ihn laufen. Als ich mich umdrehte, standen etwa acht Afrikaner hinter mir. Sie wollten wissen, was passiert war.

„Er hat mir mein Zelt geklaut und ich habe mir es wieder zurückgeholt, weil ich es brauche, genauso wie ihr es auch getan hättet. Ich bin hier eben in Afrika und nicht in Europa. Hier muß ich mich um meine Sachen selbst kümmern. Ein Gang zur Polizei hätte ja nichts gebracht. Also habe ich selbst gehandelt."

Schweigend hatten sie meinen Worten zugehört. Als ich mit meiner Erklärung fertig war, sagte einer in der Gruppe. „Bien fait, vous etes un homme - gut gemacht, Sie sind ein Mann!"

Während meinen Reisen, wo immer sie auch hinführten, habe ich stets versucht, die Leute, ihren Lebensstil sowie ihre religiösen Glaubensrichtungen zu respektieren. Dies muß für einen Reisenden, Abenteurer oder Tourist die Grundregel sein. Für diese Einstellung gibt es aber keine Gegenleistung und es sollte auch keine Gegenleistung erwartet werden. Alles andere wäre ein Rückfall in die Kolonialzeiten.

Was ich allerdings nicht akzeptiere, sind Situationen, in welchen meine Ausrüstung gestohlen oder meine persönliche Freiheit eingeschränkt wird. Als Fernreisender ist man solchen Situationen heutzutage oft ausgesetzt. Sehr oft zahlt man enorme Visagebühren für einen kurzen Aufenthalt, wird obendrein noch extra als Tourist besteuert und bei vielen Preisen übers Ohr gehauen. Ich kann mich gegen diese, extra für Touristen geschaffenen Gesetze nicht wehren, jedoch bei einem Diebstahl kann ich es.

Natürlich war diese Situation nicht ungefährlich. Weil sie sich wehrten, sind Touristen schon von Kindern erschossen worden. Die Polizei will sich bei solch kleinen Diebstählen wie einem Zelt am liebsten heraushalten, bedeutet dies doch Arbeit. Oftmals ist sie dem Bestohlenen sogar dankbar, wenn er sich selbst die Mühe macht, sein Zeug zurückzubekommen, auch wenn er dabei seine Zähne eingeschlagen bekommt.

Ich band das Zelt wieder auf meinem Bike fest und suchte nach einer Unterkunft für die Nacht. In einer größeren Stadt der Dritten Welt im Freien zu übernachten ist wegen der Überfallgefahr immer riskant.

Ouaga war voll mit Menschen. Sie kamen aus den verschiedensten Ecken des Landes in ihre Hauptstadt, um ihr Glück zu machen oder vielleicht Arbeit zu finden. Meist ist auch der pure Hunger die Ursache dieser Landflucht. Sie stranden in den Elendsvierteln am Stadtrand oder es treibt sie an die stinkenden Kanäle rund um die Moschee von Ouagadougou.

Heißer Wind wirbelte mir den Staub und den ätzenden Gestank von Urin um die Nase. Auf einem Müllhaufen direkt vor meinem Hoteleingang saßen sechs ausgewachsene Aasgeier und hackten mit ihren Schnäbeln Stücke von einem halbverwesten Tier.

Billighotels sind in Westafrika für das was, man geboten bekommt, noch immer viel zu teuer und außerdem leben die Besitzer nie alleine von den Erträgen ihrer schmutzigen Zimmer. Meistens wird das Einkommen dieser Hotels aus verschiedenen Quellen aufgebessert, z.B. mit Schwarzmarkt-Geschäften, mit Prostitution oder Drogen.

Wie auch immer, diese einfachen Zimmer waren zumindest gute Plätze, das Fahrrad und die Ausrüstung hinter Schloß und Riegel zu wissen und auch einmal eine Runde ohne das Bike drehen zu können.

Es tut gut, einmal ohne Radkleidung ganz leger durch eine Stadt zu bummeln, wie ein ganz normaler Tourist (doch ohne Kamera vor der Brust). Ich brauchte keine Angst zu haben, daß Kinder mit der Schaltung spielen und sie eventuell kaputtmachen, ich hatte keine Sorge, daß die Ausrüstung geklaut würde. Natürlich blieb die Sorge, daß Schloß und Kette an der Tür meines Zimmers stark genug waren, um Diebe dort aufzuhalten.

Ich kam an einem libanesischen Restaurant vorbei, trat ein und bestellte wegen meines großen Hungers so eine richtige Menge zum Essen. Es war mir gleichgültig, wieviel Kinder am Eingang standen und mir mit riesigen Augen dann beim Essen zuschauten. Irgendwann fängt man an abzustumpfen. Ich war diese tägliche Bettelei gewöhnt und ich wußte, daß die Kinder, nachdem ich fertig gegessen hatte, sich lautstark um meine Tellerreste streiten würden. Es war nicht meine Aufgabe, den Kindern ihr Leben besser zu gestalten, und es wäre auch nicht möglich gewesen. Meine Tour hatte mit dem Leid Afrikas nichts zu tun. Ich war nach Afrika gekommen um eine bestimmte Strecke mit dem Bike zurückzulegen. Damit hatte ich genug zu kämpfen.

Blutvergiftung und Malaria

Trostlose Einöde, soweit das Auge reicht. Dürre Sträucher und eine staubige Straße, auf der der heiße Wind aus der Sahara kommend seine Lieder pfiff, waren meine Begleiter für die nächsten Tage. Es war schwer, mich jeden Tag neu zu motivieren, denn ich war allein in einer den einsamsten Regionen Afrikas. Der afrikanische Sommer in der Sahelzone hat keine solche Farbenpracht wie in Europa, keine Wiesen, keine Blumen, und von den Tieren fehlt im wahrsten Sinne jede Spur. Bei 48° C war es nur mir Verrücktem überlassen, dieses südliche Saharagebiet mit dem Bike zu durchqueren.

Die Hitze während den Tagen wurde so unerträglich, daß ich meinen Fahrstil ändern mußte. Zwischen 4 Uhr und 10 Uhr morgens war es noch angenehm zu fahren. Die Temperatur lag um 29° C. Doch die geringste Steigung öffnete die Hautporen und der Schweiß vermischte sich mit dem Staub am feuchten Körper zu einer dunklen Masse. Zwischen den Zähnen knirschten feine Staubkörner, doch es war angenehm, den Mund mit dem Wasser aus den Wasserflaschen zu spülen. Diese Mundspülung wurde natürlich nicht ausgespuckt, sondern runtergeschluckt. Das Wasser war viel zu kostbar, um es einfach zu vergeuden. Jeder Schluck wurde zum bewußten Erlebnis.

Meine Gedanken wanderten zurück zu unserem Heim in den Bergen Südtirols. Dort sprudelt 400 m vom Hof entfernt unter Steinen eine Quelle, und sie spendet in 2 Tagen mehr, als ich während der gesamten Weltumrundung trinken könnte. Tausende Liter Wasser fließen täglich durch die Wiesen in den Bach unter dem Bergbauernhof.

Doch das alles nützte mir hier in der brutalen Hitze nichts. Wie unbekümmert und gedankenlos wir doch mit dem Wasser in Europa umgehen! Ich erinnerte mich an die Frauen der afrikanischen Dörfer, die mit ihren Wasserkrügen oft stundenlang unterwegs waren, um Wasser für die Familien heimzuschleppen, an die Wasserträger in den Dörfern entlang des Nigers und ich dachte auch an die ausgetrockneten Wasserstellen entlang den Straßen jener trockenheißen Länder, die ich bereits während anderer Reisen befahren hatte.

Mir ist klar und bewußt, daß die Welt früher oder später vor einem großen Wasserproblem stehen wird. Schleichend und unaufhaltsam wie eine Krankheit wird die Krise bald zu einem Notstand werden.

Ich nahm noch einen Schluck aus der Wasserflasche, steckte sie wieder zurück an den Rahmen und kurbelte weiter in den Gegenwind.

Mit jedem Tag bemerkte ich eine Veränderung der Landschaft. Es wurde tropischer und die Siedlungen und die Bevölkerung nahmen zu, je mehr ich mich Niamey näherte. Es rollten auch schwerbeladene Lastwagen an mir vorbei, darunter viele UNO-Fahrzeuge mit Hilfslieferungen.

Zur Hauptstadt des Landes Niger, waren es noch etwa 50 Kilometer. Ich beschloß, meine Ankunft in der Stadt auf den nächsten Tag zu verschieben.

Niamey am südlichen Rand der Sahara ist für Sahel-Verhältnisse eine Großstadt und gleichzeitig ein Treffpunkt für viele Völker und Nomaden des Sahels. Die Stadt ist auch Ausgangspunkt, Zwischenstop, Ziel und Anlaufpunkt für Transafrika-Expeditionen und Hauptquartier vieler internationaler Organisationen. Für Touristen ist Niamey die erste Stadt nach einer anstrengenden Sahara-Durchquerung oder eben die letzte Stadt auf dem langen Weg in den Norden Afrikas. Dort kann man sich wieder mit Lebensmitteln eindecken, man kann die Post erledigen oder nötige Visa für die Weiterreise besorgen.

Nomaden ziehen mit ihren schwerbeladenen Kamelen zu den Märkten. Tuareg gehen durch die verstaubten Straßen und verkaufen elegant verzierte Lederwaren, Schachteln, Dosen, Schmuck und Schwerte. Alles zu Preisen, die für Touristen leicht bezahlbar sind. Die Erlöse helfen den Händlern, den Handwerken und deren Familien in dieser armen Weltgegend mit zum Überleben. Die hochgewachsenen Tuareg tragen blaue Gewänder und schwarze Tücher vor dem Gesicht, in denen dunkle Augen funkeln. Sie bewegen sich stolz zwischen Kamelen und Toyotas durch das Gewühl einer Stadt, in welcher das elektronische Zeitalter und die Traditionen der Vergangenheit im Staub der Sahara miteinander verschmelzen. Bilder, die ich nie vergessen werde.

Mit meinem beladenen Bike und der verstaubten Bekleidung paßte ich ganz gut in dieses Stadtbild, denn auch ich war für die, die mich sahen, nicht viel mehr als ein unbekannter Nomade, allerdings mit einem Fahrrad als Lasttier.

Meine Wunde am Knie von dem Unfall im Senegal war noch immer offen. Die ständige Bewegung an der Kurbel hatte es nicht zugelassen, daß die Verletzung endlich zuheilte. Heilcreme allein nützte in diesem Fall wenig und außerdem war der Verband ein Hindernis beim Treten. Ich hoffte, daß die Wunde während der Fahrt von den staubigen Gebieten der Sahelzone in die tropischen Regionen Afrikas besser verheilen würde.

Zuversichtlich strampelte ich von Niamey die 300 Kilometer lange Strecke nach Gaya an der Grenze zwischen Niger, Benin und Nigeria. Von dort war geplant, quer durch Nigeria zu fahren. Am zweiten Tag nach meiner Abreise von Niamey türmten sich Gewitterwolken hoch auf. Es war ein herrliches Gefühl, nach extremen Trockenphasen diese Energietürme am Himmel zu beobachten. Zwischen den Wolken zuckten die ersten Blitze, und dabei ist es leider auch bis Gaya geblieben. Schade, denn ich wäre ganz gerne wieder einmal so richtig naß geworden.

In den Tropen hat es mir nie etwas ausgemacht, auf dem Bike sitzend durch den Regen zu fahren. Ich freue mich, wenn die Tropfen wie kleine Ballons am Boden zerplatzen, dieser unbeschreibliche Geruch der naßwerdenden Erde, die nasse warme Luft und dann die enormen Wassermassen, wenn der Himmel endgültig seine Schleusen öffnet. Die Straßengräben füllen sich schnell mit rotbraunem Wasser. Windböen rütteln an den Bäumen und streifen das Wasser von den riesigen Blättern. Das Kleid der Natur sieht plötzlich ganz anders und wie neu aus. Glänzend, farbenprächtig und frisch.

Ich lernte mit diesen Situationen umzugehen, denn als Radfahrer bin ich der Natur ausgesetzt und ändern kann ich sowieso nichts. Es ist ja auch gut so. Man stelle sich vor, jeder Mensch hätte seinen eigenen Wettergott, oder noch schlimmer, einen Wetterknopf zum Drehen...

Bei meiner Ankunft in Gaya hatte ich nach langer Zeit wieder starke Lust, in einem Bett zu schlafen. Während den ersten 3600 Kilometer hatte ich fast nur Zelt und Schlafsack benützt, und im Grenzgebiet von Nigeria war es sowieso nicht ratsam, im Zelt zu übernachten. Ein kleines Hotel am Straßenrand bot sich gerade an. Der Besitzer, ein geschäftstüchtiger Beninois, hatte viel zu erzählen. Durch ihn erfuhr ich, daß die Grenze zwischen Niger und Nigeria wegen tropischen Unwettern geschlossen worden war. Doch ich wußte auch, daß in Afrika viel erzählt wird und einem oft Informationen zu Ohr getragen werden, die auf keinerlei Basis beruhen und oft nicht stimmen. Deshalb fuhr ich am anderen Morgen trotzdem zur Grenze, um mich selbst zu überzeugen.

Die Piste war miserabel. Dann war ich nicht wenig erstaunt, als ich am Niger-Grenzübergang von den Beamten erst gar nicht aus ihrem Land rausgelassen wurde, denn die Grenze zu Nigeria war wirklich „dicht". Dichtgemacht mit über die Piste quergelegten Baumstämmen und bewacht von grimmig aussehenden Soldaten, die bis über die Ohren bewaffnet waren. Meine Tagestour hatte hier also schon ihr Ende gefunden.

Mit Probieren und Diskutieren kann man in Afrika oft viel erreichen. Aber dieser Grenzübergang war wirklich eine Sackgasse. Verärgert radelte ich wieder zurück nach Gaya, um die einzige Straße weiter nach Benin zu benützen.

Die ersten Tage meiner Reise durch Benin waren gleichfalls von heftigen Unwettern begleitet, und somit erwies sich auch die mögliche Überquerung der Grenze von Benin nach Nigeria als unmöglich. So radelte ich weiter nach Süden.

Die Leute in den kleinen Dörfern entlang der Straße waren hilfsbereit, nett und außergewöhnlich interessiert. Ich fühlte, daß die staatlichen Stellen den Bürgern im links orientierten Benin die Wahrheit über die wirkliche Lage ihres Landes nicht mitteilen wollten. Dazu sind Pressezensur und staatlich kontrolliertes Fernsehen und Radio ja beliebte Mittel. In jedem Dorf wurde ich um ausländische Zeitschriften gebeten, egal ob „Jeune Afrique" oder „Playboy". die Leute hatten ein sehr intensives Bedürfnis zu lesen, zu hören und zu wissen, was die Welt über Benin und die korrupten Politiker des Landes wußte.

Die Straße durch Benin war teilweise so schlecht, daß ich nach ihr suchen mußte. Dabei war der Unterschied zwischen Straße und Piste nicht an der Breite zu erkennen, eher an den tiefen Löchern, welche von den schwerbeladenen Bussen und Lkws „gebaggert" worden waren.

Die Busse, die mir entgegenkamen oder mich überholten, „pflügten" ihren eigenen Weg entlang der Straße und machten meine Tour zur Tortur. Jedesmal spritzte roter Schlamm in hohem Bogen über mich, so daß ich am Abend eine zweite Haut aus Dreck hatte.

An einem Wasserloch südlich von Save stellte ich mein Zelt abseits der Straße in den afrikanischen Busch und sprang unbekümmert in die vom Schlamm gefärbte „Suppe" des Straßengrabens. Die Farbe des Wassers war mir egal, denn ich wollte einfach diesen Schlamm vom Körper haben. Nach meiner Dusche à l'africaine zog ich frische Kleider an, setzte mich ans Lagerfeuer und kochte mir die Abendmahlzeit, bestehend aus Couscous, den ich in Parakou gekauft hatte. Dazu gab es einige Bananen und Rosinen, Datteln und eine Tasse Zitronengras-Tee, den ich von einer Afrikanerin in einem Dorf geschenkt bekommen hatte.

Nun schon längere Zeit unterwegs, lernte ich wieder die kleinen Dinge des Lebens zu schätzen und genoß sie dementsprechend. Zum Abschluß meines Abendessens überlegte ich mir lange, ob ich auch noch den Deckel meines Honigglases aufdrehen sollte, um mir einen Löffel afrikanischen Wildbienenhonigs zu gönnen, oder ob ich dieser Versuchung erst am nächsten Tag nachgeben sollte. Denn ich wußte schon im vorhinein, daß es nicht bei einem Löffel bleiben würde. Also hörte ich auf, mit dem Gedanken weiter zu spielen.

Langsam wich die Tageshitze und der Himmel verfärbte sich in afrikanischer Farbenpracht. Insekten und Vögel zauberten die unglaublichsten Töne hervor. Die Stimmung war so beeindruckend, daß ich noch lange in die Glut am Feuerplatz starrte und - innerlich zufrieden - den langsam aufkommenden Schmerz an meiner Wunde am Knie gar nicht registrierte.

Ich entfernte den Verband vom Knie und sah, daß die Wunde offen, entzündet und die Stelle am Knie geschwollen war. Durch die tägliche Bewegung beim Treten, durch den Straßenstaub und durch die nun hohe Luftfeuchtigkeit war es auch irgendwie logisch, daß die Wunde 69 Tage nach dem Unfall noch immer nicht zugeheilt war

Während der Nacht wurden die Schmerzen stärker. Ich lag in meinem Zelt und wußte nicht so recht, ob es im Zelt außergewöhnlich warm geworden war oder ob es die ersten Zeichen eines Fieberanfalles waren. Eine Stunde später war mir klar, daß ich mich auf einen zweiten Malariaanfall vorbereiten konnte.

Die nächsten 103 Kilometer wurden die schrecklichsten, die ich je fuhr. Mein Abenteuer wurde zum Ungeheuer.

Ich wollte unter keinen Umständen im Busch von Benin erneut die Qualen eines Malariaanfalles durchleiden, und an den primitiven Buschkrankenhäusern in Benin wollte ich lieber vorbeifahren, als sie von innen zu sehen.

In meiner desolaten Situation mußte ich schnell und logisch handeln. Da ich einige Jahre zuvor, während einer anderen Fahrradreise, für 14 Monate in einem Voudou-Dorf bei Lomé in Togo lebte und in der Bar „Chez Alice" als Koch arbeitete, wollte ich jetzt unbedingt dorthin fahren. Es waren nur 100 Kilometer und ich traute mir diese Strecke trotz Fiebers und Schmerzen zu.

Gegen 4 Uhr morgens packte ich mein Zelt zusammen, verstaute die Taschen am Bike-Rahmen und kurbelte los. Total geschafft und schweißüberströmt schleppte ich mich mit letzter Kraft zu meiner Bekannten Alice Mettler, Besitzerin der Bar „Chez Alice" in Avepozo.

Alice, eine gebürtige Schweizerin, ist vor zwölf Jahren mit einem Koffer nach Togo in den Urlaub geflogen und hat bis heute den Rückflug nie in Anspruch genommen. Afrika ist für sie Leidenschaft und Liebe, Kampf und Krampf, kurz gesagt: ein dauerndes Abenteuer. Die Schwarzen nennen sie „Mamma Afrika", oder „Mamma Alice", für die Weißen ist Alice eine Art afrikanische „Ziehmutter". Wer Afrika versteht, versteht auch Alice, und wer Afrika nicht versteht, ist bei ihr als Gast trotzdem herzlich willkommen.

Ich hatte Alice bereits vor meiner Abreise aus Südtirol eine Karte geschrieben und ihr mitgeteilt, daß ich während meiner Äqua-Tour einige Tage in Avepozo verbringen wolle. Sie wußte also, daß ich kommen würde. Daß ich jedoch bei ihr mit meinen letzten Kräften eintrudeln würde, war weder für sie noch für mich vorhersehbar. Sie kennt die „Wehwehchen" der europäischen Sahara-Durchquerer, ihre Apotheke neben den Whiskeyflaschen in der Bar ist gefüllt mit den besten Medikamenten aus der Schweiz, und sie weiß auch Bescheid über afrikanische Krankheiten.

Bei mir genügte ihr ein Blick. Bevor ich überhaupt wußte was geschah, wurde ich von zwei Angestellten in ihr Auto verfrachtet. Mit ihr am Steuer raste sie vorbei an den Polizeikontrollen nach Lomé in die Privatklinik eines afrikanischen Arztes. Ich wurde aus dem Auto gehoben, in einen Rollstuhl gesetzt und weggeschoben. Ich war zu schwach und hatte auch keine Lust, nur den geringsten Widerstand zu leisten. Meine Helfer rollten mich in die Ordination. Erst jetzt wurde mir bewußt, wie schnell ich vom Bike in den Rollstuhl geraten war. Eine Krankenschwester und der Arzt versuchten, die nötigen Informationen aus mir herauszubekommen. Während ich ihnen mein Befinden schilderte, wurden Blutdruck, Fieber und Puls gemessen, Blut abgezapft und noch vieles mehr. Dann gab es eine Spritze, und ich fühlte mich geborgen, lag in einem sauberen Bett bei Leuten, die sich um mein Wohlbefinden kümmerten.

Am nächsten Tag wurde mir der Befund mitgeteilt. Leider waren es keine guten Nachrichten: Blutvergiftung und Malaria, Amöben und Trichonomaden. Ich wußte ungefähr, wo und wie ich diese verschiedenen Übel aufgelesen hatte. Doch der Zug zur Vorbeugung gegen diese Krankheiten war längst abgefahren, jetzt konnte ich nur eines tun - durchhalten. Der Arzt stand an meinem Bett und erzählte mir, wie es um meine Gesundheit aussah. Am besten, so meinte er, wäre es, wenn ich mit dem nächsten Flugzeug zurück nach Europa fliegen würde, denn er wolle die Verantwortung bei mir weißem Patienten nur ungern übernehmen.

Seine Aussage war für mich ein absoluter Schock. Gestern hatte ich noch über 100 Kilometer mit dem Bike zurückgelegt, und heute war ich in seinen Augen ein Ernstfall. Ich lag nicht nur regungslos, sondern auch sprachlos im Bett. In meinen Adern spürte ich einen Adrenalinstoß und den damit verbundenen Ärger. Er gab mir Zeit zum Überlegen.

Ich weiß es nicht mehr, ob mich die Spritzen ziemlich gleichgültig machten, oder ob es das beruhigende Gefühl war, daß ich nicht mehr allein irgendwo neben der Straße in meinem Zelt lag, aber für mich bestand kein Zweifel, daß ich die Situation in Afrika meistern wollte. Ich hatte immer noch Vertrauen in mich, konnte die nötigen Medikamente kaufen und außerdem gab es ja „Mamma Afrika" in Avepozo.

Am Vormittag kam Alice mit ihrem üblichen Schwung in der Klinik vorbei, setzte sich an mein Bett und wollte wissen, wie es nun weitergehen würde. Nachdem ihr der Arzt schon erzählt hatte, daß meine Situation eher kritisch war, betonte auch sie, daß ich meine Reise abbrechen und besser nach Europa zurückzufliegen solle. Doch ich blieb hart, meine Antwort war „nein".

Ich dachte: Wenn man hier in Afrika mit den besten Medikamenten die Blutvergiftung und die Parasiten im Darm nicht behandeln kann, dann nützt mir ein Flug nach Europa auch nicht viel. Die Wunde am Knie kann ich durch die nötige Pflege und Ruhe auch hier auskurieren, und auch in Europa kann ich gegen die Malaria nur Tabletten einnehmen. Millionen von Menschen in Afrika ging es augenblicklich viel schlimmer als mir. Doch sie haben weder Geld für Medikamente, noch Aussicht, ihre Leiden zu heilen, und außerdem können sie sich auch nicht richtig versorgen und verpflegen. Es fehlt ihnen oft auch die Motivation, denn für viele Afrikaner ist das Leben vom ersten Atemzug bis zum letzten Seufzer sowieso ein einziger Überlebenskampf.

Alice hat es dann verstanden, warum ich mich entschlossen hatte, in Togo zu bleiben, um wieder fit zu werden.

Am Strand von Togo, 14 km von Lomé, hat Alice ihr „Wunderland", kleine, feine Hotel-Bungalows. Im Garten wuchern Kokosbäume, Hibiskussträucher und Frangipanibäume. Zwei Affen, fünf Hunde, Katzen und Vögel sorgen dafür, daß immer etwas los ist.

Alice ist eine bemerkenswerte Frau, und ich verdanke es ihr, daß nach einem vierwöchigen Aufenthalt meine Wunden und Krankheiten soweit ausgeheilt waren, daß ich daran denken konnte, die Äqua-Tour fortzusetzen. Bei ihr lernte ich viele Leute kennen, und jeder Reisende, der länger als zwei Tage auf ihrem Campingplatz ist, wird bestimmt um mindestens eine Geschichte aus dem Leben der „Alice im Wunderland" bereichert.

Geister, Blut und Hexenzauber

Der Togolese Beaugard Sedro Ayao vom Stamm der Ewe ist der einzige Schwarze, zu dem ich genügend Vertrauen habe, um ihn als meinen Freund zu bezeichnen. Freundschaften zwischen Weißen und Schwarzen sind in Afrika meist eine oberflächliche Sache. Nichts ist schneller getan als von einem Afrikaner als „my friend" bezeichnet zu werden.

Zwischen uns war dies etwas anders. Wir kannten uns seit meiner ersten Fahrradtour 1984 durch Afrika, damals wurde ich von Beaugard eingeladen, bei seiner Großmutter in einem kleinen Voudou-Dorf am Strand von Togo zu wohnen. Sie ist Voudou-Priesterin. Sie erlaubte mir, in ihrem winzigen Dorf zu wohnen, und als die täglichen Zeremonien, die sie für die Schwarzen durchführte, immer lauter und exotischer wurden und mir auch manchmal auf die Nerven gingen, durfte ich mir gleich nebenan meine eigene Hütte bauen.

Es war eine richtige afrikanische Strohhütte. Beaugard zeigte mir, wie man sie aus zwei Kokosbäumen mit einer Machete baut. Ohne Nägel, ohne Draht und ohne Säge. Für europäisches Denken sicher ein Ding der Unmöglichkeit. Stell dir vor, man bekommt zwei Bäume im Wald geschenkt, eine Machete in die Hand gedrückt und zwei Tage später steht eine bewohnbare Hütte auf dem Boden. Nicht nur eine Hütte mit vier Wänden und einem Dach, sondern auch mit einer Türe und einem Fenster, und das Bett und die Schlafmatte wurden auch gleich mitfabriziert.

Ich war begeistert von dem, was mir Beaugard beigebracht hatte. Er lebte mit seiner Frau und seinen zwei Kindern in einer Nachbarhütte und logischerweise haben wir uns auch durch diese Begebenheit besser kennengelernt. 14 Monate lebte ich bei dieser Voudou-Familie unter den Palmen am wilden Strand von Togo und habe viel erlebt, gelernt, gesehen und mitgelitten, denn das Leben der 25 Dorfbewohner war nicht immer leicht.

Hierarchie und Machtkämpfe im Dorf wurden des öfteren mit unglaublicher Verbissenheit und Bitterkeit ausgetragen. Selbst die Voudou-Zeremonien mit Tanz und Trance, mit Schnaps und Blut waren nach den ersten Monaten für mich kein spezielles Ereignis mehr. Während diesen Ritualen wurden nicht nur die Köpfe der Tauben und Ziegen abgewürgt, sondern auch mein Interesse an der ganzen Sache. Ich akzeptierte das Leben der Ewe im Dorf und ich akzeptierte auch die seltsamen Bräuche, die für viele Afrikaner eng mit Leben und Tod verbunden sind. Es war ein Erfahrungsabschnitt in meinem Leben, den ich nie vergessen kann.

Doch zurück zur Äqua-Tour. Als meine verschiedenen Wehwehchen im Campingplatz bei Alice besser geworden waren und die Wunde am Knie endlich zugeheilt war, hat auch Beaugard es verstanden, daß ich nicht wieder für längere Zeit in Togo bleiben würde und fand sich damit ab, daß der Tag meiner Abreise immer näher rückte. Er wohnte immer noch in dem kleinen Dorf nur einige hundert Meter von Alice entfernt. Fast täglich kam er mich besuchen, und unsere Freundschaft hatte trotz der langen Jahre der Trennung nicht gelitten. Seine beiden Kinder waren in der Zwischenzeit 7 und 4 Jahre alt.

Am Tag vor meiner Abreise kam Beaugard zu mir und überredete mich, für meine glücklichere Weiterreise durch Afrika doch einer Voudou-Zeremonie zuzustimmen, die seine Großmutter im Mamiwata-Tempel für mich organisieren würde.

Nach kurzer Überlegung stimmte ich zu, teils aus Stolz, weil die Zeremonie extra für mich gemacht wurde, teils aus Freundschaft, um ihm zu zeigen, daß ich trotz längerer Abwesenheit seine Lebensart immer noch respektierte und akzeptierte.

Am Nachmittag gingen wir den kurzen Weg zum Dorf und ich wurde von seiner Großmutter empfangen. Ihr Körper war für die Zeremonie in weiße Tücher gewickelt, die Arme waren mit traditionellen bunten Armbändern aus Steinen geschmückt. Der nackte Oberkörper war beladen mit den schönsten Halsbändern aus Halbedelsteinen, mit getrockneten tropischen Blüten, Schlangenknochen, Vogelfedern, Affenzähnen und Löwenkrallen.

Gemeinsam gingen wir zum Eingang des Mamiwata-Tempels. Im Innern des Tempels stand ein Zementsockel, überladen mit Gegenständen, die mir nicht viel sagten, denn ich konnte die Verbindung zwischen den Objekten und deren Sinn für die

Ein afrikanischer Künstler bei seiner Arbeit in Burkina Faso

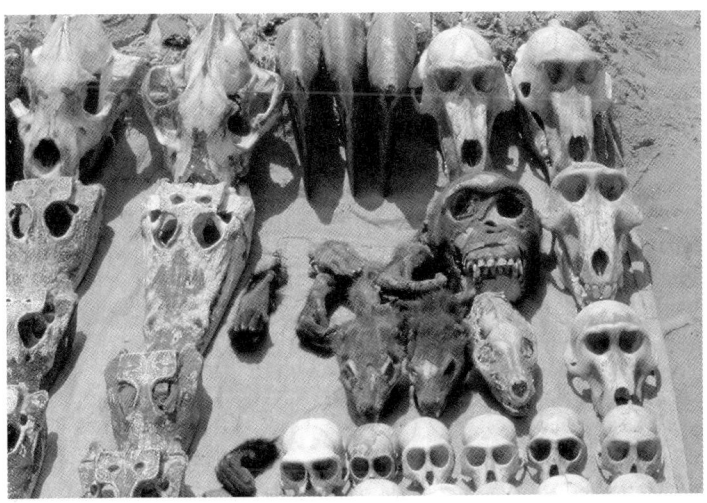

Fetischmarkt mit Zutaten für eine zünftige Voodoo-Zeremonie

Zeremonie nicht verstehen. So wußte ich auch nicht, was die Flasche Gin mit dem Bild der Muttergottes oder die Schachtel Schießpulver mit dem toten Papagei zu tun hatten. Stutzig wurde ich erst, als ich den noch frisch vom Körper abgetrennten, bluten-den Kopf eines Ziegenbockes am Sockel liegen sah. Das Blut tropf-te auf das Messer, welches für die Tötung des Tieres benützt wor-den war, auf ein weißes Tuch, das direkt unter dem abgetrennten Kopf lag.

Als Vegetarier hatte ich plötzlich ein schlechtes Gefühl, daß der Ziegenbock meinetwegen getötet wurde. Ich starrte auf den Sockel und spürte ein Gruseln über meinen Rücken laufen. Mein Tier-kreiszeichen ist Widder, und meine Phantasie bekam plötzlich „Beine"...

Neben einigen Leuten, die ich nicht kannte, saßen auch Beau-gards Kinder, die mit getrockneten Knochen und Betelnüssen spiel-ten. Die Schwarzen im Tempel fingen an, mit den kleinen bemal-ten Glocken zu läuten, um die Gemüter der Geister zu erwecken. Beaugard reichte die Schnapsflasche im Kreis herum und jeder mußte einen Schluck nehmen.

Der Tempel verwandelte sich allmählich in eine Zauberküche, in der verschiedene Kräuter zerstampft und zu einem Brei gerührt wurden. Schießpulver wurde angezündet und das Bild der Mutter-gottes damit beweihräuchert, Vogelfedern und Muscheln auf den Tempelboden gelegt und mit einer Mischung aus Blut und Schnaps besprenkelt, während vom Tempeleingang her die dumpfen Töne afrikanischer Trommelrhythmen erklangen. Alles war für mich wie-der neu und aufregend. Die Äqua-Tour war erst 4500 Kilometer alt, und ich hatte schon so viele unerwartete Dinge erlebt, und jetzt auch noch eine Voudou-Zeremonie mit Geistern, Blut und Hexen-zauber.

Meine abschweifenden Gedanken wurden unterbrochen, weil plötz-lich eine Frau aufstand, sie das blutverschmierte Messer an sich riß und einem Huhn, das seither mit gefesselten Beinen friedlich am Boden gelegen hatte, den Kopf abtrennte. Sie sleckte den mit Blut überströmten Hals in ihren Mund, stampfte mit den Füßen auf den Boden und saugte das Blut aus dem Körper des Huhnes, bis es regungslos aus ihrem Mund baumelte. Dann stürzte sie sich ins

Freie und warf das leblose Huhn in den Sand. Im Trance wälzte sich die Frau auf dem heißen afrikanischen Sandboden, und die Umstehenden tanzten und sprangen um die wild um sich schlagende Frau.

Nach einiger Zeit blieb sie regungslos neben dem toten Huhn liegen. Für einen Moment dachte ich, sie wäre tot.

Beaugard schnappte seinen Sohn bei der Hand, kam grinsend auf mich zu und sagte:

„Hast du gesehen?"

„Afrika wie es lebt und bebt! Doch was passiert mit der Frau, die am Boden liegt?"

„Wenn sie aus der Trance erwacht, steht sie wieder auf und geht nach Hause. Du wirst von meiner Großmutter einen Fetisch bekommen, den kannst du dir auf dein Bike montieren. Er soll dich vor weiteren Krankheiten und Unfällen beschützen, damit du deine Reise sicher durchführen kannst."

Fetische können aus Tieren und Pflanzen gemacht werden. Sie werden auf den Märkten Togos wie Nahrungsmittel und Gebrauchsgegenstände angeboten. Neben Löwen-, Affen- und anderen Tierköpfen findet man gelegentlich auch Kuchen aus getrocknetem Menschenblut, als besonders effektiv gelten jedoch Menschenteile, vorzugsweise von toten unberührten Mädchen. Das ist natürlich verboten, doch es soll trotzdem vorkommen. Man kann aber auch getrocknete Papagelenflügel, eine Eidechsenzunge oder Möwenkrallen erstehen. Dazu nimmt man vielleicht noch einen mumifizierten Regenwurm und eine kleine Schlange und trägt alles in seiner Plastiktüte heim. Der „Fetischeur" sorgt mit diesem Zeug dann dafür, daß man viele Söhne bekommt oder was man sich sonst wünscht. Das ist natürlich reine Geschäftemacherei.

Ich nahm Beaugards Sohn an der Hand und spazierte mit ihm durch den heißen Sand bis hinunter ans Meer. Der Bub setzte sich in das seichte Wasser und schaute mir zu, wie ich meinen Körper von den Wellen reinigen ließ. Mamiwata nicht nur im Tempel, auch Mamiwata im Meer, denn schließlich war sie die Königin der Meere. Nachdem ich genug hatte, machte ich mich mit Beaugard Junior auf den Weg zurück ins Dorf. Dabei stolperte ich beinahe über den halbverwesten Oberkörper eines Afrikaners, der wahrscheinlich

von den Wellen ans Ufer getrieben worden war. Haut und Fleisch-
fetzen hingen am Gesicht und am Brustkorb. Ich weiß, daß in Afrika
viele Leute ermordet werden, und die verschiedensten Körperteile
und Organe für zeremonielle Zwecke Verwendung finden, daß ich
jedoch gerade nach meiner Zeremonie über diesen Körper stolperte, war nun wirklich merkwürdig.
Ich meldete meinen Fund bei der Polizei in Lomé, doch am nächsten Tag lag der Körper noch immer im Sand. Ich ging zurück, holte meine Kamera und machte ein Bild. C'est l'Afrique.

Nigeria, die Hölle Afrikas

Die Hölle Nigerias begann für mich schon lange vor dem eigentlichen Grenzübergang zwischen Benin und Nigeria. Als ich in
Ouagadougou mein Gesuch für ein nigerianisches Visum ein-
reichte, wurde ich im wahrsten Sinn des Wortes mit Sack und Pack
von den unfreundlichen Sicherheitsbeamten der Botschaft vor die
Türe gestellt. Bei meiner Körpergröße war dies für die Typen nicht
schwierig. Mit dem bepackten Bike hatten sie allerdings ein bißchen
länger zu kämpfen. Wütend stand ich vor dem Eisentor und konnte doch gegen den Rausschmiß nichts tun.
Ich fuhr zurück in meine Absteige und grübelte nach einer Lösung.
Wahrscheinlich waren es meine Radklamotten, mein Bart oder
was auch immer sie so verschreckt hatte.
Am nächsten Tag fuhr ich in einem ausgeliehenen Anzug, weißem
Hemd, Krawatte und Hut per Taxi zur Botschaft und versuchte
mein Glück erneut.
Der Portier erkannte mich nicht wieder, somit konnte ich unbehindert
die zweite Hürde, die Rezeption, in Angriff nehmen. Hinter einer
dicken Glasscheibe wühlte der Beamte die Antragsformulare heraus, drückte sie durch den kleinen Schlitz am Fenster und wand-
te sich wieder seinem Papierhaufen am Schreibtisch zu. Ich füllte
den Fragebogen gut leserlich aus, legte 3 Fotos bei und schob die
Papiere mit meinem Paß wieder durch den Schlitz. Gespannt wartete ich auf eine Reaktion.

„Sie haben einen schwarzen Stift benützt, Fragebögen müssen in blauer Farbe ausgefüllt werden."

Er schob mir einen neuen Antrag durch. Nachdem ich die Formulare diesmal in blau ausgefüllt und abgegeben hatte, sagte er: „Come tomorrow."

Anderntags warf ich mich wieder in die ausgeliehenen Bekleidungsstücke und fuhr wieder per Taxi zur Botschaft. Mein Visumsantrag wurde nicht genehmigt. Der Beamte zuckte nur gleichgültig die Achseln, schob meinen Paß seinem Kollegen zu. Der stand auf, bewegte sich lethargisch vom Tisch und plötzlich stand er mit zwei weiteren Beamten in der Rezeption. Es folgte ein heftiger Wortwechsel. Ich wollte wissen, warum mein Antrag nicht genehmigt wurde, sie wollten wissen, warum ich überhaupt es wagen würde, was mir einfiele, und außerdem müßte ich meinen Antrag im Heimatland stellen!

Der Wortwechsel wurde so heftig, daß sich der Botschafter höchstpersönlich in die Diskussion einmischte. Ruhig hörte er mir zu. Er nahm meinen Paß und beauftragte einen dieser verdammten Nasenbohrer, den Visumsstempel für einen siebentägigen Aufenthalt in meinen Paß einzutragen. Zehn Minuten später war ich wieder in den Straßen von Ouagadougou.

Jetzt war es einige Monate später und ich stand mit meinem Bike an der Grenze zwischen Benin und Nigeria. Der Grenzübergang Porto Novo/Lagos ist einer der frequentiertesten ganz Afrikas, und je nach Laune der Beamten kann die Abfertigung entweder ganz unproblematisch oder die absolute Katastrophe sein. Ich hatte weder Hut noch Anzug noch Krawatte dabei, um mein offensichtlich negatives Biker-Image aufzumöbeln. Doch selbstsicher und mutig schob ich meinen Paß dem Grenzbeamten zu. Er sah mich an, warf einen Blick auf mein Bike, blätterte im Paß bis zum Visumstempel für Nigeria.

„Wer hat Ihnen dieses Visum ausgestellt?"

„Die Beamten der nigerianischen Botschaft in Ougadougou!"

„Für sieben Tage?"

„Ja - für sieben Tage."

„Und wo fahren Sie hin mit Ihrem Fahrrad?"

„Quer durch Nigeria und weiter nach Kamerun."

„Ich gebe ihnen sechs Wochen Zeit, um durch Nigeria zu fahren. Reicht Ihnen das?"

„Ja, und besten Dank", erwiderte ich.

Bevor er seine Meinung wieder ändern konnte, war ich bereits beim Zoll, und auch dort wurde ich ohne Probleme durchgewunken.

Nigeria hat über 80 Millionen Einwohner, doch trotz der großen Erdölfunde und der hohen Förderungen ist das Land im Schlamm der Korruption und Mißwirtschaft steckengeblieben. Der frühe Bürgerkrieg mit den Ibos, die vielen verschiedenen Zivil- und Militärregime haben alle nur zum Zerfall des Landes beigetragen. Auf den 100 Kilometern von der Grenze zur Acht-Millionenstadt Lagos wurde ich sehr oft von Leuten in Uniform angehalten. Warum, weiß ich nicht. Wofür, weiß ich sehr wohl: um mir Geld abzuknöpfen, was sonst! Die Geschichte verlief immer gleich ab:

Es waren immer vier oder fünf uniformierte Typen im „Rambo-Look", bewaffnet bis an die Zähne, mit schwarzen Spiegelbrillen, Baseballmützen, schwarzen Handschuhen, hochgeschnürten Stiefeln, die da an der Straße lauerten. Sie hatten auch noch Prügelknüppel und große amerikanische Oldtimer. Beim Annähern wurden Nageleisen über die Straße geschoben. Jeder Durchbruch wäre durch die aufgeschweißten, 15 cm langen und fingerdicken Eisenspitzen schnell vorüber gewesen.

Ich wußte gar nicht, daß es so viele Gründe geben kann, als Radfahrer Strafe zahlen zu müssen: wegen eines nicht sauber in den Paß eingedrückten Stempels, wegen überhöhter Geschwindigkeit für Radfahrer auf der Autobahn, Straßen-Benutzungsgebühren, Nationalpark-Gebühren (wo es gar keinen Park gab), das waren so die üblichen Abkassier-Gründe. Ich erreichte den Punkt, wo ich mich fragte, wer hier der Verrückte war. Ich, weil ich durch dieses Land mit dem Fahrrad fuhr, oder diese „Rambos" der nigerianischen Mafia.

Meine weiteren Erlebnisse auf den 1100 Kilometern bis zur Grenze von Kamerun hatten mit Abenteuer herzlich wenig zu tun. Vorgestellt hatte ich mir die Durchquerung ganz anders als es dann wirklich war.

Wo immer ich hinkam, gab es jede Menge Dreck, Straßenchaos

und Korruption. Vorbei war das Zelten, und zur Vergangenheit zählten die herrlichen Abende im afrikanischen Busch. Hier in Nigeria begann ein Überlebenskampf. Nach all den gesundheitlichen Problemen in Togo hatte ich einfach auch nicht die Kraft, gegen diese aggressive Mentalität der nigerianischen Polizisten und Banditen anzukämpfen. Ich war noch nie dem Gedanken, zu resignieren und alles hinzuschmeißen so verdammt nahe gekommen, und dennoch wollte ich nicht Aufgeben und Aufladen. Ich fühlte mich körperlich bedroht, nicht von den einfachen Nigerianern, doch von der Polizei und dem Verkehr. Die Hotels, in welchen ich mich mit meinem Bike jeden Abend verschanzte, waren nichts anderes als Freudenhäuser und Lustbuden der übelsten Sorte, und was besseres gab es kaum. Es wurde mit Drogen und Waffen gehandelt als wären sie das tägliche Brot.

Tagsüber war die Situation erträglich, denn viele Menschen belebten die Straßen und Dörfer entlang meiner Route. Es waren die Abende, die ich so schrecklich fand. In anderen afrikanischen Ländern konnte ich mich frei bewegen, ohne etwas befürchten zu müssen. Doch hier in Nigeria war alles anders. Das Leben war schneller, brutaler, härter und sehr aggressiv.

Ich schlug drei Kreuze, als ich endlich Calabar erreichte. Von dort wollte ich mit einem Boot nach Limbe in Kamerun übersetzen. Jetzt hatte ich nur noch die Bootsfahrt nach Limbe in Kamerun zu bewältigen, um der Hölle Nigerias zu entkommen. Mit der Hilfe eines nigerianischen Radfahrers, den ich in einem Restaurant kennenlernte, ergatterte ich einen Platz auf einem „Knoblauchfrachter", der nach Limbe auslief.

Doch um Nigeria verlassen zu können, benötigte ich noch einen Ausreisestempel in meinen Paß. Diesen Stempel zu bekommen war nicht leicht, denn nur wenige Touristen kommen nach Calabar. Deshalb wußte auch niemand, wo dieser Ausreisestempel zu erhalten war. Ich klapperte alle Ämter ab, doch gelang es mir nicht, den Stempel zu bekommen.

Nach meiner zehntägigen Fahrt durch Nigeria hatte ich sowieso die Nase voll von diesem Land und suchte nicht weiter. Ich wollte es riskieren, auch ohne Ausreisestempel Nigeria zu verlassen. In einem Land, in welchem einer der schrecklichsten Bürgerkriege

Afrikas stattgefunden hatte, wo die Korruption vom Präsidenten bis zum Schuhputzer alltäglich ist, wo Gauner, Banditen und Ganoven die Bevölkerung einschüchtern, wird es auch für mein kleines „Stempelproblem" eine Lösung geben, so dachte ich.

Um 2 Uhr morgens war die Abfahrt nach Limbe angekündigt, und ich war einer der rund 30 Passagiere, die sich um das Boot versammelten. Die Zollkontrolle war hektisch. Die Schwarzen mußten ihre Koffer öffnen, Schuhe ausziehen, Kappen und Hüte abnehmen. Wild fummelten die Zöllner in den Taschen und Plastiktüten der Passagiere herum.

Als ich an die Reihe kam, waren es jedoch nicht die Panniers, die durchsucht wurden, sondern mein Paß und der Geldgürtel. Einen Teil meines Bargeldes hatte ich während der Fahrt durch Nigeria aus Sicherheitsgründen zwischen den Felgen und der Bereifung sorgfältig in Plastik verpackt dort versteckt. Ein weiteres Versteck bot sich im Sattelrohr an und im Hohlraum der Lenkstange war ja auch noch Platz. Hundert Dollar hatte ich mit meinen anderen Papieren und Dokumenten im Geldgürtel verstaut.

Ich war bereit, eine kleine Summe als Bakschisch zu bezahlen, doch daß der Uniformierte gleich die gesamten 100 Dollar kassieren wollte, war mir doch etwas zuviel. Ich wurde zur Seite genommen und im Schnellverfahren wurde von den Beamten gegen mich entschieden. Sie machten mich fertig, in dem sie mich kurzerhand verprügelten, die 100 Dollar kassierten und mich anschließend gewaltsam auf das Boot verfrachteten. Mit einem Fußtritt in den Hintern und den Worten „never come back to Nigeria again!" wurde ich mit Schwung auf die Knoblauchsäcke auf dem Boot geworfen.

Total verblüfft lag ich da. Die Schmerzen am Körper waren erträglich, doch innerlich entwickelte ich einen Haß gegen diese Typen, gegen das Land und seine korrupten Beamten.

Dann hörte ich die Motoren anspringen. Langsam bewegte sich der Frachter aus dem Hafen. Die Lichter von Calabar wurden immer kleiner, und weit draußen auf dem Meer leuchteten die Feuer der Ölbohrtürme. Wir fuhren eine lange Strecke durch Kanäle. Zeitweise wurden die Motoren abgeschaltet und das Boot mit langen Stöcken in den seichten Passagen weitergestoßen. Dieses

Gebiet wird selbst von den Einheimischen gefürchtet, denn hier kommt es immer wieder zu Überfällen und Schießereien, es ist ein Spielplatz für Piraten, Schmuggler, Waffenhändler und Drogenschieber.

Zwei Nächte und einen Tag dauerte diese Fahrt, die ich nie vergessen werde. Von den vielen Motorpannen und Moskitos während der Fahrt will ich erst gar nicht anfangen zu erzählen. In Afrika sind diese Begebenheiten nichts Aufregendes. Sie gehören zum afrikanischen Alltag wie das Salz zur Suppe.

Bei unserer Ankunft in Limbe wurde mir klar, daß ich eine weitere Feuerprobe der Äqua-Tour überstanden hatte. Die Schlagzeilen in der Tageszeitung „Le Messager" verkündeten es in roten Buchstaben: *„Grenze Kamerun-Nigeria, die Schmuggler und Diebe spielen mit der Polizei".*

Ich kaufte mir die Zeitung als Erinnerung und Dokumentation. Die andere Erinnerung an meinen Besuch im Land der afrikanischen Mafia hatte ich im Kopf in der Form von Gedanken. Der „Ausreisestempel" wurde mir in Nigeria mit einem Fußtritt auf den Hintern geprägt. Doch was soll's, ich bin in Kamerun, es geht weiter.

Ein Biker bei den Pygmäen

Die letzten zwei Wochen durch Nigeria, die „Hölle Afrikas", zählen sicherlich zu den abenteuerlichsten, die ich während meinen Fahrradreisen je erlebt habe. Der ewige Korruptionsdruck seitens der Beamten, die Ungewißheit und die nächtlichen Schießereien in Nigeria mußte ich so rasch wie möglich vergessen. Und da das Abenteuer „Radfahren" ja immer wieder schöne Erlebnisse mit sich bringt, steckte ich alles, trotz diesen enormen psychischen Belastungen, ziemlich schnell weg.

Stolz spazierte ich mit meinem Bike durch die kleine Stadt Limbe in Kamerun, auf der Suche nach einem Quartier.

Hier in Kamerun waren die Leute ganz anders. Ihr ganzes Interesse galt dem Sport, genauer gesagt, dem Fußball. Kamerun hatte sich für die Weltmeisterschaft 1990 in Italien qualifiziert. Somit waren die politischen Unebenheiten des Landes aufgeschoben. Die erbitterten Machtkämpfe hinter den Kulissen mußten bis nach der Weltmeisterschaft warten.

Die Scharfschützen Kameruns waren die Torjäger auf dem Fußballfeld. Wie Helden werden die Stars des afrikanischen Fußballs gefeiert!

„Die Fußballer unseres Landes werden der Welt in Italien zeigen, daß Afrika nicht nur ein Kontinent des Hungers und der ewigen Krisen ist", meinten die Fuballfans, „wir werden den Weltmeistertitel nach Kamerun holen. Wir werden als erste afrikanische Nation Weltmeister werden."

Den Kindern in den Straßen waren diese Prophetie egal. Im Staub und im Dreck spielten sie ihre eigenen Qualifikationsspiele. Mit selbstgemachten Fußbällen aus zusammengerollten Bananenblättern, oder mit leeren Dosen, Flaschen und vollgestopften Plastiktüten.

Nachdem ich eine Absteige für die Nacht gefunden hatte, rief ich Renate in Kribi, im Hotel „Chez Amelie" an. Sie war mit ihrer Schwester Petra bereits seit zwei Wochen in Kamerun. Unseren ursprünglich vereinbarten Termin hatte ich beim bestem Willen nicht einhalten können, ich hatte zu lange gebraucht. Doch nach all den Problemen in Togo und Nigeria war ich froh, überhaupt bis nach Kamerun gekommen zu sein. Renate und Petra waren zwischenzeitlich mit Bussen und Buschtaxis kreuz und quer durch Kamerun gefahren, auf eigene Faust und auf abenteuerlichen Routen, im Schlamm und im Staub von Tierpark zu Tierpark. Bis hoch zu den Kamerun-Highlands und wieder hinunter an die Küste. Sie waren vom Land begeistert.

Die Wiedersehensfreude war groß. Seit meiner nun viermonatigen Abwesenheit von Südtirol gab es so vieles zu erzählen und zu fragen. Die Sponsoren wollten wissen, wie es mir bei meiner Erdumrundung geht. Die Uhrenfirma Rolex stellte mir für meine Äqua-Tour als Anerkennung eine Uhr zur Verfügung, die ich später in Empfang nehmen sollte. Der Athesia Verlag in Südtirol wollte einen Südtirol-Mountainbike-Führer mit mir machen. Und noch so vieles mehr. Ich war zufrieden, daß die Zusammenarbeit mit den Firmen während meiner Reise positiv verlief, obwohl es nicht immer leicht war, den Kontakt herzustellen und auch zu halten. Renate hat mir dabei sehr viel geholfen, sie organisierte vieles, und ich bin ihr sehr dankbar dafür.

Es war schön, die kurze Zeit, die wir noch gemeinsam verbringen konnten, zu genießen. Nach all meinen Problemen während den ersten 5000 Kilometern durch Westafrika hat mir dieser Blitzbesuch von Renate wieder Kraft gegeben. Egal, wieviele Briefe zwischen Afrika und Südtirol von der Post transportiert worden sind, sie können so ein Treffen nicht aufwiegen. Für mich war es gut zu wissen, daß ich trotz längerer Abwesenheit von Renate verstanden worden bin. Nicht jeder Lebenspartner hätte meine Einstellung zum Abenteuer so selbstverständlich akzeptiert wie Renate es tut. Da wir uns jedoch als „Soloradfahrer" während einer Afrikareise in der Sahara 1982 kennengelernt hatten, waren die Voraussetzungen für eine beiderseitige Toleranz jedoch von vornherein gegeben.

Nach einigen Tagen flogen Renate und Petra aus dem saunaschwülen Douala wieder zurück in den kalten europäischen Winter, währenddessen ich meine Kurbeltour durch Kamerun fortzusetzen begann. Die großen Straßen durch Kamerun wollte ich vermeiden, denn auf diesen Routen donnern meist die schweren Lkws, beladen mit Baumstämmen für die Weltmärkte der Edelholzindustrie.

Mein nächstes Ziel war Yaoundé. Während den nächsten 70 Kilometern war ich mit meinen Gedanken noch gar nicht bei der Sache, ich dachte an die vielen Dinge, die wir besprochen hatten.

Die Sonne brannte unerbärmlich vom Himmel. Die neu angelegte Straße von Yaoundé zur Zentralafrikanischen Republik (C.A.R.) bot mir keinen Schatten, denn beim Bau dieser Straße wurde eine überbreite Schneise durch den Dschungel gebaggert. Es ging ständig bergauf und es war fast unmöglich die Straße zu verlassen, denn links und rechts waren mannstiefe Wassergräben angelegt, um die enormen Wassermassen der schweren Wolkenbrüchen abzuleiten.

Die ganze Fahrt war sehr heiß und unangenehm, und ich suchte nach einer Möglichkeit, um auf Pfaden durch den Busch fahren zu können.

Solche Buschpfade werden von den Afrikanern angelegt, die in

kleinen Dörfern abseits der Straße in Siedlungen lebten. Es sind
Familiengruppen oder kleine Stämme, denen der Wald noch immer genügend bietet, um dort leben und überleben zu können.
Auch Jäger benützen diese Wege, sie stellen in der Pfadumgebung
ihre Fallen auf, und ihre Beute verkaufen sie dann in den Dörfern
und auf Märkten.
Ich nahm eine günstige Möglichkeit wahr, die Hauptstraße zu verlassen. Mein Pfad durch den dichten Wald war schattig. Weit vor
mir lag eine Ebene, aus der Rauchwolken hochstiegen.
Wo sich Rauch kräuselt, sind meistens Leute beim Arbeiten. Zehn
Minuten später stand ich mit meinem Bike in der Ebene und war
nicht wenig erstaunt, an einem kleinen Dorf, bestehend aus
Holzhütten, angekommen zu sein. Überrascht waren auch die Dorfbewohner, als sie feststellten, daß mein Fahrrad zwar wie ein kleines Motorrad aussah, jedoch kein Motor vorhanden war. Einer der
Burschen glaubte sogar, daß meine Packtaschen einen Hilfsmotor
verbargen.
Während die Leute mein Mountainbike begutachteten sah ich mich
genauer um. Vier einfache Hütten standen auf einem freigeschla-
genen Platz. Unter einem schrägen Dach brannte eine Feuerstelle,
die zum Kochen diente. Etwas weiter zurückgelegen im Wald spru-
delte ein kleiner Bach mit ganz klarem Wasser. Schmetterlinge in
allen Farben und Größen flatterten darüber. Ein bezaubernder
Anblick.
Ich ging hinüber zum Wasser, um mir den Staub vom Körper zu
waschen. Unter den Ästen sah ich einen schmalen Weg. Auf meine Frage, wohin dieser Weg führe, antworteten die Dorfbewohner
schlicht und einfach „in den Wald". Sie sagten weiter, daß dieser
Weg generell in Richtung Bertoua führte, doch wie lange ich mit
meinem Bike bis dorthin unterwegs sein würde, war nicht rauszu-
finden.
Ich entschloß mich, diesen abenteuerlichen Pfad in Angriff zu nehmen. Die neu gebaute Straße wäre zwar viel leichter zu befahren
gewesen, doch erschien mir die Fahrt durch den Wald viel inter-
essanter.
Nach vier Tagen harter Arbeit auf einer selten leichten Strecke erreichte ich Abong Mbang. In meinen Taschen hatte ich genügend

Es war ein langer Weg vom Holzroller bis zum Aluminium-Bike!

Ein Japaner mit Schiebekarre von Mombasa nach Paris

Nahrungsmittel mitgeführt, um mich bis Bertoua versorgen zu können, doch wäre dies gar nicht nötig gewesen. Die Leute entlang
meiner Route waren sehr freundlich und versorgten mich mit den
besten Leckerbissen des Waldes. So zum Beispiel daumendicke
Würmer, die den Wasserpalmen entnommen wurden. Oder mit
Bananen, Papayas und Erdnüssen in allen möglichen Variationen.
Ich hatte auch die Möglichkeit, von den Afrikanern zu lernen, wie
man die verschiedensten einfachen Gerichte zubereitet, denn in
diesen Gebieten gibt es nur ganz selten Läden.
Während diesen Wochen in den Wäldern dieses tiefen Afrikas entdeckte ich in mir selbst wieder ein sehr starkes Interesse für das
einfache Leben, in der Natur, mit der Natur.

Von Bertoua bis zur Grenze der Zentralafrikanischen Republik waren es noch etwa 200 Kilometer. Der Grenzübertritt verlief problemlos. Ich war jetzt also in Zentralafrika - was würde ich hier
nicht alles erleben?
Es wurde langsam Weihnachten, und seit meiner Abfahrt vom
Senegal hatte ich bis jetzt etwa 7000 Kilometer quer durch den
afrikanischen Kontinent abgestrampelt. Jetzt lief die Tour ziemlich
gut. Körperlich und auch psychisch hatte ich die Anfangsprobleme
gut weggesteckt, jetzt war ich so richtig auf Weltreise. Meine
Erlebnisse und meine Abenteuer wurden zu einem wichtigen Teil
der Tour.
Meine Route führte weiter durch den afrikanischen Dschungel. Der
Kreislauf in diesen Gebieten ist nicht nur für Europäer schwierig
zu verstehen, auch die Afrikaner haben für ihre zurückgezogen lebenden Naturvölker in den Wäldern nur wenig Verständnis.
Ich war mir sicher, daß die Pygmäengruppe, auf die ich einmal
stieß, noch nie ein Mountainbike gesehen hatten, denn wann ver-
irrt sich in diese Weltgegend schon ein europäischer Radfahrer?
Immer wieder zog es die Männer zum Bike, um es zu betätscheln,
zu bewundern, draufzusitzen, zu lachen und zu scherzen. Keiner
der Pygmäen konnte radfahren. Dadurch konnten sie das Gefühl
des Radfahrens natürlich auch nicht nachvollziehen.
Ich beobachtete, wie die Frauen Gemüse kochten, welches sie im
Wald von Sträuchern pflückten. Dazu gab es Affenfleisch und ei-

Begegnung mit Waldbewohnern im Regenwald Kameruns

„Ich probierte diese gelben Würmer. Am nächsten Tag war ich voller Energie, da müssen unheimlich viele Proteine drin sein..."

ne grüne, schleimige Soße. Ich wurde dazu eingeladen. Als Vegetarier habe ich auf das Affenfleisch verzichtet, doch das Gemüse mit der grünen schleimigen Soße schmeckte gut.

Kurz vor Sonnenuntergang stellte ich dann mein Zelt auf. Das Angebot der Pygmäen, mit ihnen in ihren primitiven Hütten zu schlafen, war mir nicht ganz geheuer. Ich wollte in meinem Zelt sein und gleichzeitig einen gewissen Abstand zu ihnen wahren.

Nachdem ich mein Zelt aufgebaut hatte und alle Pygmäen mindestens einmal mein „Haus" von innen betrachteten, habe ich mich in mein Zelt verkrochen und bin noch lange wach gelegen, um den unglaublichen Geräuschen des Dschungels zu lauschen. Frösche und Insekten, einige Vogelarten und Affengeschrei war noch bis spät in die Nacht zu hören.

Ich hatte einen sehr tiefen Schlaf, denn erst als die Kinder zu weinen begannen und die Frauen mit den Kochtöpfen hantierten und die Männer gähnend im Gras herumtrampelten war auch für mich die Nacht zu Ende.

Ich wollte den Männern zusehen, wie sie die Fallen aufstellten um die kleineren Tiere zu fangen und ich war auch neugierig darauf, wie sie die Früchte mit Pfeilen von den Bäumen schossen und gleichzeitig den Honig der Wildbienen ernteten. Ich hatte vorher noch nie die Möglichkeit gehabt, Pygmäen bei ihrer Arbeit so unmittelbar zuzusehen. Diese Chance wollte ich mir also nicht entgehen lassen. Am Weihnachtstag schlich ich mit ihnen durch den afrikanischen Dschungel und war beeindruckt, mit welcher Geschicklichkeit sie Fallen aufstellten und mit welcher Perfektion sie Früchte von den hohen Bäumen mit Pfeil und Bogen herabschossen.

Um den Honig aus den Baumstämmen zu bekommen, wurden die Bienen ausgeräuchert und die Waben mit dem Honig und den Bienen aus den Baumstämmen gekratzt und dann in Tonkrügen ins Dorf getragen. Der Honig wird dann mit den Bienen und den Waben gegessen. Dieses Gemisch soll vor vielen Krankheiten schützen.

Erst spät am Abend kam ich mit den Pygmäen zurück ins Dorf. Die Frauen hatten bereits das Abendessen gekocht. Das Weihnachtsfest wurde bei ihnen jedoch nicht gefeiert. Den Umständen ent-

sprechend war es auch unwichtig, Weihnachten bei den Pygmäen
zu feiern, denn ich bekam ein tolles Abendessen aus der Naturküche
Afrikas serviert: Maniokwurzeln mit gerösteten Ameisen, Kochbana-
nen mit Pili-Pili-Soße und frisches Wasser direkt vom Bach. Für
mich war es einmal Weihnachten ganz anders und ich werde diese Weihnachtsfeier bestimmt nicht so schnell vergessen. Für meine Gastgeber war es ein ganz normaler Tag im tiefen Dschungel
Afrikas.
Am nächsten Tag kurbelte ich weiter Richtung Bangui, zur Hauptstadt der Zentralafrikanischen Republik.

Rast im Knast

Mein nächster Anlaufpunkt nach Bangui ist die östliche Stadt
Bangassou an der Grenze zu Zaire. Heute ist Donnerstag der 11.
Januar 1990 und ich gehe die letzten Kilometer an. Die Straße
führt vorbei an säuberlich gepflegten Kaffeeplantagen. Zierlich ste-
hen die Kaffeebäume links und rechts der Straße in den Feldern,
die für die Erwachsenen der tägliche Arbeitsplatz sind. Diese
Arbeiter sind zu bewundern. Mit großer Sorgfalt und unendlicher
Mühe arbeiten diese Tagelöhner in enormer Hitze, und ihre Kinder
kennen keinen anderen Spielplatz als die Kaffeeplantagen.
Für die Bürger der Zentralafrikanischen Republik bedeuten diese
Plantagen nicht viel mehr als Austragungsort ihrer Pflichten im verrückten System afrikanischer Machtkämpfe. Nur besser gestellte
Familien können sich eine Plantage leisten und Tagelöhner be-
zahlen, den anderen geht es seit dem Tag der Unabhängigkeit von
Frankreich im Jahr 1960 nicht viel besser als unter der Kolonialherr-
schaft. Der Alltag hat sich für die Massen kaum verändert.
Vertieft in Gedanken trete ich auf der flachen Straße dahin. Ich
freue mich schon auf den Ruhetag, den ich in Bangassou einlegen
will. Die lange Fahrt von Bangui war anstrengend. Die tägliche
Hitze, verbunden mit der hohen Luftfeuchtigkeit in den tropischen
Wäldern sind einerseits unangenehme Belastungen beim Radeln,
andererseits bringt diese Kombination eine willkommene Abkühlung

auf die Haut, da der eigene Fahrtwind den Körper etwas kühlt.
Kurz vor Bangassou wird die Kamera ausgepackt um die zierlichen
weißen Blüten der Kaffeepflanzen zu fotografieren. Zum gleichen
Zeitpunkt fährt ein knatterndes Motorrad an mir vorbei und wirbelt
eine dicke Staubwolke durch die Luft. Der Fahrer bringt die Maschine zum Halten, steigt ab und kommt mit einem Lächeln auf
mich zu. Er ist offensichtlich überrascht, einen Weißen auf einem
Fahrrad im afrikanischen Busch zu sehen. Er bewundert mein Bike
und läßt seine Augen wandern. Von den kleinen Computern am
Lenker hinüber zu den Schalthebeln, hinunter zu den Pedalen und
wieder hoch zum Fahrradsattel. Seine Augen fixieren die mit rotem Staub bedeckten Fahrradtaschen. Mit einer Hand schlägt er
auf die linke Tasche und sagt:
„Ist das der Motor, wieviel kostet das Ding?"
Als ich ihm erzähle, daß dieses Ding weder ein Motorrad wäre
noch das es zu erstehen sei, begibt er sich lachend zu seinem
Motorrad. Mit einem Gewaltstoß am Kickstarter heult die Maschine
auf und er verschwindet in einer Staubwolke Richtung Bangassou.
Eine Stunde später komme auch ich im Grenzort Bangassou an.
Ich bin sehr froh, die lange Fahrt durch die C.A.R. ohne größere
Probleme gemeistert zu haben. Im Hotel Bou-Bou begnüge ich
mich mit einem winzigen Zimmer. Grenzgebiete sind wegen
Diebstahlsgefahren fast immer problematisch. Deshalb übernachte
ich in diesem Hotel.
Für einen geringen Aufpreis geht es im Hotel Bou-Bou nobel zu.
Sogar Wasser für die Dusche ist vorhanden. Ein Vorhang von un-
definierbarer Grundfarbe schmückt mein Zimmerfenster. Ein Fenster
ohne Wert, denn jemand hatte wohl während eines Wutanfalls die
Scheibe zerschmettert. Außerdem konnte es nicht geöffnet werden, da es nur einige Zentimeter von einer anderen Hausmauer
entfernt war. Der Megabonus war jedoch die abschließbare Türe
neben dem zerbrochenen Fenster. In Afrika habe ich gelernt, nie
nach dem Sinn der Dinge zu fragen, es war viel besser, alles so
zu akzeptieren wie es war.
Ich verbrachte den Nachmittag im Hotelgarten. Zwei Tische, vier
Stühle sowie zwei Marlboro-Sonnenschirme, das war es auch
schon. An einem dieser Tische wollte ich die letzten Tage meiner

Fahrt von den Pygmäen bis nach Bangassou in meinem Tagebuch festhalten.

Meine Ankunft hatte sich im Dorf wie ein Lauffeuer verbreitet. „Weißlinge" auf dem Fahrrad sind in Afrika so etwas wie eine kleine Sensation. Also hatte ich keine Ruhe, an ein Schreiben war nicht zu denken. Mein Bart und meine langen Haare waren Anlaß für Geflüster bei den Mädchen, und die Jungs kümmerten sich um das Bike, welches noch immer vor dem Eingang zu meinem Zimmer stand.

Die Augen der Kinder waren so herrlich zu beobachten und die ersten Fragen kamen nur sehr zögernd. Eine Stunde später wußte ich allerdings schon sehr viel über das Dorf und seine Menschen. Die Kinder hatten mir die Informationen, die für mich wichtig waren, bereitwillig und ohne Zögern mitgeteilt.

Sie wußten, daß der Libanese mit dem größten Geschäft hinter einem Berg norwegischer Sardinendosen auch eine Schublade hatte, in welcher Dollarscheine, Pfundnoten und Deutschmark aufbewahrt wurden - alles Schwarzmarktgelder. Sie kannten auch den Mann, der das Boot zwischen den beiden Ufern des Grenzflusses hin- und herfuhr, und die Kinder kannten überdies den Polizisten, der Touristen den Ausreisestempel in den Reisepaß drückt. Erstaunt war ich, als mir einige der Jungs sogar die Funktionen an meinen Fahrradcomputern aufzählen konnten - einfach clever, diese Burschen!

Als weniger clever stellte sich dann mein Entschluß heraus, in diesem Kaff meinen Rasttag zu verbringen. Die Probleme bahnten sich so an: der Besitzer des Hotels Bou-Bou erzählte mir, daß ich einen Ausreisestempel bräuchte, das Büro jedoch seit einigen Tagen geschlossen sei und ich den Stempel nur im Büro der „Gendarmerie Nacional" erhalten könne. Also fuhr ich mit dem Bike dorthin, um den Stempel zu erhalten. Das Gesicht des diensthabenden Beamten kam mir bekannt vor. Nach kurzem Überlegen fiel es mir auch wieder ein, wo wir uns begegneten.

„Sie sind doch der Fahrer des Motorrads - gestern in der Plantage!"

„Ja, stimmt, ich bin der Fahrer und auch der Polizeichef!"

Ich bemerkte in seinem Gesicht Züge, die auf nichts Gutes schließen ließen. Ich versuchte, das Gespräch zu beenden. Zu spät.

„Haben Sie gestern bei der Plantage fotografiert?"
Er hatte mir ja zugesehen, wie konnte ich etwas anderes als „Ja" sagen.
„Und was haben Sie fotografiert?"
„Die Plantage und die Blüten."
„Haben Sie eine Genehmigung zum Fotografieren?"
„Seit wann braucht man für Blumenbilder eine Genehmigung?"
„Haben Sie eine Genehmigung? Ja oder nein!"
„Nein."
„Zeigen Sie mir Ihren Paß und Ihre Aufenthaltsgenehmigung für die Republik!"
Er blätterte durch meinen Paß, sieht mich an und steckt den Paß in seine Uniformjacke.
„Bereiten Sie sich schon mal auf einen längeren Aufenthalt in Bangassou vor."
Er ruft einen zweiten Beamten herbei, mein Bike wird mir abgenommen und in einer Kammer verstaut. Meine Taschen sowie das Gepäck werden gründlich untersucht und danach in die Kammer zum Bike gestellt. Ein unfreundlicher Typ, dieser Chef!
Es wird ein Protokoll aufgenommen und ich muß unterschreiben. Die Papiere werden jetzt in die Hauptstadt nach Bangui geschickt, dort irgendeinem Nasenbohrer anvertraut, und bis sie aus Bangui zurückkommen, bleibe ich in Bangassou in Untersuchungshaft. Man läßt mir zwar die Möglichkeit, im Hotel Bou-Bou zu übernachten, aber mein Bike und mein Gepäck bleiben bei der Gendarmerie. Ich kenne diese Versuche afrikanischer Polizisten und Militärs, den Leuten Angst zu machen, oft habe ich solche Situationen durchgemacht, doch dieses Mal wollte ich mir das Spiel nicht bieten lassen.
Ich wußte, daß ich keine zusätzliche Genehmigung brauchte. Ich habe nun schon einige Jahre Erfahrung auf dem afrikanischen Kontinent. Vor vielen Jahren arbeitete ich mal als Konditor und als Koch in Simbabwe und die jetzige Radreise war bereits die dritte Reise per Fahrrad durch Afrika.
Deshalb war ich auch überzeugt, daß ich mit Geduld und einem „coolen" Kopf diese Situation durchstehen würde. Gegenüber normalen Touristen, die nur für einige Wochen durch Afrika reisen

Die Transafrika-Piste in der Zentralafrikanischen Republik

Affenfleisch ist für viele Afrikaner eine Delikatesse

und denen nur wenig Zeit zur Verfügung steht, war ich weniger unter Zeitdruck.

Nach ersten Überlegungen fand ich es total verrückt, daß mein Bike und mein Gepäck in den Händen der Polizei verblieb während ich in meinem Zimmer im Hotel Bou-Bou schlafen sollte.

Ich überlegte einen psychologischen Vorteil zu haben, wenn ich mein Quartier vom Hotel in das Polizeigebäude verlegen würde. Da könnten mich die Polizisten den ganzen Tag sehen und ich sie den ganzen Tag beobachten. Ich überzeugte den Kommandanten, daß mein Gepäck ein Teil von mir wäre und ich das Bike benütze, um es zu transportieren. Ich weigerte mich, die Hotelrechnung zu bezahlen und außerdem sagte ich, wäre es besser, gleich hier eine Zelle zu beziehen.

Zu meiner Überraschung wurde mir dies auch genehmigt. Ob ich nun im Bou-Bou oder in der Zelle schlafen würde, war mir egal. Keine der beiden Möglichkeiten versetzte mich in einen „Lachanfall", da ich einige Zeit zuvor die Gruselgeschichten des Regimes von Kaiser Bokassa I gelesen hatte. Ich wußte, daß den Leuten durch Soldaten und Polizisten unvorstellbare Greueltaten angetan worden waren. Diesbezüglich traute ich dem Kommandanten auch einiges zu, denn seine gesamte Art war von Zynismus geprägt.

Am ersten Morgen im Knast wurde ich von einem bewaffneten Soldaten zum Markt gebracht, damit ich mir dort mein Frühstück besorgen konnte. Mein Begleiter führte mich an Handschellen durch das Dorf, und auf dem Rückweg zeigte er mir das Gefängnis. „In einigen Tagen wirst du in diesem Gefängnis sitzen, dort ist das Essen inbegriffen", meinte er lächelnd.

„Was muß ich an den Kommandanten zahlen, damit er mich frei läßt?"

„Zahlen? Oh nein, der Kommandant ist unbestechlich", meinte der Soldat, „da hast du keine Chance!"

Nach unserer Rückkehr zur Polizeistation wurde ich wieder in das Büro des Kommandanten gebracht und nochmals gefragt, ob ich vielleicht doch nicht fotografiert hätte.

Ich gab ihm die gleiche Antwort wie zuvor.

Die Bilder meiner Begegnungen mit der Polizei in Togo und in Nigeria zogen mir durch den Kopf, ich wollte solche Erfahrungen nicht noch einmal machen. Doch ich war diesem Typ schlicht und einfach ausgeliefert. Der Kommandant saß am Hahn, er konnte ihn aufdrehen, zudrehen oder abdrehen.

Ich zermarterte mir weiter meinen Kopf, wie ich mich aus dieser Situation befreien könnte. Alles erschien mir undurchführbar, außer eventuell der Idee, zu fasten. Um es drastisch zu formulieren: ich würde einen Hungerstreik beginnen.

Ein Afrikaner fastet selten, dazu ist die Nahrung zu wichtig. In Afrika wird nur dann nichts gegessen, wenn man nichts zu essen hat, der Körper unfähig ist Nahrung aufzunehmen oder vielleicht aus religiösen Gründen.

Als ich vor etlichen Jahren während meiner Fahrradtour von der Antarktis in die Arktis durch Asien kurbelte, lernte ich in Indien die Grundbegriffe des Fastens. Vielleicht war es nun an der Zeit, die damals erlernte Technik des Fastens in die Tat umzusetzen. Nur so konnte ich wohl meiner innerlichen Wut einen äußerlichen Ausdruck verleihen. Ich verweigerte das Essen, welches mir gebracht wurde. Für die Polizisten und den Kommandanten ein Zeichen, daß irgend etwas mit mir nicht stimmte. Aus Protest hörte ich auch auf, mit ihnen zu sprechen.

Für zwei Tage vegetierte ich so in meiner Zelle. Im Kontinent der lauten Musik, des endlosen Palavers und der Hungerkatastrophen war es für meine Bewacher unvorstellbar, daß sich ein Weißer freiwillig einer derartigen Tortour unterzieht.

Langsam wurde ich ihnen und meine Geschichte unangenehm, und am dritten Tag drückten sie mir den Ausreisestempel in meinen Paß und zwei Polizisten brachten mich an die Grenze zum Zaire. Das Kanu, mit welchem ich die Fahrt über den Grenzfluß unternahm, war gerade breit genug um mein beladenes Bike zu transportieren. Die Polizisten verabschiedeten sich von mir und ich fühlte, daß sie sich für ihren Chef schämten, denn die ganze Geschichte war im Grunde nur ein Machtspektakel aus Langeweile gewesen.

Ich freute mich auf meine Weiterfahrt in Zaire. Das Kanu schwankte bedrohlich nach links und rechts. Die Grenzbeamten am anderen Ufer beobachteten unsere Überfahrt mit Feldstechern. Bei meiner Ankunft streckten sie mir ihre Hände zur Begrüßung entgegen. Ich hatte soviel Unangenehmes über Soldaten, Offiziere und Beamte in Zaire gehört, daß ich total überrascht war über einen derartig freundlichen Empfang.

Doch meine Freude sollte nicht lange dauern. Der Beamte richtete seinen Blick auf den Ausreisestempel der C.A.R. und auf das sündhaft teure Einreisevisum für Zaire. Er starrte mich an, dann das Bike, dann wiederum mich, klappte meinen Paß zu, steckte ihn in seine Jackentasche, drehte sich um und verschwand im Zollgebäude.

Meine Augen verfolgten seine Schritte bis an den Bürotisch. Die Einrichtung in seinem Büro war bestimmt nicht von einem Innenarchitekten ausgesucht worden. Der Drahteinsatz auf dem Bett hatte die Form einer Hängematte angenommen, daneben stand ein 20-Liter-Wasserkanister, und als Trinkgefäß diente eine Kalabasse. Über diesem „Bett" hing ein Ledergürtel, an dem zwei Pistolen baumelten.

Der Grenzpolizist nahm Platz auf einem Klappstuhl, der seine besten Jahre auch schon lange hinter sich hatte. Mit einer Hand griff er nach den Marlboros und mit der anderen nach meinem Paß. Dann blätterte er gelassen in den Seiten herum, schmunzelte und bat mich mit einer Handbewegung und einem schrillen Pfiff durch seine Zahnlücke zu ihm rüber.

„Haben Sie ein Dokument, um zu beweisen, daß dieses Fahrrad Ihnen gehört?" fragte er.

„Ja, habe ich!"

Viel lieber hätte ich jedoch gesagt: „Non, je ne comprends pas - ich verstehe Sie nicht!"

Doch hat lügen in einer solchen Situation wenig Sinn und kann an Grenzen ganz schön dicke in die Hosen gehen. Ich wühlte in meiner Dokumentenmappe um diesen selbstangefertigten Brief zu finden. Schön sah es aus, dieses Blatt, versehen mit einigen Adressen und Unterschriften von Freunden und Bekannten. Ein derartiges Papier kann einem viel Ärger, Mühe und Zeit ersparen. Dokumente haben in Afrika einen wichtigen Stellenwert, ähnlich einem Führerschein bei uns.

Nachdem ich dem Beamten den Brief vorgelegt hatte und er zufrieden war, wollte er auch noch wissen, wieviel Geld ich mit mir herumschleppe. Also legte ich ihm meine Schecks, mein Bargeld und eine Kreditkarte auf den Tisch. Es hatte keinen Sinn ihm etwas vorzumachen, denn er konnte jederzeit mein Gepäck genauestens durchsuchen. Die 250 US$, die ich in verschiedenen Scheinen aus meinem Geldgürtel hervorgezaubert hatte, hatten es ihm angetan.

Nach einer zweistündigen Debatte waren wir uns immer noch nicht einig, denn ich sah nicht ein warum ich zu meiner bereits bezahlten Visumsgebühr von 54 US$ nochmals „bluten" sollte.

Ich nahm einen 5-Dollar-Schein und drückte ihm die Note in die Hand. „Les petits cadeaux entretiennent l'amitié - kleine Geschenke erhalten die Freundschaft. Das ist mein letztes Angebot."

Er freute sich, sein kugelrunder Bauch wippte durch sein Lachen auf und nieder. Dann knallte er den Einreisestempel in den Paß. Genauso bewundernd wie ich mit einem Pfiff empfangen worden war, wurde ich mit einem höflichen „merci patron" auch wieder verabschiedet. Die Trampelpfade von Nord-Zaire lagen vor mir.

Trampeln statt Strampeln

Wer unter den Afrikareisenden kennt sie nicht, die afrikanische Bürokratie, die Grenzprobleme, den Papierkrieg! Bei meinen früheren Reisen durch Afrika lief ich oftmals an solchen Dingen auf, und wie oft machten mir die schwarzen Bürokraten einen Strich durch meine Reisepläne.

Zaire ist in dieser Hinsicht eines der schlimmsten Länder Afrikas - korrupt, überbürokratisch, chaotisch und gefährlich. Reisende sind dort Freiwild und die Schikanen der Beamten, Soldaten und der örtlichen Machthaber können furchtbar werden. Das alles hat viel mit dem despotischen Langzeitdiktator von Zaire, Mobutu, zu tun. Dies bedenkend, hatte ich meine Reiseroute so geplant, daß ich während der 1600 km langen Strecke von Bangassou von der Zentralafrikanischen Republik bis nach Bukavu am Kivusee in Zaire nur eine größere Stadt im Land durchfahren mußte, nämlich Kisangani im Nordosten des Landes. Die Strecken vor und hinter

Kisangani führten laut Karte durch den Dschungel, und es war anzunehmen, daß ich in diesen Gebieten wenig mit Behörden zu tun haben würde.

Nach einigen Wochen „on the road" stellte sich dann heraus, daß der Großteil dieser Strecke tatsächlich durch dichte Dschungelgebiete führte, so verlassen und aufregend, daß die Angst, das gebe ich zu, fast ständig mitfuhr.

Mein größtes Problem in diesen Gebieten war die Natur. Unglaubliche Regenfälle verwandelten den Dschungel in ein Schlammbad. Dadurch schlüpften auch die Tiere, Reptilien und Insekten aus ihren Schlupfwinkeln und Verstecken, um den Wassermassen zu entweichen. Ich traf auf mehr Schlangen und Spinnen als mir lieb war und es entwickelte sich eine wahre Schlacht zwischen mir, dem Bike und der Natur. Energieraubend schob ich das Rad durch 20 cm tiefen Schlamm. Total erschöpft legte ich das Bike auf den Boden, setzte mich daneben hin und fluchte laut in den Dschungel. Leider ohne Erfolg, doch so konnte ich wenigstens angestauten „Dampf" ablassen.

Die Einheimischen hatten es leichter, denn sie trugen ihre Lasten auf den Köpfen. Manche Teilstücke der Strecke waren so anstrengend, daß ich am Abend gar keine Kraft hatte, meinen Körper zu reinigen und das Essen zu kochen. Verschlammt und müde baute ich mein Zelt auf, legte mich auf die Matte und fing an zu schnarchen. Manchmal hatte ich erst nach einem kurzen Schlaf die nötige Kraft, mich um meinen knurrenden Magen zu kümmern. Einmal bat ich nach harter Tagesarbeit in einem Dorf um Nahrung. Alles was man mir anbot, war frisches Affenfleisch und einen Teller voll Schlangensuppe. In derartigen Situationen wußte ich meine sorgsam eingepackten und gut verstauten Notrationen zu schätzen. Eine Notration bestand aus ganz einfachen Dingen, die ich dann ohne lang zu kochen zubereiten und essen konnte, wie getrocknete Früchte, Nüsse und Traubenzucker, eine Packung Trockenkekse, Käse oder Müsli.

Eines Abends erreichte ich ziemlich geschlaucht ein kleines Dorf. Gleich an der Dorfeinfahrt stand ein primitives Restaurant. Ich lehnte mein Bike an die morsche Holzwand, trat ein und wollte etwas zu essen bestellen. Im Innern des Hauses sah es aus, als wäre

ein Orkan durchgefegt: leere Töpfe auf dem Boden, umgeworfe-
ne Stühle und überall zerbrochene Flaschen. Eine Frau saß schluch-
zend auf dem Fußboden, in ihren Armen hielt sie ein Kind. Als sie
mich erblickte, stand sie auf und fragte, warum ich hierher ge-
kommen sei.
„Zum essen!" antwortete ich.
„Essen?"
„Ja, zum essen!"
„Es gibt kein Essen mehr! Diese Halunken, diese Banditen waren
wieder hier! Sie haben mir alles weggefressen, alles ausgesoffen,
alles zerstört, nichts bezahlt und sind wieder verschwunden."
Sie legte ihr Kind auf den Fußboden, hielt ihre Hände vor ihr Gesicht
und fing an zu weinen.
Ich war hungrig, doch angesichts dieser Situation verging mir der
Hunger. Ich ging hinaus zu meinem Bike und fuhr zurück in den
Wald. Dort angekommen machte ich ein kleines Lagerfeuer, stellte mein Zelt auf und kochte einen Topf voll Reis. Nach dem Essen
legte ich mich auf den Schlafsack und lauschte in die Dschungelnacht von Zaire.
Meine Gedanken schweiften zurück zum Restaurant und ich überlegte, daß es eigentlich sehr viele Leute gibt, die ständig mit der
Angst leben müssen. Angst vor dem Terror und der Brutalität ihrer Mitmenschen.
Die Angst zu Beginn meiner Äqua-Tour war anders, letztendlich
war sie irgendwie festzumachen. Ich machte mir selbst Angst, weil
ich draußen in der Natur schlafen mußte, doch nahm ich mir nicht
die Zeit, meiner Angst auf den Grund zu gehen. Jetzt, nach so vielen Monaten in der Natur, war das alles anders. Viele Geräusche
von Tieren, von Frösche, Affen und Vögeln, die mir anfangs fremd
waren und bedrohlich erschienen, waren inzwischen vertraute
Begleittöne der Nacht. Ich hatte mich an das Leben in der Natur
gewöhnt und konnte mit meiner Lage ziemlich gut umgehen.
Die Fahrt von Bangassou nach Kisangani brachte neue, ein-
drucksvolle Afrika-Erlebnisse. Ich fuhr einen Schnitt von ca. 100
km am Tag, und ich war immer wieder angetan und begeistert von
den Eindrücken entlang der Strecke. Ob es nun der Besuch von
Dörfern war, die Begegnungen mit den Menschen dort, ihre Musik

und die Lebensfreude, die einmaligen Naturerlebnisse - dies alles brannte sich, trotz aller Strapazen, unvergeßlich in Herz und Kopf ein.

Nach der wochenlangen Bike-Tour durch den Dschungel erlebte ich bei meiner Ankunft in Kisangani so etwas wie einen kleinen Kulturschock. Kurz vor der Stadt wurde ich von der Polizei angehalten und aufgefordert, eine Fahrradsteuer zu bezahlen. Warum und wieso konnte mir niemand erklären. Um den Frieden und die Ruhe zu bewahren bezahlte ich halt.
Das Hotel „Olympia" in Kisangani ist Treffpunkt für Afrikafahrer. Ich traf dort sehr viele nette Leute. Es ist ein Platz, wo man Erfahrungen und Gedanken austauscht, wo über Afrika, das Reisen und die erlebten Abenteuer geredet wird. Man zieht Parallelen zum Leben in Europa. Hier kann man sehen und hören, wie Afrika so manchen Europäer verändert und in seinen Bann gezogen hat, in einen Bann, der viele ein ganzes Leben nicht mehr loslassen und der nach einer Afrikareise ihr weiteres Leben bestimmen wird. Im Hotel „Olympia" herrschte Reisefieber für Menschen auf der Suche nach anderen Werten.
Ich hörte mir einige dieser Geschichten an, doch ich hatte bereits ganz andere Vor- und Einstellungen nach Afrika mitgebracht, und außerdem wollte und konnte ich bei vielen Gesprächen gar nicht mitreden, denn Mädchen, Masken und Motoren sind nicht gerade mein bevorzugtes Gesprächsthema.
Die Gespräche mit Europäern in Afrika haben eine ganz andere Substanz als die Gespräche mit Afrikanern. Man kann sich gegenseitig Aufgestautes erzählen, sich den Frust von der Seele reden. Solches kann man bei Unterhaltungen mit Afrikanern nur sehr selten tun, denn die kulturellen und sozialen Hintergründe sind so unterschiedlich und selten überbrückbar. Davon abgesehen ist es auch so, daß Gespräche mit tieferem Inhalt schon wegen Sprachproblemen scheitern.
Mein Aufenthalt in Kisangani war kurz, eigentlich wollte ich nur meine Reiseküche mit Lebensmitteln auffüllen, kurz die Stadt besichtigen und dann wieder in den Dschungelgebieten untertauchen. Eine Radreise um die Welt nimmt sehr viel Zeit in Anspruch

Auf Trampelpfaden durch Zaire

Schlangen und Speichen, Pannen und Reifen

und man kann ja nicht an jedem schönen Fleck Tage oder Wochen bleiben. Nach Begegnungen mit anderen Reisenden ist der Aufbruch für mich im allgemeinen sehr schwierig, denn nun war ich wieder auf mich allein angewiesen und beim Abschied von Kisangani hinaus in die Unwägsamkeit Afrikas war dies nicht viel anders.

Der Abreisetag brachte meinen Tagesplan schon am frühen Morgen zum Schleudern. Mächtig dicke Regenwolken, begleitet von heftigen Blitzen und stürmischen Winden, verwandelten die Stadt in eine Badewanne. Unglaublich, mit welcher Wucht der Regen in Afrika vom Himmel fällt! In wenigen Minuten verwandelte sich das staubige Stadtbild. Doch genau so schnell wie das Wasser die Straßen füllte, verschwand es wieder, es wurde vom mächtigem Zaire-Fluß aufgenommen und weitergetragen.

Um 10 Uhr fuhr ich dann, begleitet von 15 afrikanischen Radfahrern, aus der Stadt hinaus, Richtung Bukavu. Am Stadtrand von Kisangani verabschiedete ich mich von meinen freiwilligen Begleitern. Es war von den Radlern nett gewesen, mich bis dorthin zu begleiten, und außerdem hatten sie viel Spaß, neben einem Europäer herzuradeln.

Jetzt war ich also wieder alleine, auf einer Strecke, die alles bereithielt, was man von einer Abenteuerreise durch den Dschungel Afrikas erwartet: Brücken aus morschen Baumstämmen, Schlammlöcher, immense Steigungen, breite Pisten und enge Trampelpfade, Flußdurchquerungen und versandete Abschnitte. Teilweise mußte ich mir den Weg mit der Machete freischlagen, um überhaupt weiter zu kommen. Ich übernachtete während diesen 850 km immer in freier Natur und fühlte mich trotz des Dschungels wohl dabei. Es war der Äqua-Tourabschnitt der Strampel- und Trampelpfade. Dabei überquerte ich südlich von Kisangani zum ersten Mal den Äquator.

Während den letzten Kilometern durch den Parc Nacional du Kahuzi-Biega in der Kivu-Provinz ging es dann nochmals richtig zur Sache: eine 28 km lange Steigung bis hinauf auf 2000 m Höhe. Die Straße war auf meiner Karte zwar als asphaltiert angegeben, doch ist in Afrika Asphalt nicht immer gleich Asphalt. Teilweise war die Straße entweder gepflastert, aufgerissen, mit Steinen wieder zugeschüttet worden, oder, noch schlimmer, die Schlaglöcher waren so groß, daß ich darin stecken blieb.

Die Berge, in welchen ich mich befand, sind die Ausläufer der Virungas und erstrecken sich vom Nordwesten Ugandas bis hinunter nach Burundi. Sie bilden gleichzeitig eine natürliche Grenze zwischen Zaire und Uganda, Ruanda und Burundi.

Alle vier Länder haben eine blutige Vergangenheit hinter sich, mit Krisen und Bürgerkriegen, Hungersnöten und Flüchtlingswellen, unter denen die Bevölkerung viel leiden mußte. Besonders tragisch ist der Dauerkonflikt zwischen den Volksgruppen der Hutu und Tutsi in den beiden kleinen Nachbarstaaten Ruanda und Burundi. Es wird gesagt, daß bei den Kämpfen im Jahre 1972 über 140.000 Menschen umgebracht wurden. Das Wasser in den Flüssen Ruzizi und Nyabarongo war angeblich vom Blut der Toten rot gefärbt. Schreckliche Ereignisse, die sich in den nächsten Jahren immer wieder ereignen können, denn das Problem ist eigentlich nie richtig gelöst worden.

In den Bergen zwischen Zaire und Ruanda gibt es noch Restgruppen von Berggorillas und ich hatte mir vorgenommen, einige zu sehen. Die beste Möglichkeit dazu bot sich in Ruanda an. In Uganda hatte man während und nach den fürchterlichen Gewaltherrschaften von Idi Amin und Milton Obote die Berggorillas systematisch getötet, denn oft waren sie für die Rebellen die einzige Versorgungsmöglichkeit. Im Zaire waren die Gorillas gleichfalls Wilderern ausgesetzt. Während meiner Fahrt von Bangassou nach Bukavu sah ich des öfteren Wilderer, manchmal plauderte ich sogar mit ihnen und bekam Informationen über den Streckenzustand. Sie kannten sich in ihren Gebieten sehr gut aus. Der Dschungel war ihre Heimat, ihr Revier und ihr Versteck. Viele waren versprengte Soldaten, auch aus Uganda, die sich in den Dschungelgebieten eine neue Existenz aufbauen wollten.

Daniel Musinga war ein solcher Wilderer. Er tötete Wildtiere und verkaufte das Fleisch. Aus den Haaren, Knochen, Zähnen und was sonst noch von den Tieren übrig bleibt macht Daniel Gebrauchsgegenstände für die Einheimischen und Schmuckstücke für die Touristen.

Ich traf Daniel durch Zufall an einem Nachmittag in den Hügeln der Virunga-Berge und ich war fasziniert von seinem Leben und seinen Erzählungen, die viel menschliches Schicksal enthielten. Es waren keine Geschichten eines Betrunkenen (in Zaire wird wahnsinnig viel Bier und Schnaps getrunken), es waren auch keine Geschichten, die Daniel unbedingt erzählen wollte. Es war eher ein Treffen und ein Austausch zweier Ausländer.

Daniel kam aus Uganda und ich aus Südtirol und beide waren wir auf Wanderschaft, er mit seiner Familie und seinen Gewehren in Zaire und ich durch Afrika mit meinem Bike. Wir saßen neben der Straße und erzählten uns Geschichten und Erfahrungen mit Menschen, denen wir begegneten. Es wurde finster und Daniel lud mich ein, in seiner Hütte zu übernachten. Als Biker hatte ich selten die Möglichkeit, im Versteck eines Wilderers zu übernachten. Seine Frau kochte am Lagerfeuer Maisbrei mit einer scharfen Soße. Die Kinder spielten mit Knochen und Steinen. Daniel erzählte aus dem Leben eines „Jägers und Gejagten", von seinen Streifzügen durch den Norden Ugandas in der Karamoja-Provinz. Damals war er mit seinen Kollegen noch nicht auf der Suche nach Wildtieren. Sie kämpften gegen Amins Regierungstruppen, so nach dem Motto „search and kill". Auch innerhalb der Rebellen gab es Kämpfe auf Leben und Tod. Mit seiner Frau und dem ersten Kind hat er sich dann über die Grenze nach Zaire abgesetzt.

Wir diskutierten noch lange tief in die Nacht hinein. Es war für ihn wichtig, einfach zu erzählen, sich jemanden mitteilen zu können. Sein Oberkörper war übersät mit Narben, für ihn waren diese Narben Erinnerungen an harte Zeiten.

Später legte sich Daniel mit seinem Schießeisen in eine Hängematte, die zwischen zwei Bäumen gespannt war. Bevor ihm die Augen zufielen drehte er sich mir zu und fragte:

„Hast du auch eine Waffe in deinen Taschen?"

„Waffe?" fragte ich zurück, „warum eine Waffe? Ich habe eine Machete für den Busch und ein Taschenmesser für das Obst. Heh Daniel, glaubst du denn wirklich, daß ich mit einer Maschinenpistole im Gepäck ohne Probleme bis hierher gekommen wäre?"

Die Antwort blieb aus. Sein Schnarchen dröhnte durch die Nacht wie eine Motorsäge.

Zu Besuch bei den Berggorillas

Die Abfahrt von den Bergen Zaires hinab zum Kivusee war sehr
schön. Die Aussichten über das blaue Wasser bis hinunter nach
Bukavu und hinüber nach Ruanda waren nach der langen Fahrt
durch die Dschungelgebiete eine wahre Erholung und Augenweide.
Die Hänge am Seeufer waren bepflanzt mit Kaffeebäumen und
weit am Horizont erhoben sich die Gebäude der Stadt Bukavu. Die
Asphaltstraße führte etliche Kilometer am Seeufer entlang, dann
durch Bukavu, bis sie plötzlich von einer rot-weißen Absperrung
an der Grenzstation zwischen Zaire und Ruanda unterbrochen
wurde.
Grenzen und Grenzübergänge sind von Menschen gemachte Hin-
dernisse und sie lassen mir meist die Haut kribbeln, weil man immer den Grenzbeamten ausgeliefert ist, diesen selbstgefälligen
Göttern in Uniform. An dieser Grenze war das nicht anders, und
mein Hautkribbeln rührte auch daher, weil ich kein Visum für Ruanda hatte.
In der Hoffnung, eines an der Grenze ausgestellt zu bekommen,
hatte ich mich in meinen vorherigen Reiseländern gar nicht darum bemüht, zumal Ruanda es sich als afrikanischer Kleinstaat
kaum leisten kann, in allen Ländern Afrikas Botschaften und
Konsulate zu haben. Nur in Abidjan (Elfenbeinküste) und in Lagos
(Nigeria) hat Ruanda diplomatische Vertretungen.
Ich war der Meinung, daß ich als Radfahrer eine gute Chance auf
ein Visum hatte, jedoch abhängig von der Lust und Laune des
Grenzbeamten. Doch ich hatte kein Glück. Ohne Erklärung wurde es mir verweigert.
Ich grübelte nach einer Lösung, doch ich fand keine. Nach einigen
Stunden kam ein Belgier, der Beamter in Ruanda war, mit seinem
Auto an die Grenze. Er staunte nicht schlecht, als er einen Weißen
mit einem Mountainbike sah. Interessiert fragte er mich, wohin meine Reise gehe. Als ich ihm erzählte, daß meine Weltreise mo-
mentan wegen Visumsschwierigkeiten zum Stillstand gekommen
sei, bot er mir sofort an, sich bei dem Grenzbeamten für mich ein-
zusetzen.

Ich weiß bis heute noch nicht, welche Stellung der belgische Beamte hatte, doch zehn Minuten später hatte ich ein Visum für 30 Tage. Hurra! Ein Beispiel, welchen Einfluß manche Europäer in Afrika haben!

Vier Wochen reichten mir mehr als genug. Ich fuhr noch einige Kilometer weiter und übernachtete zur Abwechslung in einem Hotel in Cyangugu. Ich hatte das Bedürfnis, nach all den Tagen im Dschungel von Zaire wieder einmal in einem Bett zu schlafen, eine Türe zuschließen und alles vergessen zu können.

Ruanda bietet auch für Radfahrer viele Sehenswürdigkeiten. Zum Beispiel ist das Gebiet um den Kivusee sehr schön, im Norden gibt es Tierparks und im Westen interessante Berge, um nur weniges zu nennen. Ich wollte unbedingt zwei Gebiete besuchen: die Virunga-Berge mit den faszinierenden Berggorillas und den Kagera-Tierpark im Nordosten.

Für den nächsten Tag hatte ich mir vorgenommen, die neue Asphaltstraße zwischen Cyangugu und Kigali in Angriff zu nehmen. Die Straße war breit und führte über einen langen Anstieg bis hoch zur „Crete du Zaire" auf 2400 m. In der tropischen Hitze und in der sehr hohen Luftfeuchtigkeit war die Auffahrt alles andere als angenehm.

Ich befand mich etwa sieben Kilometer unter der Paßhöhe, als plötzlich ein starkes Gewitter über den Regenwald prasselte und die Straße teilweise in einen reißenden Bach verwandelt wurde. Es gab keine Möglichkeit, unter ein Dach zu flüchten. Mit dem Regen kam auch ein Temperatursturz, und es wurde so kalt, daß ich keine andere Wahl hatte als weiterzuschieben, um warm zu bleiben. Ich schob mein Bike im strömenden Regen bis hoch zur Paßhöhe in der Hoffnung, dort einen Unterschlupf zu finden. Die letzten Kilometer wurden zur Herausforderung: Dunkelheit, Kälte und das unangenehme Gefühl der durchnäßten Bekleidung am Körper erweckten eine Sehnsucht nach Geborgenheit und Wärme. Ich konnte mir nicht vorstellen, bei meiner Ankunft auf der Paßhöhe einfach auf der anderen Seite hinunterzufahren. Es war viel zu finster und zu kalt. Ich mußte entweder mein Zelt aufschlagen oder einen Unterschlupf finden.

Endlich oben angekommen sah ich auch tatsächlich eine kleine bewohnte Hütte. Ich näherte mich der Behausung und klopfte an. Ein Weißer öffnete die Türe und war sichtlich überrascht, bei diesem „Sauwetter" einen Radfahrer zu sehen. Die Hütte war eine Forschungsstation für Colobusaffen und wurde von zwei Amerikanern bewohnt. Die Aufgabe der beiden bestand darin, das Verhalten und die Gewohnheiten der Colobusaffen zu erforschen.

Cathy und Andy haben mich am nächsten Tag auf ihre Runde zu den Tieren mitgenommen. Sie wollten mir einen Teil ihrer Arbeit zeigen. Für mich war dies eine Gelegenheit, einen Einblick in eine aus 120 Colobusaffen bestehende Kolonie zu bekommen, und natürlich habe ich sofort die Einladung akzeptiert.

Wir wanderten auf engen Pfaden zu den Plätzen, an welchen Cathy die Affen vermutete. Nach etwa einer Stunde hatten wir dann tatsächlich das Glück, eine sehr große Gruppe von etwa 60 Colobusaffen zu entdecken. Für mich war es etwas Außergewöhnliches, diese Affen mit ihren schönen weißen Bärten in freier Natur zu sehen.

Ich wollte nicht sehr lange in Ruanda bleiben, da die politische Situation sehr gespannt war. Als Radfahrer erschienen mir die Straßen jedoch sicher. Die Einheimischen waren anderer Meinung. Es wurde mir öfter empfohlen, vor allem während den Nachtstunden vorsichtig zu sein. Doch da ich nur in Ausnahmefällen nach Einbruch der Dunkelheit mit dem Fahrrad unterwegs bin, fühlte ich mich nicht bedroht.

In Ruanda im Freien zu übernachten war unmöglich. In einem der wirklich dichtestbesiedelten Länder der Erde draußen zwischen den Bananenbäumen oder den Teesträuchern zu schlafen wäre bestimmt mit wenig Ruhe, doch dafür mit viel Hektik und Ärger verbunden gewesen. Vor allem die Kinder machten mir das Leben schwer. Unglaublich, mit welchem Geschrei und mit welcher Begeisterung mir die Kinder hinterher gelaufen sind. Manchmal war das schon sehr unangenehm!

Ruanda hat zwar schöne Hotels, doch sind die Preise für einen Weltumradler viel zu hoch. Eine Alternative bot sich für mich bei den freundlichen Missionen. Für einen geringen Betrag wurde meistens ein einfaches Zimmer angeboten. Manchmal wurde ich auch von den Missionaren zum Abendessen oder zum Frühstück eingeladen. Dies war auch eine gute Gelegenheit, viel über Land und Leute kennenzulernen. Die Padres sind immer gut informiert über den letzten Stand der Dinge, sie haben Kontakt zu allen Bevölkerungsschichten.

Radfahren ist in Ruanda, im „Land der 1000 Hügel", eine anstrengende Sache. Nur selten gibt es ebene Strecken. Die Fahrt hoch zu den Virunga-Bergen war da keine Ausnahme. Von Ruhengeri führt eine Piste zu dem Nationalpark, in dem Berggorillas leben. Und dieses Naturwunder dieser seltsamen und selten gewordenen Tiere wollte ich mir während meiner Weltumrundung nicht entgehen lassen.

Ich stand im Parkeingangsgebäude und versuchte, mich an Hand der Informationen und der Bilder, welche die Wände zierten, auf das Erlebnis Berggorillas vorzubereiten. Der Eintrittspreis von glatten 150 US$ war nicht gerade wenig, doch wenn das Geld zur Überlebenschance der Gorillas eingesetzt wird, dann ist das ok., so dachte ich zuerst.

Die Kriege dieser Region, die Wilderer und die Bevölkerungsexplosion in Ruanda haben dazu beigetragen, daß die Berggorillas vom Aussterben bedroht sind und ich glaube kaum, daß man durch hohe Eintrittsgelder die Tiere retten kann. Im Gegenteil, die Gorillas haben durch die Besucher ihre Verhaltensweise geändert, und außerdem wurden sie von Krankheiten befallen, die von den Besuchern eingeschleppt wurden. Das beste für die Tiere wäre, sie ganz in Ruhe zu lassen. Dennoch, jetzt war ich schon mal hier in einem Gebiet, über welches soviel geschrieben, gefilmt und erzählt wurde. Ich wollte die Berggorillas sehen. Meine Rechtfertigung zum Besuch sah ich darin, daß es auf mich als einem einzelnen nun auch nicht mehr ankommen würde.

Ich blätterte also das Eintrittsgeld auf den Tisch. Der Beamte nahm die Scheine in die Hände, fuhr mit dem Zeigefinger und dem Daumen über seine ausgestreckte Zunge, zählte die Scheine nach und steckte sie in seine Hosentasche. Vielleicht war mein Gedanke verfehlt, doch war ich mir nicht sicher, daß dieses Geld auch wirklich den Gorillas auf irgendeine Art zugute kommen würde.

Die nächste geführte Tour war dann um 11 Uhr angesagt. Den

Zu Besuch bei den Berggorillas in Ruanda

Ein Kanu beladen mit Bike und Ausrüstung in Uganda

Teilnehmern wurden die Verhaltensregeln für den Besuch erklärt, dann machten wir uns auf den Weg.

Zuerst wurden wir mit einem Auto zum Ausgangspunkt der Tour gebracht. Von dort begaben wir uns zu Fuß in den Bambuswald am Berghang. Unsere ruandischen Führer kannten die Strecke und die Pflanzenwelt und jene Stellen, an welchen die Gorillas während ihrer Wanderschaft an den Bäumen Äste abgebrochen hatten. Sie zeigten uns auch die Plätze, an welchen die Gorillas übernachteten. Sie wußten auch Bescheid über das Verhalten anderer Tiere in diesem Revier. Beide Führer hatten Gewehre, doch nicht um uns etwa vor den Gorillas zu schützen, sondern um bei unliebsamen Begegnungen mit Wilderern bewaffnet zu sein. Wir waren etwa eine Stunde unterwegs, als einer der Führer zu den Bäumen deutete. Mit einer Handbewegung versuchte er uns zu erklären, daß wir auf eine bestimmte Stelle achten sollten. Die Äste in den Bäumen bewegten sich und ein Grunzen verkündete, daß eine Gruppe Berggorillas in unmittelbarer Nähe war.

Als würde er sich bei den Gorillas anmelden, gab der Führer ein ähnliches Grunzen von sich. Er winkte uns zu, weiter mit ihm in den Wald vorzugehen.

Unglaublich - keine zehn Schritte weiter standen wir plötzlich vor einer Gruppe Gorillas. Draußen in freier Natur, in den Dschungelgebieten Ruandas. Kein Zaun, kein Draht, nichts trennte uns von ihnen.

Wie angewurzelt blieben wir stehen. Ich staunte, wie unbekümmert die Gorillagruppe unsere Anwesenheit zur Kenntnis nahm. Wahrscheinlich waren schon so viele Leute hier gewesen, daß sich die Tiere an die Menschen gewöhnt hatten. Die kleinen Gorillas tobten in den Baumästen herum und ärgerten die älteren Gruppenmitglieder, indem sie ihnen von den Bäumen auf den Bauch sprangen. Ein Weibchen in der Gruppe kaute an einer Baumrinde. Der Gruppenchef, ein ausgewachsener Silberrücken, lag am Boden und starrte einfach in die Luft, so als hätte er mit dem Planeten Erde überhaupt nichts zu tun. Wir waren so nahe an die Gruppe herangekommen, daß ich sogar die kleinen schwarzen, funkelnden Augen des Silberrückens erkannte.

Wir verbrachten etwa zwei Stunden mit den Berggorillas und hatten so genügend Zeit, ihnen zuzusehen, sie zu bewundern und auch ein bißchen über unsere eigene Existenz nachzudenken. Ein Erlebnis, welches mir die Vergangenheit etwas näher in die Gegenwart rückte und mir gleichzeitig ein erschreckendes Bild für die Zukunft vor Augen führte. Wenn die Menschheit es geschafft hat, im Laufe der Zeit Tiere, Pflanzen und einen Teil der Ozonschicht zu zerstören, dann ist es ja nur noch eine Frage der Zeit, bis wir uns vollends selbst vernichten.

Ich übernachtete auf dem Zeltplatz in der Nähe des Parkgebäudes und fuhr am nächsten Tag zurück in die Hauptstadt Kigali, denn tagsdarauf war ich eingeladen mit einem Bekannten in einem Kleinbus durch den Kagera-Nationalpark zu fahren.

Der Park ist bekannt für hervorragende Beobachtungsmöglichkeiten von Wildtieren. Ich freute mich schon sehr auf diese Fahrt. Danach wollte ich die Reise nach Uganda fortsetzen.

Wir verbrachten zwei herrliche Tage im Park und sahen eine Vielzahl von Tieren. Es war alles so abenteuerlich und spannend: Zelten im Park, Kochen am offenen Feuer, herrliche Sonnenuntergänge und Löwengebrüll in der Nacht. Eigentlich genau so, wie man sich Afrika vorstellt.

Am lotzten Tag dieses kurzen Aufenthaltes im Park fuhren wir noch in den Norden, um einen Abend im bekannten Gabiro Hotel zu verbringen. Die Besitzer, ein belgisches Ehepaar, waren bereits jahrelang in diesem Gebiet.

Als wir im Hotel ankamen, erwartete uns eine böse Überraschung: nur einige Stunden vor unserer Ankunft war der Besitzer in seinem Wohnhaus von fünf Banditen überfallen worden, er wurde angeschossen, geknebelt und an einen Stuhl gebunden. Die Banditen leerten dann den Safe und plünderten den Kühlschrank. Sie taten sich auch am Alkohol gütlich. Anschließend verschwanden sie genauso unbekannt und maskiert wie sie gekommen waren.

Die Frau des Besitzers war zum Zeitpunkt des Überfalls geschäftlich in Kigali unterwegs, und die Angestellten waren alle auf ihren Arbeitsstellen. Der Zeitpunkt des Überfalls war perfekt geplant gewesen.

Ruanda ist nicht mehr das ruhige ostafrikanische Land der Vergangenheit. Die Bevölkerung, die Hutu und die Tutsi, bekämpfen sich immer noch. Es gab Perioden der Vernunft, dann wieder extreme Gewaltzeiten, Machtkämpfe und Brutalität.

Als Radfahrer und Abenteurer hatte ich die Möglichkeit, einen kleinen Einblick in das Leben der Leute zu bekommen. Doch damit war ihnen bestimmt nicht geholfen. Mir genügte es zu erkennen, daß Gesundheit und Freiheit eines Menschen höchstes Gut sind. Geld und materieller Besitz kommen und gehen wie schönes und schlechtes Wetter. Egal in welchem Kontinent, ganz gleich in welchem Land.

Ich setzte mich auf mein Bike und strampelte auf einer herrlichen Straße Richtung Uganda.

Überfälle sind normal

Bei meiner Ankunft in Uganda im Grenzort Kabale wurde ich gleich von zwei Polizisten in ein Hotel verfrachtet und es wurde mir empfohlen, bei Einbruch der Dunkelheit nicht alleine in Kabale herumzulaufen. Ich werde belehrt, daß Uganda zwar zur Zeit ziemlich ruhig sei, trotzdem könne die Polizei meine Sicherheit nicht gewährleisten. Banditen und Rebellen würden immer noch (oder schon wieder) die Straßen unsicher machen. Außerdem müßte ich wissen, daß Überfälle in Uganda zur Tages- und Nachtordnung gehörten.

Nach dieser Lektion wünschten mir die beiden Polizisten einen schönen Aufenthalt in Uganda und verschwanden wieder im Gewühl des Dorfes.

Der Beweis ihrer Worte waren für mich die von Zerfall und Verwüstung gezeichneten Gebäude in Kabale aus der Zeit des langen Bürgerkriegs von 1971 bis 1986. In vielen Teilen des Landes war es selbst für Einheimische nicht ratsam, wenn nicht sogar verboten, durchzufahren. In den südlichen und östlichen Gebieten des Landes sowie in der Hauptstadt Kampala konnten sich die Leute seit der Machtübernahme von Yoweri Museveni wieder auf die Straße trauen. Es gab auch genügend Nahrungsmittel. Die Stromversorgung war jedoch noch problematisch. Die Ämter und

Büros funktionierten. Für ein Volk, daß so viel gelitten hat wie die Menschen in Uganda, war dies keine Selbstverständlichkeit.

Egal was mir die Polizisten auch geraten hatten, ich hatte Hunger und ich konnte mich ja nicht unsichtbar machen. Mit meiner Taschenlampe wagte ich mich in die finsteren Gassen von Kabale auf der Suche nach einem Restaurant. Auch wollte ich herausfinden, wie die Stimmung unter den Bewohnern gegenüber Ausländern und Touristen war (für die meisten Afrikaner ist ja jeder Europäer entweder ein reicher Mensch oder ein Tourist). Doch aus meiner Sicht gesehen war ich weder reich noch ein Tourist. Dies einem Afrikaner immer verständlich zu machen, war für mich oft sehr schwierig.

In den Straßen von Kabale war es finster. Offene Ölfeuer brannten vor den Eingängen zu den Häusern und vereinzelt standen vor Holzbuden Kerzen. Frauen und Kinder verkauften Bananen und Früchte. Dazwischen gab es auch Buden mit Bekleidungsstücken und allerhand Krimskrams. Der Geruch von erhitztem Öl, in welchem Süßkartoffeln herausgebacken wurden, war unverkennbar. In Westafrika nannte man diese Speise „Koliko", hier in Ostafrika heißen sie einfach „chips n'ketchup".

Am Straßenrand war so eine wohlriechende Küche aufgebaut. Die Leute saßen am Boden rund um das Feuer. Ich setzte mich zu ihnen und bestellte eine Portion „chips n'ketchup".

Eine Frau neben ihren Töpfen nahm meine Bestellung entgegen. Sie hatte ein Kind auf den Rücken gebunden und vor ihr lag ein Sack mit Süßkartoffeln. Ein etwa sechsjähriges Mädchen saß daneben und schälte sie. Die Stücke warf sie in einen wassergefüllten Kübel. Während meine chips im heißen Öl brutzelten, beobachtete ich die Frau und war überrascht, mit welcher schnellen Geschicklichkeit sie ihre Arbeit bewältigte. Zwischenzeitlich hatte sie ihr Kind vom Rücken genommen und es an ihre linke Brust „angeschlossen", mit dem Knie hielt sie es in Position. Damit hatte sie ihre Hände frei.

Ein weiterer Wasserkübel zwischen den Beinen diente als Abwascheimer für die schmutzigen Teller. Die chips wurden aus dem Öl gefischt und auf Teller mit der Soße serviert, das Geld kassiert, die Hände immer wieder an einem Geschirrtuch abgewischt und dem strampelnden Baby die Brustwarze wiederholt in den Mund geschoben. Dazwischen bohrte ihr Zeigefinger in diesem Zeitraum mindestens zum sechsten Mal in der Nase und zweimal spuckte sie so ganz nebenbei mit höchster Präzision an der Ölpfanne vorbei. Bemerkenswert, dachte ich. Zum Nachahmen jedoch wohl zu schwierig.

Ich zahlte und ging zurück zum Hotel. Am Eingang standen eine Gruppe Soldaten. Einige von ihnen hatten keine Schuhe an, andere sahen aus, als wären sie noch nie Soldaten gewesen. Alle Männer hatten jedoch etwas Gemeinsames: jeder von ihnen trug ein Gewehr über der Schulter und jeder hatte eine Flasche Bier in der Hand. Die Jüngsten in der Gruppe waren nicht älter als zehn oder elf Jahre.

Die meisten dieser Jungs hatten ihre Eltern während den schrecklichen Kriegswirren verloren. Ihre Väter und Mütter, Geschwister und Verwandten wurden auf brutalste Weise verstümmelt, ermordet, erschlagen oder im Schnellverfahren erschossen. Um eigenen Nachwuchs heranzuziehen verschleppten die Soldaten die Kinder und bildeten sie an Waffen aus, um dann mit ihnen weiterzurauben und weiterzumorden oder um sie vielleicht schon für die nächste Revolution vorzubereiten. Ihre Bedürfnisse nach Elternliebe ersetzte man mit Zigaretten, Bier und Schußwaffen.

Ich hatte schon als Kind immer eine Abneigung für Uniformen und den Männern die darin steckten. Doch während einer Extrem-Tour wie meiner muß man Kompromisse eingehen können, um unangenehme Situationen zu vermeiden. Hier war so eine Situation.

Die Soldaten waren nett zu mir, sie luden mich ein, ein Bierchen mitzutrinken. Nur zögernd stimmte ich zu, denn ich kenne meine Aversion gegen betrunkene Soldaten. Ich hatte in anderen Ländern Afrikas ähnliches erlebt. Ich wußte auch, daß die allermeisten Afrikaner selten die Fähigkeit haben, mit Alkohol realistisch umzugehen. Meistens ergaben sich dann für mich in ähnlichen Situationen unangenehme Momente.

Ich unterhielt mich mit ihnen und erzählte den Soldaten, daß meine Radtour von Kigali bis nach Kampala gehen würde. Sie stimmten alle überein, daß meine Route ein gefährliches Vorhaben sei. Wildtiere am Fuße der Virunga-Berge und Banditen in den Wäldern könnten mir zum Verhängnis werden. Schlechte Straßen und Versorgungsprobleme in den kleinen Dörfern entlang der Strecke wären dann noch ein weiterer Grund, warum ich mir die geplante Route nochmals überlegen sollte.

Einen alternativen Vorschlag konnten sie jedoch nicht machen. Es entwickelte sich eine Diskussion ohne Ende. Erst gegen Mitternacht wurde es ruhiger, die Helden wurden müde. Nach und nach lagen sie alle im Sand, neben ihren Pistolen und Gewehren. Ich zählte die leeren Bierflaschen neben ihnen und kam auf 67 Stück. Ich bedanke mich bei den noch restlichen fünf Nüchternen für die Informationen, dann ging auch ich zum Schlafen in meine karge Hotelbude.

Ich lag noch einige Zeit lang wach und überlegte, wie ich nun wirklich meine Reise fortsetzen sollte. Die Möglichkeiten begrenzten sich auf zwei Strecken: entweder auf der kürzeren Route von Kabale über Mbarara, Masaka zur Hauptstadt Kampala, oder entlang der interessanteren, aber auch gefährlicheren Strecke von Kabale nach Kasese, dann über Fort Portal, Mubende gleichfalls bis nach Kampala.

Sicherheit, daß wußte ich nun, konnte mir hier in Uganda niemand gewährleisten. Doch auf ein bißchen Glück und auf die Hoffnung, daß alles gut verläuft, mußte ich mich nicht nur in Uganda, sondern überhaupt während meiner gesamten Reise verlassen.

Deshalb war ich mir am nächsten Tag trotz aller Warnungen sicher, daß ich die gefährlichere Strecke unter die Reifen nehmen würde. Warum ich mich dafür entschlossen hatte, war leicht zu erklären:

Ich bin ein Mensch, der schlicht und einfach nie die bequemere Art des Reisens gesucht hat. Wenn ich vor der Wahl zwischen „leicht" und „schwierig" stehe, werde ich mich immer für die schwierigere Variante entscheiden. Egal, ob dies eine Route, Arbeit oder Reise ist. Die Herausforderung, das Risiko, die Unsicherheit sind für mich das Gewürz im Abenteuer.

Von diesem „Gewürz" bekam ich dann in der Nähe von Kasese mehr zu verspüren als mir lieb war. Kurz nach der Dorfausfahrt von Cuco ging es ziemlich steil bergab. Durch das Rattern auf der Schotterpiste beachtete ich die drei Afrikaner, die mich plötzlich auf ihren Rädern überholten, gar nicht so richtig. Erst als einer der Radler voll in die Bremsen stieg und sich mit dem Rad quer über die Straße stellte, ahnte ich die Gefahr.

Ich kam in einer Staubwolke zum Halten. Umgeben von den Afrikanern stand ich mit gespreizten Beinen über meinem Bike.

„Wir sind Polizisten und wollen den Reisepaß sehen!"

Na ja, ist ja toll, dachte ich mir.

„Und wie weiß ich, daß ihr auch wirklich Polizisten seid?"

Der Größte von ihnen steckte die Hand in seine Hosentasche, zog eine Pistole heraus und fuhr mich an.

„Sieh dir das Ding an" schrie er, „willst du noch mehr wissen?"

„Was wollt ihr von mir?"

„Alles was du hast!"

Ich zögerte keinen Augenblick. Diese Jungs spaßten nicht. Ich stieg vom Bike und schob es dem mit der Pistole entgegen. Er steckte sie zurück in die Hosentasche, umklammerte mit seinen Händen den Lenker. Jetzt hatte er alles was er wollte, nämlich mein Rad und die komplette Ausrüstung.

Im gleichen Moment drehte ich mich um und bückte mich, als würde ich meine Schuhbänder zuschnüren. Dabei griff ich mit der Hand in mein T-Shirt und zog meine „Waffe", eine Trillerpfeife hervor und blies, was die Lungen hergaben. Ich wußte, daß eine Trillerpfeife in Afrika einen ähnlichen Effekt bei den Leuten bewirken kann wie eine Sirene bei uns in Europa. Und da ich ja erst kurz zuvor das kleine Dorf hinter mir passiert hatte und die Leute mir nachsahen, würden sie auch mitbekommen, was sich hier abspielte.

Und tatsächlich: mit viel Geschrei, Stöcken und Steinen, Pfeilen und Peitschen rasten die Dorfbewohner auf uns zu, um mir zu helfen. Der Anblick dieser schreienden Menge brachte den Banditen das Laufen wieder bei. Sie warfen alles auf die Straße, ließen sogar ihre Räder liegen und verschwanden im Wald.

Fast genau so schnell wie sich dieser Überfall abspielte, war auch alles wieder vorbei. Keine Spur mehr von den Banditen.

Die Leute gingen (um drei Räder bereichert) zurück ins Dorf und ich stand mit meinem Bike und der Ausrüstung immer noch am gleichen Fleck. Ich hatte nichts verloren und es wurde mir nichts gestohlen. Es war, als wäre nie etwas passiert. Was mich sehr fasziniert war die Tatsache, daß alles so schnell auf mich zukam und alles so schnell wieder vorbei war. Alles ohne Polizisten, Soldaten, Richter oder Ankläger. Es war wohl tatsächlich so, daß in Uganda ein Überfall ein stinknormales, alltägliches Ereignis ist.

Die Dörfer der Toten

Während meiner Fahrt durch Uganda erlebte und sah ich sehr viele Dinge, die ein „normaler" Tourist aus Europa wohl nie zu sehen bekommt. Dies war bedingt durch meine Transportmethode. Ich bewegte mich mit meinem Bike auf Pfaden und auf Wegen, wo ein Tourist mit dem Bus oder dem Auto keine Chance gehabt hätte, durchzukommen. Diese Art des Reisens bringt Vor- und Nachteile mit sich.

Als Radfahrer glaube ich auch, mit der Umwelt viel näher verbunden zu sein als jemand, der mit dem Auto durch Afrika fährt. Im Klartext heißt dies: bewußter Verzicht auf äußerlichen Schutz und Komfort. Doch genau durch diesen Verzicht paßten sich meine Sinne und Instinkte viel schneller an außergewöhnliche oder überraschende Situationen an. Zudem entwickelte ich ein Gefühl, in Notsituationen ganz anders zu reagieren als „Otto Normalurlauber". Ich weiß, daß Panikreaktionen und sinnlose Aktionen meistens mehr Schaden als Erfolge mit sich bringen. Dies war zum Zeitpunkt meiner Radtour durch Uganda bzw. durch ganz Afrika eine wichtige Erfahrung.

Der nun schon seit langem schlimme Krieg im südlichen Sudan hört nicht direkt an der Grenze zu Uganda auf, Unruhen und Scharmützel werden bis Norduganda hingetragen, von Arua im Westen und bis in die Karamoja-Provinz im Osten. Viele Menschen flüchten aus dem Südsudan. Den Rebellen in Uganda war diese Ausbreitung der Konfrontation nur recht, denn dadurch sahen sie die Möglichkeit, ihren Kampf gegen den Regierungschef von Uganda, Museveni, fortzusetzen. Der Regierung war sehr daran gelegen, den Bewohnern der Nordzone Sicherheit und Schutz zu gewährleisten. Die Bevölkerung wurde vor die Wahl gestellt, entweder in ihren Provinzen unter Militärschutz zu bleiben oder in südlicher gelegene Lager zu ziehen um dort auszuharren, bis die Lage sich bessern würde.

Ich kam fast täglich an derartigen Lagern vorbei. Eingezäunt hinter starken Gittern wurden die Menschen von Soldaten beschützt. Tagsüber konnten sie heraus, um auf Feldern und im Busch Eßbares zu suchen, als Ergänzung der mageren Tagesration, die ihnen von der Regierung angeboten wurde. Wenn ich an einem solchen Lager vorbeifuhr, trat ich immer schnell in die Pedale, in der Hoffnung, nicht angehalten oder gesehen zu werden. Nur allzu oft riefen die Leute: „Hey, Mister, give me your shirt!" „Hey you! I want food!" Als Radfahrer konnte ich ihnen sowieso nichts anbieten, denn die Sachen, die ich in den Panniers verstaut hatte, waren für mich und meine Reise gedacht.

Nach über 10.000 km und 220 Tagen quer durch Afrika hatte ich meinen eigenen Stil entwickelt. Ich gab wo ich geben konnte, doch da, wo ich nicht einsah, warum ich geben sollte, bin ich auch hart geblieben. Es gibt sehr viele reiche Afrikaner in Afrika, und leider habe ich festgestellt, daß die Brüderschaft zwischen den Afrikanern da aufhört, wo das Geld und der materielle Reichtum beginnen. Ich gab mein Reisegeld - nicht nur in Afrika, sondern während der gesamten Reise - immer da aus, wo es den ärmeren Leuten zugute gekommen ist. Dies war meine Art der Entwicklungshilfe.

Mein Reisegeld blieb z.B. bei den Marktfrauen, denn dort stopfte ich meine Panniers voll mit Reis und Mais. Ein Großteil des Reisebudgets blieb auch in den Billigabsteigen und bei Privatvermietern liegen. Ich dachte öfters darüber nach, ob sich die Leute überhaupt vorstellen konnten, was es heißt, mit einer bestimmten Summe Geld die ganze Welt umrunden zu wollen. Ich glaube auch kaum, daß sich allzuviele Europäer vorstellen können, wie viel - oder wie wenig - eine derartige Reise kostet und wie schwer es ist, alles richtig einzuteilen.

Dieses ging mir gerade durch den Kopf, als ich plötzlich durch einen lauten Schuß in die Realität des Alltags zurückversetzt wurde. Ich zog an den Bremshebeln und das Bike kam zum Stehen. Meine Augen rasten durch die Gegend.

Von wo kam der Schuß? Ich blickte nochmals angestrengt umher.

Etwas zurückgesetzt von der Straße stand eine zerschossene Bude und davor saßen zwei Jungen.

„Hey you, come here!"

Ich legte mein Bike am Straßenrand in den Sand und ging auf die Buben zu. Kurz vor dem Haus blieb ich stehen. Die beiden kamen auf mich zu und wollten Zigaretten haben. Der Kleinere hatte eine Kalaschnikow um die Hüfte geschnallt. Sein Kollege hielt ein Gewehr in den Händen, welches fast so groß war wie er selbst.

„I don't smoke and don't have cigarettes."

„But you have money, so we can buy some!"

Ich schätzte das Alter der beiden zwischen acht und zehn Jahre. Ich gab ihnen einige Uganda-Shillings, weil ich Angst hatte und weil es mir egal war, ob sie das Geld verrauchten oder Bier damit kauften. Ich wußte, daß ich die Mentalität dieser Kinder nicht mit der Mentalität Gleichaltriger in Europa vergleichen konnte und außerdem hatte ich absolut „Null Bock", in Uganda Kindererzieher zu spielen.

Dann wollten sie wissen, wie weit ich mit dem Fahrrad schon gefahren war und wo ich heute noch hinfahren wolle.

Zusammen gingen wir zurück zum Rad. Der Ältere meinte, wir sollten doch in das nahe gelegene Dorf gehen, dort gäbe es ein Geschäft, wo man Bier und Zigaretten kaufen könne und ich könne dort auch bestimmt übernachten.

Eigentlich war es keine schlechte Idee. Besser in einem Dorf mit zwei kleinen mafiösen Kindern zu übernachten als hier im Wald von größeren Banditen überfallen zu werden.

Ich nahm also mein Bike und wir gingen die zwei Kilometer lange Strecke auf einem Waldweg in das Dorf. Unterwegs erzählten mir die Buben viele Dinge, unter anderem auch eine sehr bewegende Geschichte aus ihrer Kindheit.

Bei unserer Ankunft im Dorf gerieten wir an den Gemischtwarenladen, mit Bierkisten und Zigaretten. Vor dem Eingang stand ein Tisch mit einer Holzbank, darauf qualmte eine Öllampe.

Die Buben setzten sich an den Tisch, die Gewehre zwischen den Beinen. Ein junges Mädchen kam aus dem Laden und hielt bereits drei Flaschen Bier und ein Glas in ihren Händen. Energisch bestellten die Kinder zwei Packungen Zigaretten.

Nachdem sie die Hälfte des Flascheninhalts getrunken hatten und die erste Zigarette verqualmt war, erzählten sie weiter.

„Das ist unser Dorf", sagte einer der beiden, „hier wurden wir geboren."

„Und wo ist dein Elternhaus?", wollte ich wissen.

„Komm mit mir, ich will es dir zeigen. Dein Fahrrad kannst du ruhig hier stehenlassen."

Vorsichtshalber schob ich das Bike dennoch neben mir her. Unser Weg führte vorbei an einigen Häusern. Vor einer Lehmhütte, bedeckt mit einem Strohdach, blieben wir stehen. Mit dem Fuß stieß einer die Holztüre auf.

„Dieses Haus gehört uns, mir und meinem Bruder!"

Am Boden lag eine Grasmatte und daneben diente eine Vertiefung im Lehmboden als Aschenbecher. An der Hüttenwand hingen Bilder von Soldaten in verschiedenen Posen. Eines der Bilder fiel mir auf. Es zeigte einen am Boden liegenden Löwen, mit dem stolzen Schützen in Siegerposition neben dem erlegten Tier. Andere Bilder zeigten bewaffnete Soldaten mit Gefangenen und Toten, Gruppenbilder und Fotos von Soldaten mit Frauen.

„Du kannst hier auf dem Boden schlafen", sagte der kleine Soldat.

Zwischenzeitlich war es schon zu dunkel geworden um weiterzufahren. Ich nahm also sein Angebot an, schob mein Fahrrad in die Hütte, packte meine Matte und den Schlafsack aus und machte mir mein Nachtlager zurecht.

Auf meine Frage, ob es im Dorf eine Möglichkeit gäbe, Essen zu kaufen, schüttelten beide verneinend ihre Köpfe.

„Nur Bier, Kekse und Zigaretten. Und seitdem unsere Eltern tot sind, haben wir nur selten richtig gegessen."

„Wie lange sind eure Eltern denn schon tot?"

„Unsere Eltern sind vor sechs Monaten gestorben, an Aids, wie die meisten Leute in diesem Dorf. Vor zwei, drei Jahren haben viele Leute hier gewohnt, jetzt stehen viele Hütten leer".

Ich war überrascht, eine derartig klare Antwort zu hören. Später hörte ich von einer Bekannten in Kampala, die mit Aidsforschung zu tun hatte, daß die Provinz Buganda schon seit langem ein Gebiet mit überaus vielen Aids-Fällen ist. Bis zu 50% der Bevölkerung sei dort HIV-positiv!

Während ich eine Mahlzeit, bestehend aus Reis und Tomaten, zu kochen anfing, saßen die beiden Jungen am Boden, verqualmten die Hütte mit Zigarettenrauch und leerten die Bierflaschen, als wären sie bodenlos. Nachdem der Reis und die Tomatensuppe fertig war, schickte ich einen der Jungs in den Laden, um noch Kekse zu kaufen. Wir saßen gemeinsam am Boden und löffelten das Zeug in unsere hungrige Mägen. Ich habe selten Buben gesehen, die Essen so schnell runterschaufelten.

Später wollte ich noch etwas wissen: auf meine Frage, warum sie mit Gewehren durch die Gegend liefen und herumschössen, bekam ich eine einleuchtende Antwort:

„Warum denn nicht, was sollen wir denn sonst tun? Unweit von hier ist ein Militärcamp, da leben wir mit den Soldaten zusammen. Nur manchmal noch kommen wir hierher in die Hütte, die unseren Eltern gehörte."

Die beiden legten sich auf die Matte und unterhielten sich in ihrer Sprache. Manchmal lachten sie, wie eben Kinder lachen, unbekümmert und frei, laut und herzlich, aber dennoch mit einem Unterschied: wenn hier ausgelacht ist, beginnt die schreckliche Realität, mit dem Zeigefinger am Drücker eines Gewehrs und umgeben von den Dörfern der Toten.

Naturparadies Kenia

Die Ereignisse, die ich in der Provinz Buganda erlebte, gingen mir während meiner Fahrt in Richtung Kenia noch tagelang durch den Kopf. Die schwerbeschädigte Straße und die zerstörten Panzer am Straßenrand waren eine stete Erinnerung an die erbitterten Kämpfe, die hier einst zu Idi Amins Zeiten ausgetragen wurden. Neben den Panzern standen auch rostbraune Geschütze, die bei den schweren Gefechten hier in den Dschungelgebieten Ugandas den Wald zur Hölle machten. Und wo einst Dörfer waren, sah man nur noch abgebrannte Mauern, zwischen die sich einige Menschen wieder armselige Hütten hingebaut hatten.

Um die Mittagshitze zu vermeiden, entwickelte ich während den ersten Monaten meiner Reise die Gewohnheit, immer sehr früh am Morgen meine Tagesetappe zu beginnen. Es war für mich nicht ungewöhnlich, bereits um 5 Uhr auf dem Rad zu sitzen. Dies hatte den Vorteil, daß ich gegen 10 Uhr, wenn es anfing richtig heiß zu werden, bereits den größten Teil meiner geplanten Tageskilometer hinter mir hatte.

In den Tropen sind die Morgenstunden für Radfahrer auch die logischste Zeit, Kilometer zu „fressen", denn gegen Mittag wird es dann unangenehm heiß. Die Kilometer, die ich dann am Nachmittag noch schaffte, waren für mich ein „Zusatzbonus", eine Art Überstunden. Auf diese Art habe ich mir dann jene Stunden und Tage zusammengekurbelt, die ich als Ruhetage nützte oder die für Erledigungen gebraucht wurden.

Ich fuhr jetzt in Richtung Kampala und es war mir bewußt, daß ich in der Hauptstadt Ugandas wieder viel Kraft und Geduld brauchen würde, den Streß dieser Stadt wegzustecken.

Schon vor der eigentlichen Stadtgrenze fing das Chaos an. Die Luft war eine Mischung aus Abgasen, röstfrischem Kaffee und übelriechenden Mülldeponien, die sich direkt am Straßenrand auftürmten. Menschenmassen belebten die Szene und qualmende Kleinbusse sorgten für weitere „dicke Luft". Doch auch hier war ich wieder fasziniert, wie die Leute diese unsägliche Hektik afrikanischer Städte ertrugen.

In den Städten Afrikas wird ja jede Straßenecke und jedes freie Plätzchen zum Marktplatz, um irgendwelche Dinge zu verkaufen. Frauen balancierten ihre schweren Lasten durch das Gedränge, sie tänzelten regelrecht durch die Massen, bis sie einen Platz gefunden hatten, an welchem sie ein Stück Plastik oder ein Tuch auf den Boden auslegen konnten. Dann wurden die Waren darauf ausgebreitet und das Handeln und Feilschen begann. Für die Kinder dieser Frauen war es selbstverständlich, entweder auf dem Gehweg zu spielen oder am weicheren Rücken der Mutter zu schlafen.

In Kampala ist die Situation für die Menschen noch viel trauriger als in vielen anderen Städten Afrikas. Die Gebäude der Stadt erinnern an bittere Kämpfe und Grausamkeiten während der Diktatur von Idi Amin Dada, unter dem Uganda 1971 bis 1979 schwer litt. Die Spuren waren schrecklich: überall zerstörte oder beschädig-

*Als Passagier auf einem Zementfrachter von Mopti nach Timbuktu
Unten: Auf einem Voodoo-Markt in Togo fand ich einen Löwenkopf*

Eine der vielen Flußüberquerungen der Äqua-Tour in Afrika
Unten: Rast in einem Dschungeldorf in Kamerun

In Zaire ging es über weite Strecken nur durch Dschungelpfade
Unten: Eine afrikanische „Brücke" aus Baumstämmen, hinten das Bike

Die Virunga-Berge in Ruanda in blauem Morgendunst
Unten: Vom Speer zum Mountainbike - Massai in Kenia

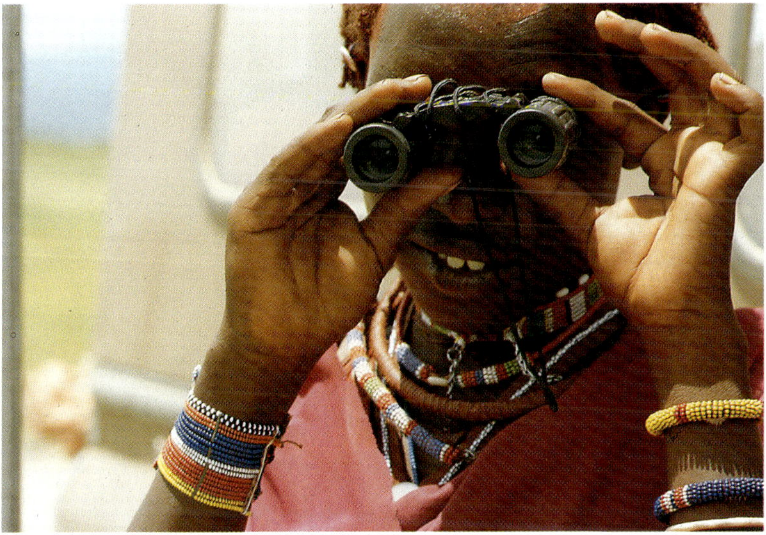

Wo ist der Tilmann? Ein Massai benützt mein Fernglas
Unten: Rosarote Flamingos bevölkern den Nakurusee in Kenia

*Ein indischer Elefant inspiziert mein Bike
Unten: in Indien war ich immer dicht umringt*

Langsam nehmen Gepäck und Ausrüstung „Farbe" an
Unten: durch grünes Dickicht in Sumatra

Bali ist die Insel der vielen Feste
Unten: Kunstvoll angelegte Reisterrassen

te Häuser mit Brandstellen, zerschlagene Fenster, Einschüsse und fehlende Wände. Die Diktatur war auch nicht ohne Wunden an den Menschen vorübergegangen, doch dennoch haben die Ugander das Lachen und den Sinn für Fröhlichkeit nicht verloren, und dafür sind sie zu bewundern.

Kampala hatte für mich wenig Positives zu bieten und ich hatte kein Bedürfnis, mich länger hier aufzuhalten. Ich entschied mich für eine schnelle Weiterfahrt.

Von Kampala bis an die Grenze von Kenia sind es ca. 130 km auf einer guten Straße. Ich freute mich schon sehr auf das „Erlebnis Natur" in Kenia, wollte Tierparks besuchen und war auf die Gastfreundschaft der Kenianer gespannt. An der Grenze zwischen den beiden Ländern verlief alles problemlos.

Kenia ist ein Land, welches seit vielen Jahren mit viel Erfolg im Tourismusbereich arbeitet. Die Regierung verstand es, die Natur „clever" zu vermarkten. Da es in Kenia sehr viel zu besichtigen gibt und die Distanzen zwischen den verschiedenen Parks groß sind, entschloß ich mich, anstatt einfach draufloszufahren, ein kleines Reisekonzept zu erstellen. Ich besorgte mir einige Broschüren, um zu sehen, wie ich meine Route durch Kenia legen sollte.

Im Gegensatz zu Westafrika ist es in Kenia nicht erlaubt, die Tierparks mit dem Bike zu durchqueren. Die gefährlichen Tiere in den meisten Parks machen dies unmöglich. Es blieb mir also nichts anderes übrig, als für meine Parkbesuche eine alternative Transportmethode zu suchen.

Mein erstes Ziel war der Lake Nakuru, dort gibt es Massen rosafarbener Flamingos. Und um zum Nakurusee zu gelangen, fuhr ich zuerst in die Stadt Nakuru. Von dort ging es 8 Kilometer weiter bis zum Eingangstor des Parks. Ich hoffte, dort am Tor eine Mitfahrgelegenheit zu finden. Die Wächter am Tor waren überrascht, als ich sie fragte, ob sie mir helfen könnten, einen Platz in einem Kleinbus oder Mietauto zu bekommen. Dies schien kein Problem zu sein.

Ich stellte mein Bike mit voller Ausrüstung gegen die Wand am Eingangstor und wartete geduldig auf das nächste Auto. Zwanzig Minuten später hatten sie mir einen Platz in einem Kleinbus verschafft. Das Bike blieb solange am Eingang stehen. Ich hatte volles Vertrauen, daß es bei den Wächtern in guter Obhut war.

Während meinen Fahrradreisen habe ich oft festgestellt, daß ein vollbepacktes Fahrrad oder Bike ein enormes Interesse in vielen Menschen erweckt. Das Fahrrad wird in solchen Situationen sehr oft zum Vorteil des Radfahrers. Hier am Nakuru National Park war dies auch so ein Fall, denn die Wächter sahen, daß ich auf einer langen Bike-Reise war und Hilfe bedurfte.

Die Touristen im Kleinbus hatten die Fahrt in den Nakuru Park durch eine Reiseagentur gebucht und es waren noch vier Plätze frei als ich zustieg. Der Fahrer kassierte meine Gebühr und somit war der Fall erledigt.

Der Bus fuhr im Schrittempo entlang der staubigen Piste. An einigen Stellen saßen Paviane ganz unbekümmert auf der Fahrbahn und machten nur unwillig Platz für den Bus.

Für die Tiere war ein Bus nichts Neues, denn im Park herrschte reger Verkehr. Nach 20minütiger Fahrt hielt der Fahrer an. Vor uns lag der tiefblaue Nakurusee. Im seichten Wasser stelzten tausende dünnbeiniger Flamingos. Ein ungewöhnlicher Anblick. Ich mußte meine Augen und meine Gedanken zuerst einmal auf dieses Naturschauspiel einstellen. Unglaublich, daß eine Vogelschar die Farben ihrer Umgebung derartig verändern kann. Die Flamingos kommen jährlich in dieses Gebiet zum Brüten und ziehen anschließend wieder in den Norden des Landes.

Wir näherten uns dem Ufer, um die „Langbeiner" etwas näher zu betrachten. Die schwarzen Schnäbel, die zarten Farben und das Schnattern der Vögel waren sehr beeindruckend. Wären es nur vereinzelte Flamingos gewesen, hätte ich bestimmt nicht so gebannt hingeschaut. Was mich vor allem faszinierte, war die Anzahl der Vögel sowie die Farbenpracht.

Nach einer zweistündigen Fahrt durch den Park fuhren wir wieder zurück zum Eingangstor. Die Parkwächter hatten in der Zwischenzeit das Bike in ihr Büro geschoben. Nach einem kurzen Gespräch und einem Dankeschön für ihre Mithilfe pedalte ich zurück in die Stadt Nakuru. Ich kaufte noch Verpflegung für die Weiterreise am nächsten Tag, schlenderte noch ein wenig durch die Stadt und suchte mir ein Quartier für die Nacht.

Am nächsten Morgen startete ich sehr früh. Ich kurbelte Richtung Nairobi. Es war bedeckt und es sah auch fast nach Regen aus. Plötzlich wurde ich von einem braunen Landrover mit Schweizer Kennzeichen überholt. Der Wagen kam mir bekannt vor. Der Fahrer brachte seinen Wagen zum Stehen und als ein Blondschopf aus dem Auto sprang, wußte ich sofort, wer es war!
Catherine und Jean Luc Manouri! Wir hatten uns in Bangui bei dem großen Neujahrsfest der Afrikafreaks kennengelernt und uns später in Ruanda und Uganda nochmals getroffen. Jetzt hatten mich die beiden wieder eingeholt! Freundlich luden sie mich ein, einige der Parks in Kenia mit ihnen zu besichtigen, wußten sie doch, daß es für einen Biker unmöglich ist, durch einen Wildpark zu fahren. Ich freute mich sehr auf dieses Angebot, besonders deshalb, weil es auch ein schöner Abschluß meiner Afrikadurchquerung mit dem Bike war. Wir verabredeten uns einige Tage später auf ein Treffen in Nairobi.
Ich wollte noch zwei Tage in der Umgebung des berühmten Rift Valley verbringen und die 30 km lange Auffahrt bis zum 2400 m hohen Aussichtspunkt auf das Tal machen. Ein Erlebnis, daß man sich nicht entgehen lassen sollte. Von hier oben kann man weit in den Großen Ostafrikanischen Graben hinausblicken. Es ist ein Riß in der Erdkruste, der von Malawi bis zum Roten Meer reicht. Er ist über 6000 km lang.

Mit jedem Kilometer in Richtung Nairobi nahm der Verkehr zu und es wurde manchmal schon fast unerträglich, dieselbe Straße mit den Autos zu benützen. Es waren vor allem die Schwertransporter und die Busse, die mir arg zu schaffen machten. Sie fuhren sehr knapp an mir vorbei und ich wurde fast verrückt wegen dieser ständigen Gefährdung. Ich konnte mit der beschissenen Mentalität dieser Fahrer nicht viel anfangen und zog die Konsequenz: auf Umwegen und auf kleinen Nebenstraßen bzw. Nebenpisten fuhr ich von einer Ortschaft zur anderen.
Auf einem dieser Wege sah ich ein Schild mit der Aufschrift: „Danger, Wild Animals!"
Nach über 11.000 km quer durch den afrikanischen Kontinent konnte mich ein solches Schild nicht mehr schrecken.

Ich fuhr weiter und etwa 200 m nach dem Schild stand auf der linken Seite ein Löwe. Beim Anblick des Löwen dachte ich an die Zementfiguren, die man öfters in Form von Polizeiattrappen auf Autobahnbaustellen in Europa sieht. Ich fuhr direkt auf den Löwen zu und dachte mir noch, mit welchem Aufwand man hier an die Sicherheit der Menschen denkt. Warum nicht, in einem Land, in dem der Tourismus so viel Geld einbringt, sind derartige Dinge vorstellbar.

Ich bremste mein Bike ab, nahm die Kamera aus der Tasche, setze den „Zementlöwen" ins Bild und drückte auf den Auslöser. Vielleicht war es das Geräusch der Kamera, vielleicht war es aber auch mein Geruch: der „Zementlöwe" bewegte plötzlich seinen Kopf und schaute mir direkt ins Objektiv.

Ich traute meinen Augen nicht. Jetzt schaute ich nicht mehr durch die Kamera, sondern über sie hinweg und fand bestätigt, daß sich der Löwe tatsächlich bewegte.

Danach wurde ich zum „Biker aus Zement". Wie an den Boden gefroren starrte ich atmen- und bewegungslos dem Löwen nach, der sich gemütlich durch das Gebüsch in die entgegengesetzte Richtung davonmachte...

Mir war zumute, als hätte ich gerade einen Cocktail aus Angst, Mut, Abenteuer und Glück geschluckt. Komisch, denn erst jetzt, als der Löwe nicht mehr zu sehen war, geriet ich mit meinen Gedanken ins Schleudern. Als das Tier vor mir stand, hatte ich mich selbst in eine Illusion getrickst. Danach hatte ich Glück gehabt.

Doch würde es noch mehr Löwen geben, was sollte ich tun? Falls es wirklich weitere in diesem Gebiet gab, dann auch überall, nicht nur hier in der Nähe des Schildes.

Ich fuhr weiter, denn ich war überzeugt, daß ein Löwe nur in Not einen Menschen anfallen würde (oder sie sind alt, dann suchen sich Löwen leichtere Beute. Aufpassen muß man auch vor Löwinnen, die verteidigen aggressiv ihre Jungen).

Bis kurz vor Nairobi bin ich weiter auf Umwegen gefahren. Doch eine weitere Begegnung mit Löwen hatte ich Gott sei Dank nicht wieder. Dafür aber herrliche Aussichten auf die Gebiete des Rift Valley.

„Danger, wild animals on road!" warnte ein Schild

Ein paar Hundert Meter weiter stieß ich auf einen „Zementlöwen"...

Mit meiner Ankunft in Nairobi hatte ich den ersten Teil und damit etwa ein Drittel der gesamten Äqua-Tour geschafft. Diese ersten 11.500 Kilometer durch 13 Länder kosteten viel Kraft und Zeit. Das Abenteuer wurde in Afrika oft zum Ungeheuer.

Nun sollte also die Reise weiter durch Asien gehen. Dazu mußten vorher noch einige Dinge erledigt werden: ich mußte den Flug nach Bombay buchen und für Indien benötigte ich ein Visum. Die Briefe, die sich in Nairobi angesammelt hatten, mußten beantworten werden und außerdem wollte ich ja noch mit Catherine und Jean Luc einen Tierpark besuchen.

Wir trafen uns im vereinbarten Hotel und verstauten das Bike auf dem Dachträger des Landrovers. Für die 5-tägige Reise kauften wir nochmals kräftig Kaloriennachschub ein. Am nächsten Morgen fuhren wir dann in das Amboseli Game Reserve.

Die Fahrt dorthin und der Aufenthalt im Park waren sehr aufregend. Es verging eigentlich kein Tag ohne ein besonderes Erlebnis: faszinierende Begegnungen mit den Massai, „den Kriegern der Steppe", „beinharte" Realitäten mit den Elefanten und so manches andere mehr. Sie alle haben mir zum Abschluß meiner Afrikadurchquerung noch einige wirklich sehr schöne Erinnerungen für den zweiten Teil der Reise mitgegeben.

Wir schlugen unsere Zelte in unmittelbarer Nähe des Kilimandscharo-Gebirges auf und benützten das Zeltlager als Übernachtungsstätte. Tagsüber fuhren wir mit dem Landrover die verschiedenen Routen ab, um die Tiere zu beobachten. Am Abend war es dann sehr angenehm, rund um das Lagerfeuer sitzend zu diskutieren und das Essen zuzubereiten. Hoch über der tropischen Hitze Afrikas, gebadet im roten Licht der untergehenden Sonne, leuchteten die Schneemassen des Kilimandscharos. Wirklich sehr romantisch und eindrucksvoll.

Manchmal konnten wir sogar Elefanten direkt gegenüber unseres Zeltplatzes beobachten. Mit der Zeit kamen sie immer näher, bis ganz dicht an den Zeltplatz. Manchmal sogar so dicht, daß es uns schon unheimlich wurde. Am Tag unserer Abreise, bekamen wir dann noch einen „Denkzettel" von den Elefanten verpaßt:

Es war gegen 6 Uhr morgens. Ich lag in meinem Zelt und döste noch vor mich hin, als ich ein ständiges Rupfen und Zupfen am

Gras rund um mein Zelt hörte. Ich raffte mich zusammen um nach-
zusehen, was da vor sich ging. Ich öffnete den Zeltverschluß. Noch
im Halbschlaf blinzelte ich in die aufgehende Sonne und sah, nur
etwa einen Meter vor mir, einen Elefantenfuß, so groß, daß mir
fast das Herz stehenblieb. Ich sah nur den Fuß. Der Elefant war
so nahe am Zelt, daß mir als einzige Lösung nur noch die schnelle Flucht aus dem Zelt blieb.

In einem solchen Moment erweist ein Zelt-Doppeleingang als besonders vorteilhaft, denn so konnte ich auf der anderen Seite aus
dem Zelt schlüpfen. Catherine und Jean Luc hatten von dieser
Episode noch gar nichts mitbekommen. Ihr Zelt stand etwas weiter weg von meinem. Nach meiner Flucht stellte ich mich sicherheitshalber hinter einen dicken Baum. Von diesem Ort beobachtete ich den Elefanten. Er rupfte unbekümmert an den Gräsern und
legte seinen Rüssel ab und zu auf mein Zelt, um es abzuschnup-
pern. Auf diese Art fraß er sich durch unser Lager.

In der Zwischenzeit waren auch meine Freunde aufgewacht und
beim „Nägelbeißen", denn sie bangten um ihr Auto. Ich machte einen Versuch, dem Elefanten meine Abneigung zu zeigen, indem
ich meine Hände hochstreckte und sie so bewegte, als wolle ich
Hühner verjagen. Doch der Jumbo stellte einfach seine Ohren auf,
hob den Rüssel hoch über seinen Kopf und blies einmal kräftig in
seine Trompete, raste auf mich zu und kam kurz vor dem
Baumstamm zum Halt. Ob dies ein Zeichen von Aggression,
Mahnung oder doch nur ein Spiel war, werde ich wohl nie wissen.
Auf jeden Fall war das Verhalten des Elefanten ein Erfolg für ihn.
Wir waren ja zu Besuch in seinem Revier und mußten seine
Spielregeln akzeptieren.

Nach unserem Frühstück fuhren wir weiter durch den Park. Wir
beobachteten eine Gruppe Massai. Sie spazierten durch die Gegend
und sie kamen auf uns zu. Ich war fasziniert von der Art und der
Selbstsicherheit dieser Menschen. Ihre roten Haare und die
Bekleidung, der bunte Schmuck und die langen Speere unterstri-
chen ausdrucksstark ihre Persönlichkeit.

Einer der Massai wollte durch mein Fernglas sehen, und er war
begeistert, daß alles viel größer und besser zu sehen war. Er drehte seinen Kopf, mit dem Fernglas vor seinen Augen, direkt vor die

Linse meiner Kamera. So blickten wir uns gegenseitig durch unsere Glasaugen an.
Ich drücke ab und daraus wurde ein schönes Foto (s. im Farbteil), zu ausdrucksvoll, um es irgendwo im Archiv untergehen zu lassen. Ich benützte das Bild als Deckblatt meines Kalenders 1993: „Ansichten, Aussichten und Einsichten in die Äqua-Tour".

Asien

Indien - mit und ohne Wunder

Nachdem nun hier in Nairobi der afrikanische Kontinent per Bike durchquert war und ich mich für den Flug nach Indien vorbereitete, rief ich einige Tage vor dem Abflug bei Renate in Südtirol an. Während unseres Gesprächs wurde mir klar, daß ich meine Weiterreise durch Asien aus geschäftlichen Gründen unterbrechen mußte: Der Athesia Verlag in Bozen wollte den schon angekündigten ersten Mountainbike-Führer Südtirols veröffentlichen. Das Manuskript und das Bildmaterial waren teilweise schon vor meinem Aufbruch zur Äqua-Tour bearbeitet worden. Die Buchproduktion selbst wurde allerdings auf einen späteren Zeitpunkt verschoben, und dieser Zeitpunkt war jetzt gekommen. Es waren auch noch einige andere Dinge dazugekommen, die ich dringend erledigen mußte. Nach kurzer Überlegung entschloß ich mich daher, den Flug von Nairobi nach Bombay durch einen Flug von Nairobi nach München zu ersetzen.

War das ein Schock aus der Hitze Afrikas in den Winter Südtirols! Während den folgenden Monaten verbrachte ich viel Zeit, den ersten Teil meiner Reise zu verarbeiten. Dazu kam noch die Bearbeitung eines Fahrradkalenders für das Jahr 1992 sowie natürlich der Mountainbike-Führer für Südtirol. Ich hatte also viel Arbeit, doch war dies für meine weitere Existenz als „Globetreter" sehr wichtig.

Im März 1991 waren alle Arbeiten in der Heimat abgeschlossen und so konnte ich mich wieder dem zweiten Teil der Äqua-Tour widmen.

Mit einem Air India-Flug von Frankfurt nach Bombay setzte ich meine Weltreise wieder in Bewegung. Ich brauchte nicht bis zu meiner Ankunft in Bombay warten, um die Mühsal der indischen Bürokratie zu verspüren, denn das „perfekte Chaos" fing bereits bei der Abfertigung im Flughafen von Frankfurt an.

In meinem Handgepäck hatte ich eine kleine Videokamera, um die Reise mittels Dokumentaraufnahmen festzuhalten. Diese Kamera wurde mir fast zum Verhängnis, denn die Kontrollen für diesen

Flug waren besonders streng und die Kamera durfte nicht mitge-führt werden. Die Sicherheitsbeamten erklärten mir nicht die nähe-ren Gründe. Es wurde mir nur mitgeteilt, daß die Kamera in Deutschland bleiben müßte.

Doch ich weigerte mich, die Kamera zurückzulassen. Daraufhin wollten mir die Sicherheitsbeamten den Flug nach Bombay ver-weigern. Doch ich gab nicht auf. Schließlich wurde die Kamera ei-nem elektronischem Test unterzogen. Nachdem keine Spuren von Sprengstoff oder ähnlichem Material festzustellen waren, wurde die Kamera in eine Plastiktüte verpackt und einem indischen Sicherheitsbeamten überreicht.

Ich fragte ihn, was denn nun mit der Kamera passieren würde.

„You will get the thing in India" meinte er nüchtern, „aus meinen Händen." Und er fügte noch hinzu:

„Vor einigen Jahren haben wir einen Jumbo mit über 300 Pas-sagieren über Kanada verloren. Der Sprengsatz war in eine Video-kamera eingebaut. Dieses Risiko wollen wir zukünftig vermeiden. Sie müssen dafür Verständnis aufbringen."

„Bringe ich auch, doch sagen Sie mir, was passiert mit meiner Kamera?"

„Are we Indians thieves? I told you, you will get the thing in India." Mit diesen Worten war der Fall geregelt. Ich ging den langen Weg bis zur Boeing 747 und setzte mich in meinen Sitz. Kaum hatte ich Platz genommen, kam einer der Flugbegleiter auf mich zu und überreichte mir die Kamera. Mit den Worten: „Have a nice flight" drehte er sich um und verschwand im Cockpit. Erstaunt sah ich ihm nach...

Die ganze Angelegenheit war eigentlich so typisch für die Mentalität der Inder - viel Palaver und wenig Sinn.

Das Summen der Triebwerke drang an meine Ohren und dann war es soweit. Langsam rollte der Jumbo zur Startposition. Dort don-nerten die Motoren richtig los und ich spürte die Kraft der Triebwerke, die mich sanft in den Sitz drückte. Nachdem das Flugzeug in der Luft war, brachte der dumpfe Ton beim Verschließen des Fahrwerks noch ein kurzes Gefühl der Ungewißheit in mir auf. Es sind immer die ersten Minuten nach dem Start, in denen meine Hände feucht werden und meine Ohren intensiv lauschen. Erst wenn die „Fasten

Seatbelt" und die „No Smoking"-Zeichen erloschen sind und die Cabin Crew anfängt herumzulaufen, tritt bei mir so etwas wie Entspannung ein. Aber ein bißchen Angst fliegt ja wohl immer mit. Während des Fluges hatte ich genügend Zeit, mich auf Indien einzustellen. Dreimal zuvor war ich in Indien. Bei meinem letzten Besuch war ich 16 Monate mit dem Fahrrad auf dem indischen Subkontinent unterwegs. Während dieser Zeit kurbelte ich mein Rad vom südlichsten Zipfel Indiens - Cape Comorin - bis hinauf zum „Dach der Welt", nach Ladakh. Ich war also kein Neuling in Sachen „Radfahren in Indien", und dennoch hatte ich Respekt vor der Strecke, die ich mir jetzt vorgenommen hatte. Diesmal plante ich, den südlichen Teil Indiens von Bombay bis nach Madras zu durchqueren.

Im Land der Egoisten und Nonegoisten, der vergoldeten Tempel und der stinkenden Slums, aber auch im Land der Paläste und der indischen Wunder von einer Seite des Landes bis zur anderen zu pedalieren war für mich die Aussicht für ein neues Abenteuer. Ich kannte die Mentalität der Inder, ich wußte auch Bescheid über die spirituelle Kraft der Sadhus und über das Leid der Armen. Ich war schon immer fasziniert von Indien.

Bei meiner Ankunft in Bombay stellte ich mich darauf ein, mit dem Wort „Millionen" sorglos umzugehen: von den fast 10 Millionen Bewohnern der Stadt leben mehr als die Hälfte in den Straßen, unter den Brücken und in den aus Karton und Wellblech zusammengenagelten Hütten, denn für sie gibt es keine anderen Unterkünfte.

Egal wo man hinfährt, egal wo man ißt und auch ganz gleich was man tut, man ist nie allein. Bombay, die große Handelsstadt Indiens, ist ein idealer Ort, um sich an diese Flut von Menschen zu gewöhnen.

Stundenlang versuchte ich ein Hotelzimmer zu finden - vergebens. Schließlich gelang es mir aber doch, eine Unterkunft zu ergattern. Bei meinem ersten Rundgang durch die Stadt war mir, als hätte ich Indien nie verlassen, als hätte sich kaum etwas verändert. Der Duft süßlichen Parfüms und exotischer Gewürze vermengte sich mit dem Gestank qualmender Busse und stinkender Kloaken.

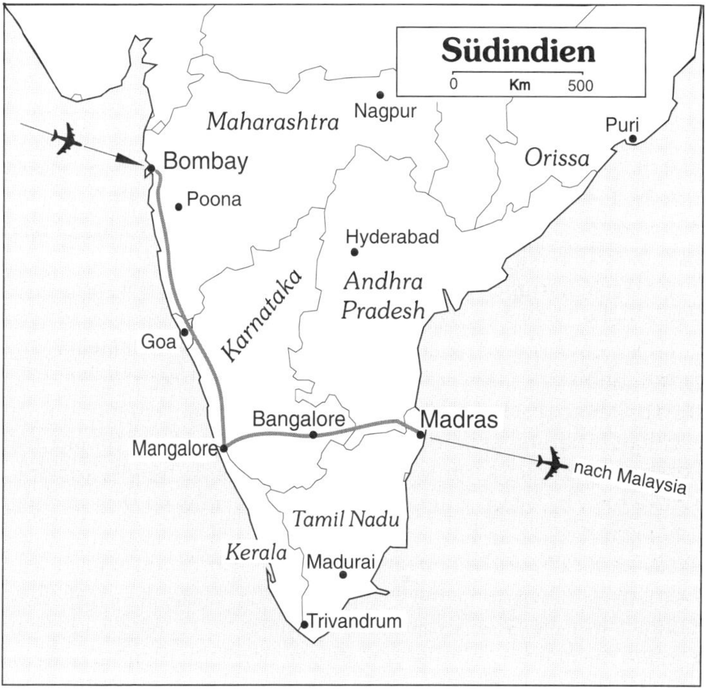

Südindien

0 **Km** 500

Maharashtra
Nagpur

Orissa
Puri

Bombay

Poona

Hyderabad

Andhra
Pradesh

Karnataka

Goa

Bangalore
Madras

Mangalore

nach Malaysia

Tamil Nadu

Kerala
Madurai

Trivandrum

Kinder rackerten oft genauso fleißig und schweißüberströmt wie Erwachsene. Das ohrenbetäubende Geschrei der Straßenhändler und die ewig hupenden Taxis waren eine Welt für sich. Eine Welt, durch die ich mußte, um meine Radtour anzutreten. Für die Inder war diese Hektik die natürlichste Sache der Welt, doch für mich war dieser Zustand ein „organisiertes Chaos" entlang meiner Route um die Erde.

Nach zwei Tagen hatte ich genug und den Mut, die Reise per Bike durch den Süden Indiens in Angriff zu nehmen.

Ich quälte mich durch Bombay hinaus, vorbei an den geschmückten Kühen, die für Hindus als Symbol für Güte und Sanftmut durch die Straßen spazieren. Der Verkehr war ein einziger, endloser Stau. Der Glaube der Inder, daß sich stockender Verkehr auch nicht durch Dauer-Hupkonzerte auflöst, hatte sich anscheinend noch nicht ganz herumgesprochen. Radfahren in derartigen Situationen ist stressig, einfach erdrückend. Ich hätte besser bereits sehr früh am Morgen die Stadt durchqueren sollen, um diesem Verkehr auszuweichen.

Mein erster Zielort war Alibag, ein kleiner Küstenort südlich von Bombay. Bedingt durch die Temperatur von 40 Grad und den Steigungen war die Strecke äußerst schwierig zu fahren. Außerdem steckte mir noch der Winter Südtirols in den Knochen, konditionell war ich in einem Formtief.

Bei meiner Ankunft in Alibag war ich „geschlaucht" und mußte einen Rasttag einlegen. Ich verbrachte einen angenehmen Tag am Strand und war froh, der Hektik Bombays den Rücken gekehrt zu haben.

Das Leben am Strand war viel ruhiger, ich hatte Zeit, über die Reise durch Indien nachzudenken, denn Indien erfordert einen eigenen Reisestil. Die Menschenmassen Indiens bringen für mich als Radfahrer Vor- und Nachteile mit sich. Ein sehr wichtiger Vorteil ist die Versorgung: es gibt zu jeder Zeit Essen zu kaufen, selbst in den kleinsten Dörfern hat es Restaurants mit köstlichen Gerichten. Somit konnte ich mir das Kochen ersparen und hatte mehr Zeit zum Radfahren. Es gibt auch viele kleine „Chai-Shops", Teebuden, in welchen man auch allerlei Gerichte kaufen kann. Die Zubereitung des Essens in diesen Buden war natürlich den Umständen entsprechend nicht immer hygienisch. Doch mit einem gewissen Maß an Vorsicht und Vernunft konnte ich auch in diesen Straßenbuden meinen Radlerhunger befriedigen.

Ich gewöhnte mich sehr schnell an die indische Küche, an die feurigen Soßen und die picksüßen Kuchen, die man in kleinen Portionen mit Kardamom-Tee runterspült.

Vielmals durchstreifte ich die indischen Basare. Im Gedränge der Massen war ich immer wieder erstaunt, was sich vor meinen Augen abspielte. Mein Weg führte mich vorbei an eleganten Geschäften, gefüllt mit kostbaren Seidensaris. Der Duft von Räucherstäbchen schwebte in den engen Gassen. Ein buntes Treiben und ein fast unerschöpfliches Angebot an indischen Waren. Dazwischen immer die unzähligen Menschen: hellhäutige, schwarze, dunkle, Frauen in bunten oder weißen Saris, Männer mit langen Bärten, mit Turbans und den für die Inder so typischen Bekleidungsstücken, den Dhoti und Kurta.

In den Basaren fühlte ich mich wohl, denn sie vermittelten nicht nur einen Hauch des Abenteuers, es war viel mehr, es war Indien wie es leibt und lebt, in Hitze und Staub, den der Wind von den trockenen Gebieten aus dem Staat Maharashtra bis an die Küste wehte.

In diesem Wind und in diesem Staub fuhr ich entlang der Küste nach Süden bis an den Strand von Goa. Im Schnitt schaffte ich täglich 100 Kilometer. Nach den ersten Versuchen im Freien zu Zelten gab ich diese Idee jedoch bald wieder auf, denn es war unmöglich, auch nur einen Abend allein zu sein. Es war auch nicht nötig, im Freien zu übernachten. Jedes kleinere Dorf verfügte über mehrere Hotels, in denen ich sehr preisgünstig ein Zimmer bekam. Dadurch hatte ich auch die Möglichkeit, mein Bike und die Ausrüstung hinter Schloß und Riegel zu wissen und mich frei bewegen zu können.

Es gibt kaum ein anderes Land, in welchem man sich als Vegetarier so gut ernähren kann wie in Indien. Will man jedoch die Speisen auf indische Art verzehren, braucht es einiges an Übung. Ich erinnere mich noch gut an die indischen „Tischmanieren", die sich von den unseren wohl deutlich unterscheiden:

Beim Eintreten in ein Restaurant begibt man sich zunächst an die

Kasse und bezahlt das gewünschte Essen. Dann geht man zum Händewaschen an das Waschbecken im Restaurant. Meistens hängt neben dem Waschbecken ein ziemlich schmuddeliges Handtuch, welches zum Abtrocknen der Hände gedacht ist, gleichzeitig aber auch für alles andere benutzt wird. Man benützt es besser nicht.

Hat man nun einen Sitzplatz ergattert, kommt der Kellner (barfuß), legt ein befeuchtetes Bananenblatt auf den Tisch und nimmt den Bestellcoupon mit. Ein typisches Gericht in Südindien besteht aus einem großen Berg Reis, einer lauwarmen, suppenartigen Gemüsemischung (kräftig gewürzt), dazu werden in kleinen Schüsselchen Linsen oder Kartoffeln serviert.

Das Bestellte wird dann meist aus großen Eimern direkt auf das Bananenblatt am Tisch serviert, wobei der Kellner die Zutaten auf den „Reisberg" schüttet. Anschließend wird die Hand (nur die rechte) zum Vermischen der Speisen benützt, und die Finger schaufeln alles in den Mund, bis zum geht-nicht-mehr (die linke Hand ist in Indien die „schmutzige" Hand, man benützt sie zum Nasen-, Ohren- und Hinternputzen).

Eine etwas vornehmere Essensart ist es, das immer gereichte Fladenbrot mit der rechten Hand zu zerreißen und die zerkleinerten Stücke als „Schaufel" zu benützen. Der Yoghourt wird als kühlende Masse zwischen dem scharfen Essen verzehrt. Zum Abschluß der indischen Eßsitten wird ein Glas Wasser in den Rachen gekippt.

Beim Aufstehen vom Tisch wird kräftig gerülpst und man begibt sich nochmals zum Waschbecken, spült den Mund mit Wasser aus, benützt den Zeigefinger wie eine Zahnbürste, rülpst eventuell nochmals kräftig in das Waschbecken, nimmt die Nase zwischen die Finger der linken Hand, rotzt einmal kräftig durch und verläßt satt und befriedigt das Lokal.

Am Ausgang des Restaurants befindet sich der „Panwallah", der Betelverkäufer. Seine Aufgabe ist es, dem Restaurantbesucher zum Abschluß seiner Mahlzeit den Gaumen mit einem „Pan" (ein gefülltes Betelblatt) zu verwöhnen. Die Füllung besteht aus Gewürzen und aromatischen Blättern, die zwischen dem Oberkiefer und der Wange eingelegt werden. Der „Pan" wird genüßlich zer-

Indien: „Von der Wiege bis zur Bahre braucht der Mensch Holz"

kaut und anschließend als roter Saft mehr oder minder gekonnt in hohem Bogen auf die Straße gespuckt.

Ich erlebte diese Szenen täglich. Unangenehm waren die „Panspucker" dann, wenn ich auf dem Rad an einem Bus vorbeifuhr und plötzlich aus dem Busfenster gespuckt wurde. Der Saft landete auf meinem Kopf und ich spürte, wie mir die rote Suppe am Rücken runter lief.

Seit meiner Abfahrt von Bombay war ich nun neun Tage unterwegs gewesen und ich freute mich auf einen kurzen Aufenthalt am Strand von Goa.

Colva- und Calangute-Beach ließen Erinnerungen an meine erste Fahrradtour durch Indien hochsteigen. In jenem Jahr 1980 baute ich mir mit der Hilfe eines Fischers eine Hütte aus Palmblättern direkt zwischen den Kokosbäumen am Strand von Colva. Damals war ich „zeitlos" unterwegs und ich lebte für 6 Wochen in meiner Hütte. Ich beschäftigte mich intensiv mit Yoga und Meditation. Es war nicht nur eine andere Reise, sondern auch ein anderer Zeitabschnitt in meinem Leben.

Diesmal plante ich nur einen kurzen Aufenthalt von einigen Tagen. Doch schon während der Fahrt von Panjim nach Colva merkte ich eine enorme Veränderung der Gegend. Die Asphaltstraße endete direkt vor dem Strand auf einem riesigen Parkplatz, der von Touristengeschäften umgeben war. Gleich nebenan, wo einst meine Hütte stand, ragte jetzt ein Hotelkomplex in die Höhe.

Ich lehnte mein Bike an die Gartenmauer des Hotels und setzte mich in den Sand. Meine Augen starrten durch die Palmen in die untergehende Sonne. Es war nicht zu fassen. Trotz Tausender von Menschen am Strand von Colva Beach war ich mit meinen Gedanken allein. Es war mir, als hätte man einen zehn Jahre alten Film aus dem Archiv genommen und ihn vor meinen Augen nochmals abgespielt.

Es waren Bilder und Momente von freundlichen Fischern mit ihren Kindern und Booten, mit Netzen und den zappelnden Fischen darin, den fischgefüllten Körben, die Freude der Familien nach einem guten Fang. Meine Hütte mit der einfachen Türe, die ich nicht zusperren konnte und auch nicht zusperren brauchte, die Stunden, die ich meditierend am Strand verbrachte. Dies waren meine Gedanken, die mir durch den Kopf gingen. Das Rad des Lebens kam plötzlich wieder da vorbei, wo es schon einmal war. Wehmütig stand ich auf, ging zu meinem Bike, umklammerte die Lenkstange und schob es neben mir her, bis zu einer Zementbank am Parkplatz. Ich legte meine Matte auf die Bank und schlief, bis mich die aufgehende Sonne aus dem Schlaf weckte.

Ich wollte keine Stunde länger hier bleiben. Denn der Anblick dieser touristischen Anlage tat mir weh. Ich kannte Colva Beach aus anderen Zeiten, mit anderen Leuten und anderen Werten.

Auf der Fahrt weiter hinunter Richtung Mangalore gab es einige schöne Sandstrände. Ich entschloß mich für einen Aufenthalt entlang der Strecke. Den Namen des Strandes an dem ich dann zwei Tage verbrachte weiß ich nicht mehr und er war mir auch egal. Ich wollte Indien einfach erleben und dazu war mir ein ruhiger, schöner Platz wichtiger als so ein bekannter Name wie Goa.

Mangalore, eine typische südindische Stadt, war für mich die letzte Möglichkeit, noch einmal die Wellen des Ozeans zu beobachten, denn von hier aus führte meine Route ostwärts, quer durch Indien bis hinüber nach Madras.

Ich wußte, welche Strapazen während den nächsten 750 km auf mich zukommen würden. Der Süden Indiens ist ein heißes und staubiges Gebiet, durchzogen von einer langen Bergkette, den Western Ghats. Dazwischen liegen die Staaten Kerala, Karnataka und Tamil Nadu. Vor der eigentlichen Auffahrt zu den Bergen radelte ich noch stundenlang durch herrliche Tropengebiete mit saftigen Feldern und wunderschönen Palmenhainen.

Der Lebensrhythmus der Menschen unterwegs empfand ich als angenehm. Die von Ochsen gezogenen und schwer beladenen Karren rollten schleppend dahin. Sie waren so langsam, daß den Indern, die sich irgendwo zwischen den Lasten ausruhten, die Augen zufielen. Die Ochsen stampften gemütlich im eintönigen Trott entlang der Straße. Selbst das schrille Hupen der Lastautos konnte die Gespanne nicht aus der Ruhe bringen und schon gar nicht die Ochsentreiber. Manchmal ist es mir sogar passiert, daß ich leise an diesen Karren vorbeifuhr und nur das Schnarchen des

Treibers hörte. Er lag eingehüllt in seinem Tuch auf den Waren und träumte vielleicht von besseren Zeiten.

Meine Ankunft in kleineren Dörfern entlang der Straße wurde meist mit viel Gejubel von den Kindern begleitet und bei meinen regulären „Chai-Stops" hatte ich kurze Gespräche mit den Leuten. Selbst wenn niemand englisch sprechen konnte, dauerte es nie lange, bis jemand erschien, der es beherrschte. Binnen fünf Minuten war dann die Bude voll. Das Kichern, Lachen und Staunen hörte erst auf, nachdem ich wieder im Sattel saß und das Dorf verlassen hatte.

Was mich während diesen Begegnungen immer sehr beeindruckte, war die Gastfreundschaft der Menschen, denn der Tee wurde meistens von einem der Anwesenden bezahlt. Dies ist eine typische Geste der Inder.

Die vielen Bettler, die mit geöffneten Händen durch die Dörfer liefen und um Almosen baten, gingen selten leer aus, auch wenn es nur einige Paisas waren. Andere wiederum ließen sich Show-Kunststücke einfallen, sie zogen z. B. mit diversen Tieren durch das Land, mit tanzenden Affen und hissenden Kobras. Zauberer und Wunderheiler gehören genauso zum indischen Dorfleben wie die rackernden Kinder und die wandernden Sadhus, Wasserträger und Holzschlepper, keuchende Rickschafahrer, Feldarbeiter und natürlich auch die Schulkinder, sowie die elegant gekleideten Frauen. Alle fügten sich harmonisch ins Dorfbild indischer Kultur und Tradition ein. Und ich glaube, daß auch ich als „Radnomade" ganz gut in dieses Bild hineinpaßte.

Jede größere Ortschaft hatte auch einen Tempel, in welchem sich die Leute versammeln. Tempel sind in Indien, wie in anderen Kulturen, die Kirchen oder die Moscheen. In Indien sind Tempel jedoch ein bißchen mehr, sie sind auch Zentren der Begegnung und Mittelpunkte kultureller Veranstaltungen.

Meistens stehen diese enormen Tempel in der Dorfmitte und mit ihren hohen und reichverzierten Türmen üben sie auf mich schon beim ersten Anblick eine magische Anziehungskraft aus. Rings um die Tempelmauern ist auch immer viel los, da ist der Markt, es gibt Geschäfte, Hotels und Restaurants und arm und reich zeigt und bewegt sich im Umkreis dieser Ehrenplätze indischer Götter.

Neben den überdimensionalen Eingängen reiht sich meist eine Bude nach der anderen, und Blumenhändler und Früchteverkäufer sind ebenso zahlreich vertreten wie Geschäfte, die Statuen und Bilder indischer Götter und billigen Schmuck anbieten.

Der Geruch süßlichen Parfüms und brennender Wachskerzen wird beim Eintreten in den Tempel intensiver. Für mich war ein Tempelbesuch in Indien auch immer mit einer inneren Stille verbunden, denn es tat einfach gut, die Hektik und das Chaos für eine Weile vor dem Eingangstor zu lassen. Die Inder schienen dies nicht so sehr zu brauchen, denn es wurde oft laut gelacht, erzählt und gegessen, fotografiert und manchmal dudelten Transistorradios die Hitparade europäisch-amerikanischer Popmusik.

Auch für die Kinder sind Tempel wichtige Orte, denn hier finden sie einmal genügend Platz zum Spielen. Zu Hause ist dies für die meisten aus Platzmangel selten möglich.

Nach meinen Besuchen war ich meist wieder mental gestärkt und mit innerer Ruhe fand ich es leichter, die nächsten Tagesetappen in Angriff zu nehmen. Denn draußen im erbarmungslosen Gewühl und im Lärm der Straßen hatte ich kaum Gelegenheit für ein wenig Ruhe.

Hitze, Staub und Dürre

Ich fuhr also weiter in Richtung Bangalore. Der Himmel war bedeckt, doch nicht etwa mit Wolken, sondern mit einer in großer Höhe treibenden Staubschicht. Diese hüllte die Sonne ein. Dann kam Wind auf, der immer stärker wurde. Am späten Nachmittag kämpfte ich gegen sehr starke Winböen, sie rissen mich fast vom Fahrrad.

Ich suchte Unterschlupf in einer Hütte am Straßenrand, die aber nicht viel nützte, da die Bretter teils von einem vorherigen Sturm weggerissen worden waren (vielleicht waren sie auch nie dran). Doch wenigstens hatte ich so ein bißchen Schutz vor dem staubigen Wind. Einzelstehende Palmen wurden vom Wind kräftig durchgerüttelt.

Ich verbrachte zwei Stunden in meinem „Schutzhaus". Am späten Nachmittag besserte sich die Lage und der Himmel wurde wieder klar. Ich wollte noch bis zum nächsten Dorf fahren.

Zunächst hieß es jedoch alles abzuladen, denn der hintere Reifen war platt. In solchen Situationen flickte ich den Schlauch nie gleich an Ort und Stelle. Ich hatte zwei Ersatzschläuche und benützte einen davon, um die Panne zu beheben. Als alles in Ordnung war fuhr ich los und erreichte Kunigal nach Einbruch der Dunkelheit.

Bei der Dorfeinfahrt wurde ich von einem Polizisten angehalten und eingeladen, die Nacht in seinem Haus zu verbringen. Er wollte einfach plaudern und mir einen sicheren Platz für die Nacht anbieten. Ich nahm sein Angebot gerne an, denn nach meiner Erfahrung ist es für einen Soloradler im Lauf der letzten Jahre immer schwieriger geworden, von der Bevölkerung bereister Länder aufgenommen zu werden.

Mein Gastgeber war stolz, daß ich die Nacht bei ihm und seiner Familie verbrachte. Nach indischem Brauch wurde ich mit gefalteten Händen und einem „Namaskar" von seiner Frau und den elf Kindern begrüßt. Mein Bike wurde aus Sicherheitsgründen im großen Wohnzimmer an die Wand gelehnt. Vor dem Kleiderschrank machte er Platz für meine Schlafmatte. Draußen im Hof war eine Waschstelle und ein Plumpsklo.

Es dauerte nicht lange und ich wurde von meinem Gastgeber aufgefordert, mit ihm einen kleinen Rundgang durch Kunigal zu unternehmen. Die weiblichen Mitglieder der Familie würden sich in der Zwischenzeit mit der Zubereitung des Abendessens beschäftigen.

Andra, so hieß der Polizist, ging mit mir zuerst zu einem seiner Kollegen, der nur einige Häuser entfernt wohnte. Auch dort wurde ich der Familie vorgestellt. Nach einem kurzen Gespräch entschloß sich Andras Kollege, sich unserem Spaziergang anzuschließen.

Ich wußte, daß es bei den Männern in Südindien üblich ist, vor Sonnenuntergang noch einen kleinen Spaziergang zu unternehmen. Es ist eine angenehme Art, in den kühleren Abendstunden im Freundeskreis den Tag zu verabschieden oder sich bei einem übersüßen Glas Tee die Neuigkeiten des Tages zu erzählen. Für

Auch Elefanten sind in Indien Verkehrsteilnehmer

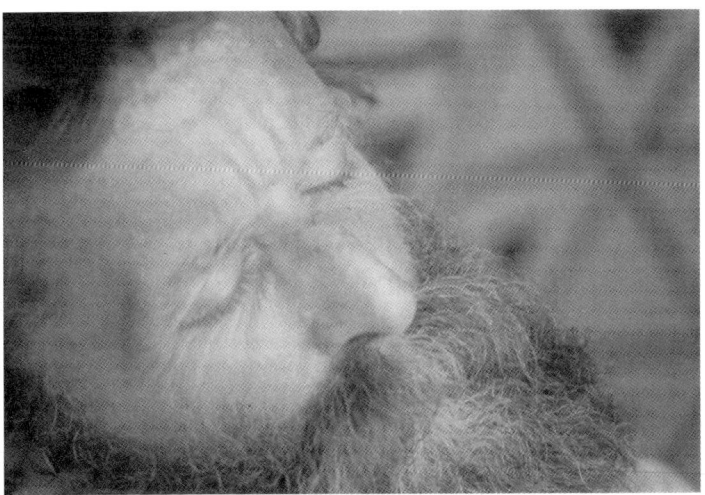

Bei über 50 Grad Hitze in Indien Verbrennungen im Gesicht

die Massen gibt es ja auch sonst kaum Zerstreuung. Fernsehen, Diskos und Bars als Freizeitgestaltung ist in Indien nur den reichen Leuten in den Großstädten vorbehalten. Das Kino im Dorf ist noch die einzige Alternative, und es ist sogar für indische Verhältnisse erschwinglich. Indien hat ja bekanntlich die größte Filmindustrie der Welt und natürlich auch das Publikum dazu.

Andra führte mich von Geschäft zu Geschäft um mich seinen Freunden vorzustellen. Ich hatte das Gefühl, daß er sich mit meiner Gegenwart bei seinen Bekannten zeigen wollte. Er war ein netter Kerl und es war für ihn bestimmt kein alltägliches Ereignis, mit einem Weltumradler durch Kunigal zu laufen. Nach zweistündiger Vorstellungsrunde gingen wir wieder zurück zu seinem Haus.

Zwischenzeitlich hatten die Frauen ein köstliches Essen zubereitet. Wir saßen am Boden vor einem Berg warmer Dschapatis und einer Schüssel, die mit scharf zubereiteten Gemüsen und kleinen Portionen Reis gefüllt war. Ein Tonkrug, gefüllt mit Wasser, stand neben den Fladenbroten. Andra entschuldigte sich, daß er kein Bier im Haus hatte, doch sei dies in Indien nicht üblich. Bei elf Kindern, Vater und Mutter sowie einem hungrigen Radler dauerte es nicht lange, bis die Schüssel leer und die Dschapatis verschlungen waren.

Nach dem Essen unterhielten wir uns noch über die verschiedensten Dinge. Die Jungs saßen im Kreis um uns, während die Mutter mit ihren Töchtern im Hof die Töpfe und Teller reinigte. Anschließend gab es noch eine Runde Tee für Andra und mich.

Ich glaube, die Müdigkeit war mir ins Gesicht geschrieben. Ich hatte einen anstrengenden Tag auf dem Fahrrad verbracht, mit viel Wind, Sand und Staub und 125 Kilometer in den Beinen.

Es war sehr angenehm, meinen Körper am Boden des Wohnzimmers zu entspannen, und wenn es nicht das Kino nebenan gegeben hätte, wäre es sogar möglich gewesen zu schlafen. Das Kino war mit einem riesigen Wellblechdach und den lautesten Lautsprecherboxen Indiens ausgestattet. Ich konnte jeden Schuß und jede Liebesszene überdeutlich hören.

Die Zuschauer waren emotional sehr bei der Sache, sie schrien und jubelten, stampften mit den Füßen auf den Boden und nach dem letzten Schuß hörte ich das Publikum weinen, ganz offen und laut, als wäre der Schauspieler wirklich erschossen worden. Unglaublich, mit welcher Faszination die Leute die Handlung des Filmes mitverfolgten und wie es ihnen nahe ging.

Ich mußte mir dieses Kino nur einmal anhören, denn am nächsten Tag war ich ja wieder auf Achse. Andras Familie hat mir jedoch leid getan, denn sie hatte keine andere Wahl, als sich dieses „Theater" und diesen Lärm jeden Abend anzuhören.

Am nächsten Morgen verabschiedete ich mich von meinen Gastgebern. Ich wollte ihnen eine kleine Summe für das Essen und die Übernachtung anbieten, doch wurde dies fast als eine Beleidigung angesehen. Andra wollte von einer Bezahlung für seine Gastfreundschaft nichts wissen. Somit blieb es bei einem freundlichen Lächeln und einem herzlichen Dankeschön meinerseits. Einige Minuten später war ich wieder im Gedränge des indischen Alltags und ich nahm die letzten 70 Kilometer nach Bangalore, der Hauptstadt Karnatakas, unter die Reifen.

Bangalore ist eine herrliche und ziemlich junge Stadt und im Vergleich zu anderen Städten Indiens ist sie sauber und gepflegt. Sie hat zauberhafte Parkanlagen, viele Hochschulen und Institute sowie eine Universität. Es gibt viele Studenten aus verschiedenen Ländern der Erde. Sicherlich hat es auch in Bangalore Armenviertel, doch mein Aufenthalt in der Stadt war so kurz, daß ich mit ihnen nicht in Berührung kam.

Ich verbrachte eine Nacht in Bangalore und setzte am nächsten Tag meine Reise durch die staubigen Gebiete Südindiens fort. Eintönige Landschaftsbilder und lärmender Verkehr waren meine Begleiter.

Während der Fahrt war es unglaublich heiß. Am Lenker hatte ich einen kleinen Fahrradcomputer mit Temperaturanzeige montiert. Mit 52° C war es sogar heißer als in Afrika! Das Wasser in den Plastiktrinkflaschen wurde durch die enorme Hitze warm genug, um damit Tee zuzubereiten. Ich hatte kein Bedürfnis nach einem kühlen Getränk, denn in dieser Hitze und auch dem Staub brauchte mein Körper nur viel Flüssigkeit, egal welcher Temperatur. Doch mit jedem Kilometer an der Kurbel näherte ich mich dem Ende meiner Reise durch Südindien. Ich hatte fast 2000 Kilometer zurückgelegt.

Ich kam der Großstadt Madras immer näher und somit auch wieder einem schlimmen Verkehrsgewühl, das mit allen indischen Städten verbunden ist.

Die letzten 25 Kilometer vor Madras waren überaus anstrengend und gefährlich. Die Busse und Fernlaster rasten mit einem kaum vorstellbaren engen Abstand an mir vorüber. Meine Fahrt wurde zum Überlebenskampf. Ich wollte eigentlich nur irgendwie so schnell wie möglich mit heiler Haut in die Innenstadt gelangen, damit dieses Inferno ein Ende hatte.

Rajiv Gandhi wird ermordet

Madras, die Stadt am Golf von Bengalen, liegt im Bereich des tropischfeuchten Klimas. Die Stadt ist in der Mittagshitze fast unerträglich, doch trotzdem kommen weder der Verkehr noch die Menschenmassen zur Ruhe. Lastenschleppende Tagelöhner und hoch aufgetürmte Rickschas neben einer nie endenden Blechlawine qualmender Busse und schwarzgelb lackierter Taxis kämpfen sich durch das Stadtzentrum. Überdimensionale Werbeschilder verkünden das Filmangebot. Die Straßen von Madras sind ein farbenprächtiges Schauspiel indischer Werbeagenturen. Es wird mit allen Mitteln für alles geworben. Im Gedränge der Massen mußte ich mir öfters eine kurze Verschnaufpause gönnen, um mich nach einem Glas Tee oder Kaffee erneut in das Chaos zu stürzen.

Ich war auf der Suche nach einer Möglichkeit, mit meiner Ausrüstung von Madras nach Malaysia zu gelangen. Ich wußte, daß vor einigen Jahren eine Fähre zwischen Madras und Penang einen Güter- und Passagierverkehr durchführte. Diese Fähre ist leider vor einigen Jahren während einer Fahrt zwischen den beiden Hafenstädten in Flammen aufgegangen.

Es blieb also nur noch eine Möglichkeit nach Malaysia zu gelangen, und zwar per Flugzeug. Ich buchte meinen Flug mit British Airways, da mir diese Linie auch den Transport meines Bikes ohne Zuschlag garantierte.

Vor dem Abflug hatte ich noch drei Tage Zeit und ich wollte mit einem Bus zu einer Wahlkundgebung des indischen Ex-Premiers Rajiv Gandhi in der Nähe von Madras fahren. Meine Faszination für die Gandhi-Familie war groß. Hatte ich doch 1980 die Möglichkeit, durch Swamiji Gitananda und Ma Talyerkhan die damalige Premierministerin persönlich kennenzulernen. Es war nicht ihr politischer Stil, mit welchem Indirah Gandhi die Massen der größten Demokratie der Welt führte, der mich faszinierte, es war ihr Charisma und ihre Energie, mit der sie als Frau eine von Männern dominierte Gesellschaft regierte. Wie sie es anstellte, sich dabei noch den Respekt der Männer zu erhalten, war für mich die besondere Leistung dieser Frau.

Nach der Ermordung seiner Mutter mußte ihr Sohn Rajiv die politischen Angelegenheiten Indiens führen. Während seiner Amtszeit geriet die indische Politik ins Schleudern. Machtwechsel und weitere Berg- und Talfahrten anderer Politiker waren die Folge. Jetzt sah seine Partei und auch er die Möglichkeit, wieder stärker ins politische Geschehen des Landes eingreifen zu können. Rajiv Gandhi wollte es nochmals wissen. Der Wahlkampf war in der Schlußphase und das Stadion, in welchem er sprechen wollte, wurde für die große Veranstaltung vorbereitet.

In Madras standen viele Sonderbusse für das Ereignis bereit, doch waren sie alle hoffnungslos überfüllt. Ich sah für mich keine Möglichkeit, mit den jubelnden Massen mit diesen Sonderbussen zu der Kundgebung zu fahren. Das war mir alles ein bißchen zu viel des Guten.

Ich reihte mich am Busbahnhof von Madras in die wartende Menschenmasse ein, um mit einem normalen Linienbus in das Dorf der Kundgebung zu fahren. Fahnenschwingend und jubelnd fuhren die Massen vom Busbahnhof ab.

Weniger aufregend war die Fahrt mit dem Linienbus. Wir hatten noch keine fünf Kilometer zurückgelegt, als dem Busfahrer an einer Straßenkreuzung der ratternde Motor abstarb. Nach einem halbstündigen Rätselraten unter den Passagieren und dem Fahrer wie es nun weitergehen sollte, hatte ich die Lust auf dieses Großereignis verloren und ich fuhr mit einem Taxi zurück zu meinem Hotel.

Später am Abend gönnte ich mir in einem Restaurant ein typisch südindisches Gericht, „Masala Dosa", das sind Riesenpfannkuchen gefüllt mit gewürzten Kartoffeln.

Es war ein einfaches, jedoch hervorragendes Essen. Das Restaurant war im Vergleich zu den anderen, welche ich während meiner Fahrt durch Indien aufsuchte, ein Haus der „gehobenen Klasse". Die Kellner waren von Kopf bis Fuß eingekleidet, mit Kappen, Uniformen und Sandalen. Das übliche Bananenblatt wurde durch einen Aluminiumteller ersetzt und es gab sogar einen Löffel zum „Schaufeln".

Auch die Preise waren dementsprechend um einige Rupies nach oben gestiegen, das war ja auch klar, denn die Uniformen der Kellner und die Teller und Löffel der Gäste mußten gewaschen werden.

Aus dem Radio, das auf einem schief angebrachten Brett über dem Eingang des Restaurants indische Ragas spielte, ertönte plötzlich eine erschreckende Nachricht in englischer Sprache.

„This is All India Radio. We have just received the news of the tragic death of Rajiv Gandhi, please stay tuned for further information - hier ist All India Radio, wir haben soeben die Nachricht vom Tod Rajiv Gandhis erhalten, bitte bleiben Sie bei uns für weitere Informationen!"

Ich blickte in die Gesichter der Menschen die mir gegenüber saßen. Es wurde still, stiller als in der Nacht. Ich sah einige Leute, die sich nichtssagend und mit erstauntem Gesichtsausdruck anderen Gästen zuwandten. Die Stille wurde unheimlich.

Aus dem Radio ertönten plötzlich wieder indische Musikstücke, gespielt mit den klassischen Instrumenten Indiens, Vina, Tablas und Sitar.

Ein Gast, der mir gegenüber saß, fuhr mit den Fingerspitzen seiner Hand nochmals über seinen Teller, um die letzten Reiskörner aufzusammeln und sie zum Mund zu führen. Als er aufstand meinte er: „Der Mensch denkt und Gott lenkt. Gott wollte es, daß es so gekommen ist. Wir müssen seinen Willen akzeptieren, wir sind Inder."

Ich hatte bereits fertig gegessen und ging hinaus auf die Straße. Auf dem Weg zurück in das Hotel setzte ich mich noch in einen

„Chai-Shop", um den Leuten bei ihren Gesprächen zuzuhören. Die Nachricht hatte sich wie ein Lauffeuer verbreitet. Fast jeder Inder hatte plötzlich ein kleines Transistorradio mit sich. Es wurde diskutiert und es wurden Theorien über das Attentat verbreitet. An den Gesten und an den Gesichtsausdrücken der Gäste konnte ich mir mein eigenes Bilder dieser Tragödie machen. Einige sprachen Englisch, andere in Tamil, Hindi oder Urdu. Es war bemerkenswert, wie die Menschen ihren Gedanken und Meinungen freien Lauf ließen. Immer wieder wurden die verschiedensten Situationsberichte im Radio verkündet.

Doch nach einer Stunde wurde mir die Aufregung auch hier zu viel. Ich stand auf, um bei dem Jungen, der mit seinem Vater diesen Chai-Shop führte, mein Getränk zu bezahlen. Doch mit den Worten:"Oh no, no, no, not today" winkte er ab. „Heute sind wir damit beschäftigt über Rajiv zu diskutieren. Come tomorrow!"

Am nächsten Tag war ich bereits am frühen Morgen in den Straßen, um die Zeitung „Indian Express" zu kaufen. Doch leider hatte ich Pech. Ausverkauft! Die Seiten der anderen Zeitungen titelten: *„Rajiv ermordet! War es Schicksal?"*

Die Bilder waren gräßlich. Das abgerissene Bein Rajivs, noch im Turnschuh steckend. Die Reporter und die Presse hatten bestimmt alle Hände voll zu tun.

Später wurde ermittelt, wie es zu diesem Mord gekommen war: Rajiv Gandhi wurde bei seiner Ankunft von einer Frau mit einem Blumenstrauß begrüßt. Sie beugt sich zu Boden, um ihm traditionsgemäß die Blumen zu Füßen zu legen. Im gleichen Moment zündete sie eine Sprengstoffladung, die sie unter ihrem Sari an ihren Leib gebunden hatte. Die Bombe zerfetzte die Frau, Rajiv Gandhi und etliche Sicherheitsbeamte. Es wird vermutet, daß hinter dem Attentat die Tamil Tigers in Sri Lanka steckten.

Ich dachte darüber nach, daß es eigentlich schon merkwürdig war, daß meine Reise durch Indien mit einem Sprengstoffverdacht in meiner Kamera in Frankfurt begann. Daß aber meine Tour durch Indien mit einem Sprengstoffattentat enden würde, dies hätte ich mir nie träumen lassen.

Durch Malaysia nach Singapur

Der Flug von Madras nach Kuala Lumpur war sehr angenehm und vor allem unproblematisch. Das Flugzeug zog vor der Landung noch eine große Schleife über der Stadt. Somit konnte ich bereits aus der Vogelperspektive einen Eindruck der Hauptstadt Malaysias bekommen.

Kuala Lumpur ist eine Stadt geprägt von modernen Betontürmen, Moscheen und Tempeln, chinesischen Geschäftsvierteln und indischen Märkten. Von der Vielfalt der Völker und dem Zusammenleben der verschiedensten Rassen werden auch noch viele andere malayischen Städte und Dörfer geprägt.

Mein Plan für diesen Südostasien-Reiseabschnitt war, daß ich von Johor Baharu oder Singapur versuchen wollte, nach Sabah und Sarawak auf Borneo zu gelangen. Doch dies war wohl nur ein Traum von mir. Denn die Passagierboote wurden vor einigen Jahren eingestellt und mit einem Frachter dorthin zu gelangen erfordert viel Geduld, und diese wollte ich nicht aufbringen. Ich wäre zwar sehr gerne nochmals zu den Stämmen in Sarawak und Sabah vorgedrungen, denn bei einem Besuch in den achtziger Jahren habe ich auf sehr abenteuerliche Weise die Leute in den Dschungelgebieten in ihren berühmten Langhäusern besucht. Langhäuser sind die für die Borneo-Insel so typischen Pfahlbauten, die entlang der Flüsse stehen und in denen manchmal über 100 Familien leben. Dies sind auch die Gebiete, in welchen einst die Kopfjäger lebten. Die Nachfahren der ehemaligen Kopfjäger sind heute in den Metropolen Malaysias zu finden. Doch nicht etwa auf dem Fetischmarkt, sondern eher in Reebok-Basketballschuhen und mit Baseballmützen hinter einer großen Schüssel Reis mit „sweet and sour pork".

Ich änderte also meinen Reiseplan. Von Kuala Lumpur wollte ich bis nach Singapur radeln, um von dort per Boot nach Sumatra zu gelangen. Den nächsten Tag verbrachte ich noch in Kuala Lumpur. Ich hatte mir es zur Gewohnheit gemacht, bei meiner Ankunft in einem neuen Reiseland zunächst einmal ein Gefühl für Land und Leute sowie für den Verkehr zu entwickeln.

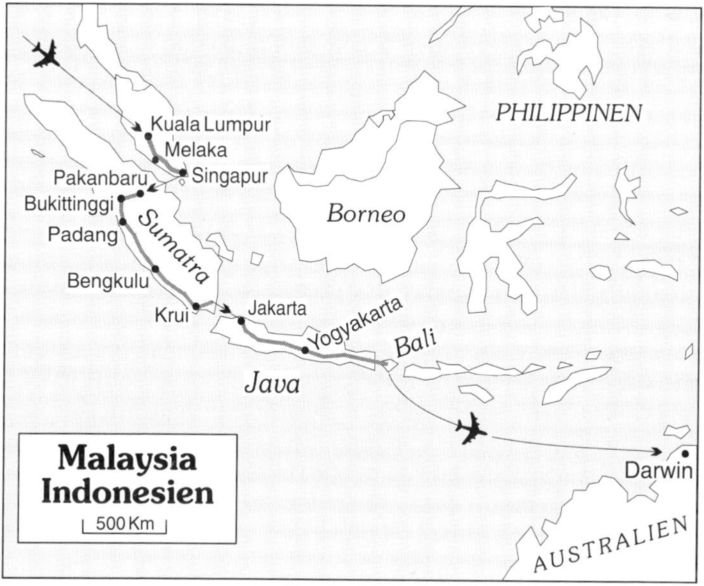
Malaysia
Indonesien
500 Km
PHILIPPINEN
Kuala Lumpur
Melaka
Singapur
Pakanbaru
Bukittinggi
Padang
Sumatra
Bengkulu
Krui
Jakarta
Yogyakarta
Bali
Java
Borneo
Darwin
AUSTRALIEN

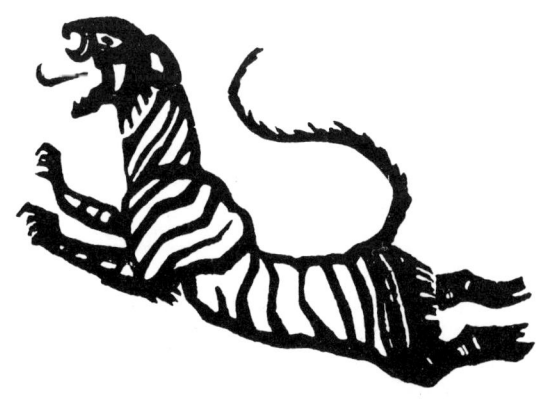

Die Großstädte Asiens sind für Radfahrer immer problematisch. Während man in Europa versucht, die Städte vom motorisierten Verkehr zu entlasten, ist in Asien diese Art von Verkehrsberuhigung überhaupt noch kein Thema. Als Radfahrer wird man im Verkehr einfach als schwächerer Verkehrsteilnehmer eingestuft und man hat die „Pflichten des Schwächeren" einzuhalten. Alles andere wäre mit Selbstmord zu vergleichen, denn das Recht steht in diesen Ländern immer dem Stärkeren zur Seite. Meistens ist es für Europäer äußerst schwierig, mit dieser Mentalität zurechtzukommen. Will man mit dem Rad reisen und überleben, hat man sich an diese Normen zu halten.

Schon nach den ersten Kilometern aus Kuala Lumpur hinaus stelle ich fest, daß die Fahrt nach Singapur eine absolute Horrorstrecke sein würde. Der Verkehr wurde immer dichter. Rauchwolken von den Bussen, schrilles Hupen und die rasenden Lkws zwangen mich auf den Schotterstreifen neben der Straße.

Ich war noch immer in den Vororten von Kuala Lumpur, als ich mit dem gesamten Verkehr von Polizisten und Feuerwehrleuten auf eine Umleitungsstraße geleitet wurde. Etwas abseits standen etwa 20 Feuerwehrautos und ebenso viele Polizeiautos. Alles deutete auf einen Großeinsatz hin. Ich blieb stehen um mich zu informieren.

Ein junger Chinese erklärte mir, daß gestern an dieser Stelle, wo jetzt die enormen Rauchschwaden in den Himmel stiegen, eine Feuerwerkskörperfabrik gestanden hatte. Durch eine Explosion war die gesamte Anlage in die Luft geflogen. Dabei hatte es auch viele Tote und Verletzte gegeben.

Doch das wahre Ausmaß des Unglücks wurde mir erst am nächsten Tag beim Lesen der Zeitungen bewußt. Es war ja wirklich kaum zu glauben, mit welcher Wucht und welchen Folgen die „Starlight Firewoks Factory" in die Luft geflogen war. Es gab über 40 Tote und 90 Verletzte.

Ich fuhr bis nach Melaka entlang an wunderschönen Strandgebieten, durch Ölpalmenhaine und Kautschukplantagen. Dadurch konnte ich auch einen Teil der Hektik des Straßenverkehrs vermeiden. Die verschiedenen leerstehenden Hütten in diesen Plantagen habe ich oft benützt, um mein Lager für eine Nacht aufzuschlagen.

Die Plantagenarbeiter waren meistens sehr überrascht, einen Europäer auf dem Bike anzutreffen. Auch für sie war das Fahrrad ihr alltägliches Transportgerät.

Die Arbeiter in den Kautschukplantagen beginnen mit dem Einsammeln der Gummimilch immer sehr früh. Sie wandern mit ihren Behältern von Baum zu Baum, um die zähe Masse aus an den Stämmen angebrachten Kokosschalen einzusammeln und die Rinde der Stämme frisch einzuschneiden. Es war sehr interessant zu beobachten, mit welcher Geschicklichkeit sie diese Arbeit mit ihren scharfen, speziellen Messern vornehmen. Den milchigen Gummibaumsaft schütten sie in ihre am Fahrradgepäckträger angebrachten Behälter und fahren damit zur Fabrik zur Weiterverarbeitung.

Vor Melaka mußte ich wieder auf den stinkenden Highway um in das Stadtzentrum zu gelangen. Das geschichtsträchtige Melaka, so wurde mir von einem anderen Fernradler erzählt, solle ich unbedingt besuchen. In der Stadt gibt es noch viele Rikschas, die stolzen Fahrer transportieren damit sowohl schwere und sperrige Güter als auch Personen und Touristen, die sich auf diese bequeme Art z.B. die Altstadt Melakas ansehen können.

Die Rikschas und Trishaws überraschten mich mit ihren vielen Ausführungen und Modellen. An den Seitenwänden sind sie bunt bemalt und mit vielen sinnvollen Verschönerungen verziert. Besonders liebevoll hergerichtete Karossen sind selbst mit Stereoanlage oder mit Samt überzogener Sitzbank ausgestattet. Doppelscheinwerfer gehören auch dazu, und ist eine solches Vehikel auch noch mit einem Mercedesstern versehen, kann sich der Passagier auf einen Sonderzuschlag gefaßt machen.

Auf der Fahrt weiter in den Süden traf ich in der Nähe von Muar ein Schweizer Pärchen auf Velotour rund um die Welt, Hannes und Helene. Es war sehr angenehm, nach langer Zeit wieder einmal andere Radfahrer zu treffen.

Wir verbrachten einen Tag zusammen und hatten uns logischerweise sehr viel zu erzählen. Hannes und Helene sagten, daß auch sie durch Sumatra, Java, Bali und anschließend nach Australien fahren wollen. Vielleicht gibt es ein Wiedersehen entlang der Strecke.

Malaysia ist ein schönes Land. Ich hatte ja Teile davon schon während einer früheren Reise besucht. Besonders war ich von den vielen allmonatlichen Festen fasziniert, jede Bevölkerungsgruppe und jede Religion feiert ihre eigenen. Gar nicht zu sprechen von den vielen kleineren lokalen Festen, die aus weiteren verschiedensten Anlässen und Gründen abgehalten werden. So gibt es z.B. auf der Insel Penang in jedem Monat farbenfrohe Spektakel. Manchmal zieht sich so ein Fest sogar über eine Periode von fast 30 Tagen dahin. Das allseits beliebte und bekannte Inselfest Pulau-Pinang ist eines dieser traditionellen Monatsfeste.

Spektakuär ist in Malaysia das hinduistische „Thaipusam". Hindus, die Vergebung für ihre Sünden suchen, verpflichten sich einen „Kavadi" zu tragen. Das ist ein reichverziertes Opfergestell aus Holz, das mit Spießen und Haken am Körper des Trägers befestigt wird. Manche Kavadi-Träger haben auch ihre Wangen mit Spießen durchbohrt. Die Bußgänger sind in Trance, da fließt kein Blut und sie spüren keinen Schmerz. Nach dem Eintreffen im Tempel werden die Wunden nach dem Entfernen der Haken und Spieße sofort mit heiliger Asche eingerieben. So bleiben keine Narben zurück und dies wird als von der Gottheit angenommenes Opfer interpretiert.

Das große Fest der Muslime ist das Ende des Fastenmonats Ramadan. Auch die chinesische Bevölkerungsgruppe feiert ihre speziellen Feste, besonders ausgiebig wird das chinesische Neujahr und die chinesische Version von Allerseelen, das Qing Ming-Fest gefeiert. Ein wichtiger Termin für Familien, die sich an diesem Tag an den Gräbern der Ahnen versammeln. Weiter gibt es noch die buddhistischen Feste - das Loy Kratong, bei dem Lotosblüten und Kerzen aufs Wasser gesetzt werden - sowie die christlichen Feiertage.

Ich radelte weiter in Richtung Johor Baharu, der Grenzstadt zwischen Malaysia und dem Inselstaat Singapur. Auf der großen Brükke, die nach Singapur hinüberführt, zog mich der Verkehrsstrom mit. Erst auf der anderen Brückenseite bemerkt ich, daß ich einen Ausreisestempel von den Behörden aus Malaysia gebraucht hätte. Ich fuhr die kurze Distanz über die Brücke nochmals zurück um den Stempel in meinen Paß zu bekommen.

Malaysia: „Mercedes"-Fahrrad mit Stereo-Anlage

Ein Besenhändler mit seinem Fahrrad-Laden in Singapur

Singapur hat sich in seiner 170-jährigen Geschichte von einem kleinen Fischerdorf zu einem wichtigen internationalen Handels- und Finanzzentrum entwickelt. Große Firmenniederlassungen, Banken, Reedereien, Versicherungen, enorme Betontürme und Wolkenkratzer, elegante Shopping Centers, Nobelstraßen sowie eine im Hafen liegende Vielzahl von Schiffen aus aller Welt sorgen in der Stadt für Waren, Arbeit, Geld und pulsierendes Treiben. Saubere Parkanlagen und Gärten verschönern das moderne Aussehen der Stadt. Auf knapp 600 Quadratkilometer dreht sich hier alles ums Geld, und die überwiegend chinesischen Einwohner Singapurs sind unglaublich geschäftstüchtig.

Singapur ist ein Kulturschock und es ist die sauberste Stadt der Welt. Die Geldstrafen für kleine Vergehen wie eine Busfahrkarte wegzuwerfen, in öffentlichen Gebäuden zu rauchen oder auf den Boden zu spucken sind hoch. Die „Löwenstadt" hat lange an diesem Image gearbeitet und jetzt funktioniert eben alles in der Stadt. Heute scheint es, als hätte schon immer alles perfekt funktioniert, als hätte es nie die alte Bugis-Street mit Transvestiten und Freudenhäuser gegeben. Als wären nicht auch viel Schlamm, Dreck und Schmutz vorhanden gewesen. Die Stadt soll nur noch ein sauberes Image vermitteln. Und wahrlich, dies ist den Stadtvätern gelungen.

Für Gaumenabenteurer und Gourmets hat Singapur bestimmt wie keine andere Stadt ganz besondere Leckerbissen anzubieten. Die zahlreichen Nachtmärkte offerieren vom einfachsten Gericht bis zum exotischsten Angebot alles für Einheimische und Touristen. Unter freiem Himmel die ungewöhnlichsten Gerichte der chinesischen, indischen und malayischen Küche zu probieren, ist selbst für die Menschen der Stadt Singapur jeden Abend immer wieder ein neues Erlebnis.

Mein Aufenthalt in Singapur war kurz, doch äußerst interessant. Ich verbrachte vier herrliche Tage, bummelte durch die Supermärkte und auf der „Orchard Road", Singapurs Vorzeigestraße. Ich nahm mir auch die Zeit, um die verschiedenen Sehenswürdigkeiten der Stadt zu besichtigen. Und ich wußte, daß sich der nächste Teil der Äqua-Tour, die Reise durch Sumatra, weit abseits des elektronischen Zeitalters abspielen würde.

An einem heißen Morgen fuhr ich in den internationalen Hafen von Singapur, um die Bootsfahrt nach Sumatra anzutreten. Diese Fahrt von Singapur hinüber bis nach Tanjungpinang auf Sumatra war ein schöner Ausklang meines Singapur-Aufenthalts.

Bei der Ankunft in Tanjungpinang machte sich jedoch sofort wieder die Hektik der Dritten Welt bemerkbar. Denn kaum hatte das kleine Boot im Hafen angelegt, brach ein Streit zwischen einer Gruppe Indonesier und den Zollbeamten aus. Taschen und Kartons wurden aufgerissen, der Inhalt auf den Boden geworfen, von den Zöllnern begutachtet und beschlagnahmt. Einige Sekunden später peitschten Schüsse durch die Luft. Für mich war das Chaos perfekt. Im Vergleich zu anderen Reisen stellte ich fest, daß vor einigen Jahren wegen Kleinigkeiten nicht gleich „geballert" wurde. Es wurde diskutiert und verhandelt, doch in den letzten Jahren haben Gewalt und Aggression sehr stark zugenommen. Doch immerhin war ich überrascht, mit welcher Ruhe die anderen Passagiere die Knallerei zur Kenntnis nahmen, und als wäre dies die normalste Sache der Welt, ging gleichzeitig der Kartenverkauf am Schalter weiter.

Kartons, Kisten, Plastiktüten und Pakete wurden von einem Boot aus- und auf das andere aufgeladen, auch mein Bike. Nachdem alle Waren und Güter auf dem neuen Boot verstaut waren, wurde die Abreise von Tanjungpinang nach Pakanbaru im tiefsten Dschungel Sumatras angekündigt. Die Passagiere wurden aufgefordert, das schwer beladene Boot zu betreten.

Es war den Passagieren selbst überlassen einen Platz zu ergattern, von Bänken oder Stühlen war nichts zu sehen. Jeder Freiraum und jede Ecke war benützt worden, um die Fracht zu verstauen. Ich eroberte mir einen Platz auf dem Dach des Bootes neben meinem Bike und versuchte, es mir in dieser Situation so bequem wie nur möglich zu machen.

Es dauerte noch einige Stunden, bis die Motoren das Boot langsam aus dem Hafen von Tanjungpinang schoben. Bei einem feurig-roten Sonnenuntergang bewegte sich das Boot schleppend auf dem braunroten Wasser, dümpelte hinein in den Dschungel von Sumatra.

Sumatra: Tiger und Vulkane

Die Reisedauer bis nach Pakanbaru war mit ca. 48 Stunden angekündigt worden. Zwischenzeitlich waren wir bereits über 60 Stunden unterwegs. Die 200 Liter Trinkwasser auf dem Boot waren schon lange verbraucht und der Koch schöpfte mit einem leeren Ölkanister Wasser aus dem braunen Fluß, um die nötige Flüssigkeit für seine Mee Goreng-Suppen zu bekommen. Die Passagiere hatten bereits angefangen an ihren eigenen Vorräten zu knabbern, denn außer Mee Goreng und Nasi Goreng hatte der Koch nichts weiter auf Lager. Die Verspätung war auf unzählige Motorausfälle und ungeplante Stops auf der Route zurückzuführen. Die Geduld der Passagiere war bewundernswert.

Gegen 2 Uhr morgens funkelten die ersten Lichter der Stadt Pakanbaru durch die Tropennacht und die Passagiere wurden unruhig. Ein Indonesier erklärte mir, daß es jetzt nicht mehr weit bis nach Pakanbaru sei und ich solle nach der Ankunft ganz besonders auf meine Habseligkeiten acht geben, denn die Stadt sei bekannt für Diebe und Halunken.

Das Boot legte am Ufer an. Unter den 120 Passagieren herrschte plötzlich große Aufregung. Jeder wollte zuerst das Boot verlassen. Im Geschrei und im Gewühl der Menschen gelang es mir trotzdem, mein Bike und die Packtaschen ziemlich schnell an Land zu bringen. Unter den Passagieren waren auch vier andere Europäer, die es jedoch vorzogen, die restlichen Nachtstunden an Bord des Schiffes zu verbringen. Also war ich allein in der stockdunklen Dschungelnacht.

Ich schob mein Fahrrad auf einem engen Pfad bis zur nächsten Straßenbeleuchtung. Von dort führte eine breite, gut beleuchtete Straße in die Stadt Pakanbaru. Ich schätzte die Strecke auf etwa drei bis vier Kilometer. Während des radelns erinnerte ich mich an die Zeilen in meinem Reiseführer: *„Pakanbaru ist keine freundliche Stadt. In der Hoffnung hier Arbeit zu finden, kamen viele Indonesier hierher. Doch sie wurden enttäuscht, denn die guten Jobs waren bereits an Leute vergeben, die die besten Kontakte hatten oder die die besten Schmiergelder zahlen konnten. Die*

Restlichen gingen leer aus. Korruption, Betrügereien und Diebstahl waren die Folgen dieser Verhältnisse."

Ich fuhr an einer Polizeistation vorbei und entschloß mich kurzum, dort einzukehren. Die Polizisten waren freundlich, doch konnte ich sie mit meiner Idee, hinter dem Gebäude auf einer Bank zu schlafen, nicht überzeugen. Statt dessen begleiteten mich drei Polizisten auf ihren Fahrrädern bis zum Stadtzentrum. Dort kümmerten sie sich um eine Unterkunft für mich.

Pakanbaru ist keine sehenswerte Stadt, außer einem schmutzigen Marktplatz und schmuddeligen Buden hat diese Zivilisations-Oase im Dschungel Sumatras wenig zu bieten.

Ich fuhr durch das Zentrum und begegnete den vier Europäern, die auch auf dem Boot waren. Für sie war die Übernachtung auf dem Boot zu einer bösen Überraschung geworden. Kurz nachdem ich das Boot verlassen hatte, wurden die zurückgebliebenen Passagiere von einer bewaffneten Bande überfallen. Für die vier Engländer begann ihr Trip ohne Geld und Reisepässe. Und all dies am „Arsch der Welt", in Pakanbaru auf Sumatra.

Erst nachdem ich Pakanbaru Richtung Bukittinggi verlassen hatte, fühlte ich mich wieder auf Fahrradtour. Die Strecke war beeindruckend. Ich blieb stehen und beobachtete das „Naturschauspiel Dschungel" in all seiner Pracht und Vielfalt. Jeder Baum und jede Pflanze hatte eine Aufgabe zu erfüllen. Hochgewachsene Bäume waren umschlungen von Flechten und Lianen. Unter den weitverzweigten Kronen der größten Bäume war eine mittelhohe Vegetationsschicht entstanden, die in kommenden Jahren die Aufgabe der heutigen Riesenbäume erfüllen würde. Unter ihr wuchs und wucherten wiederum Pflanzen, die nur unter dem schützenden Schatten der Bäume überleben konnten. Die starke Sonne und der prasselnde Regen hätte sonst diese kleinerwüchsigen Pflanzenarten zerstört.

In diesem Wald gab es auch unzählige Insekten, Tiere und Würmer. Manche zu klein um gesehen zu werden, andere bewiesen ihre Anwesenheit durch ein erschreckendes Geschrei. Dennoch fühlte ich mich einsam und allein in einem der letzten Urwälder dieser Erde.

Ich fuhr tagelang auf einer erstaunlich guten Asphaltstraße durch diese Natur. Manchmal führte die Straße an winzigen Dörfern vorbei. Die Bewohner arbeiteten meistens auf den Feldern oder im Dschungel. Die Lebensbedingungen waren arm und kärglich. Ich wurde oft zum Essen oder zum Übernachten eingeladen und hatte so die Möglichkeit, mir ein näheres Bild vom Überlebenskampf dieser Menschen zu machen. Sie waren erstaunt, daß ich keine Waffe mitführte (in einem Dorf schenkte mir ein Polizist seinen Schlagstock, um mich im Notfall verteidigen zu können). Für Leute, die im Dschungel leben, ist eine Waffe von äußerster Wichtigkeit. Schlangen und Tiger zählen in Sumatra noch heute zu den gefährlichen Bedrohungen.

In der Nähe von Muaramahat verläuft die Grenze zwischen der Provinz Riau und Westsumatra und ich befand mich direkt am Äquator. Ich hatte meine imaginäre Leitlinie also wieder mal erreicht, nun bereits zum vierten Mal. Langsam wurde der Äquator schon zum guten Bekannten. Das nächste Mal würde ich ihn beim Flug von Australien in die USA überfliegen, doch in Brasilien war er dann wieder per Rad „dran". Ich legte eine kleine Gedenkminute ein.

Ich radelte weiter. Die Hitze war nicht so anstrengend, doch die Luftfeuchtigkeit machte mir arg zu schaffen. Es ging hoch in die Berge Westsumatras nach Bukittinggi. Jede Bewegung und jeder Tritt in die Fahrradkurbel war mit viel Schweiß verbunden. Während den stundenlangen Auffahrten zu den Bergen gab es weder Restaurants noch Märkte um den immer stärker werdenden Hunger zu stillen. Meine Notrationen in den Taschen war so gut wie aufgebraucht.

Mit letzter Kraft erreichte ich Bukittinggi und mir waren die vielen Sehenswürdigkeiten der Gegend egal. Jetzt brauchte ich dringend Kalorien, Vitamine und Mineralstoffe. Diese Anstrengung ging an die Substanz. Die Hitze und die Feuchtigkeit in den Tropen sind für mich bei einer normal balancierten Verpflegung nie ein Problem gewesen. Doch war meine Ernährung seit Singapur mit Bananen, Reis und Bohnen ziemlich eintönig und einfach geblieben, und dies war im Vergleich zur Anstrengung einfach nicht ausreichend. Ich hatte das Gefühl, total ausgelaugt und kraftlos dahinzukurbeln.

Auf dem Markt von Bukittinggi „schlug" ich deshalb „zu". Eine enorme Auswahl an Früchten und Gemüsen stand mir zur Verfügung. In derartigen Situationen lernte ich wieder Essen zu genießen und jene Nahrungsmittel auszusuchen, die mich wieder schnell zu Kräften brachten.

Ich verbrachte einen Ruhetag ohne Hektik bei einem gemütlichen Bummel durch die Stadt. Der Turm von Bukittinggi, der Markt und die gemütlichen Pferdekutschen, der Ausblick vom Hauptplatz hinüber zu den im Nebel verschleierten Bergen der „Barisan Range" waren Eindrücke, die ich nicht schnell vergessen werde.

Bukittinggi ist auch ein Traveller-Treffpunkt und ein idealer Ort, um mit anderen Reisenden Gedanken auszutauschen, Reisegeschichten zu erzählen und Informationen zu erhalten. Zwar werden im Tourist-Office einige Prospekte verteilt und Flugauskünfte erteilt, doch die wichtigsten Reise-Infos sind aber meistens in den beliebten „Rumah Makans" (Restaurants) zu erfahren. Dort kleben an Wänden Zettel mit den tollsten Angeboten, Hinweisen, Kaufs- und Verkaufsnotizen, den besten Touren durch Nordsumatra, Tagestrips zu Büffelkämpfen, ein Besuch im traditionellen Heimatmuseum oder Plantagenbesichtigungen. Diejenigen, die das Extreme suchen, können 7-Tages-Touren mit dem Kanu zu den „Wilden im Wald", eine Besteigung des Mt. Merapi oder sogar Charterflüge über den Toba-See buchen.

Angeboten wird also vieles, doch man muß auch wissen, welches Büro und welcher Guide das beste Angebot unterbreitet. Die indonesische Regierung versucht, den Tourismus im Land zum zweitwichtigsten Wirtschaftsfaktor zu machen. Doch in Sumatra einen Reisescheck zu wechseln kann derartig zeitaufwendig sein, daß man es sich anschließend zweimal überlegt, das Geld nach dem Wechseln wieder auszugeben. Denn dann fängt das Drama der Geldwechselei wieder von vorne an.

Nach zwei herrlichen Tagen in Bukittinggi nahm ich wieder mein eigenes Abenteuer-Angebot wahr. Ich radelte mit meinem Bike durch das prachtvolle „Anai-Valley". Die 100 km lange Strecke bis nach Padang war von seltener Schönheit geprägt.

Dann mußte ich mich entscheiden, auf welcher Route ich weiter durch Sumatra fahren wollte. Es gab zwei Möglichkeiten: entweder die einfachere Strecke von Padang durchs Landesinnere der Provinz Jambi bis zur Stadt Lampung an der Südspitze oder entlang der Westküste bis nach Krui.

Die Strecke entlang der Westküste war bestimmt schwieriger zu bewältigen. Teilweise wurden die Brücken über die Flüsse erst noch gebaut und es gab fast keine Strecken-Informationen. Somit schien mir diese Route logischerweise auch viel abenteuerlicher als der asphaltierte Trans-Sumatra-Highway zwischen der Nord- und Südspitze Sumatras.

Ich grübelte nicht weiter nach - die Fahrt entlang der Westküste war die größere Herausforderung. Doch falls der Monsunregen mit all seiner Gewalt früher als erwartet beginnen würde, hätte ich wahrscheinlich eine wahre Schlammschlacht zu bewältigen. Ich nahm dieses Risiko jedoch gerne in Kauf, es war ein Teil des Abenteuers und mit Sicherheit weniger gefährlich als der Kampf und Krampf mit den Lkws auf dem Sumatra-Highway.

Gleich hinter Padang führt die Straße entlang hübscher Strände. Das Bike rollte schnell dahin und Radfahren wurde wieder zum Spaß. Das gewaltige Bergmassiv, das sich wie eine Wirbelsäule durch ganz Sumatra zieht, hatte ich bereits überquert und lag jetzt zu meiner linken Seite.

Etliche Kilometer hinter Indrapura endete die Asphaltstraße in einer Schottergrube. So, das war es also, dachte ich. Jetzt beginnt der Ernst der Reise!

Nachfolgend versank die Straße in einem riesigen Wasserloch. Eine Schlammpiste führte rund um dieses Wasserloch und verschwand anschließend zwischen großen Steinmassen wieder im Dschungel.

Es war gegen 17 Uhr und somit auch Zeit, einen Zeltplatz für die Nacht zu organisieren. Die Basis war ja vorhanden: ein freier, ebener Platz um das Zelt aufzustellen, Wasser und auch Holz für ein Feuer. Die Matte, Zelt, Schlafsack und Essen hatte ich ja dabei. So konnte ich auch die Nacht im Dschungel von Sumatra überstehen. Um mein Nachtquartier herzurichten brauchte ich etwa 20 Minuten.

In der Natur, wenn ich alleine war, habe ich die Fahrradtaschen nur bei Regenwetter vom Bike abgenommen. Normalerweise habe ich das Bike vollbepackt neben dem Zelt stehen lassen. Wer sollte mir denn im Dschungel das Bike stehlen?

Wie schon so oft während dieser Reise suchte ich mir das trockene Holz aus dem Dschungel zusammen um ein Feuer zu machen, mein Essen zu kochen sowie das Wasser aus der Pfütze für den nächsten Tag abzukochen. Obwohl ich meinem Körper während der Äqua-Tour fast täglich verunreinigtes Trinkwasser zugeführt habe, war mir diese Brühe diesmal doch echt ein bißchen zu braun. Ich war mir zwar sicher, daß mein Körper inzwischen über seinen eigenen Abwehrmechanismus verfügte, trotzdem wollte ich meinem Magen diese braune Suppe ersparen. Auch wußte ja nicht, was in diesem Wasserloch nicht noch alles lebte oder ob vielleicht Tiere das Wasser benutzt hatten.

Es war gerade noch genügend Licht am Himmel um meine Socken und zwei T-Shirts im Wassertümpel zu waschen. Ich begab mich an die andere Seite des Wasserlochs. Dort angekommen hockte ich mich an den Rand um noch andere Klamotten zu waschen. Plötzlich hörte ich ein herrlich erfrischendes Plätschern unter den Wurzeln eines Baumes.

Ich war beruhigt, denn jetzt wußte ich, daß ich jede Menge frisches Wasser hatte. Meine Freude darüber war so groß, daß ich mich kopfüber in das lauwarme Wasserloch stürzte und bis zum Bauch im Wasser stehend meine Kleider wusch. Die verschiedensten Tiere, Vögel und Insekten sangen mir dazu ihr Abendkonzert bis kurz nach dem Sonnenuntergang. Dann wurde es still, ganz still. Ab und zu knisterten die Äste im Feuer oder der Chef einer Affengruppe warnte mit lautem Brüllen seine Artgenossen vor einer Gefahr.

Während diesen einsamen Abendstunden fühlte ich meistens eine innere Zufriedenheit. Ich war im Einklang mit der Natur. Diese innere Zufriedenheit entstand durch meine Erfahrungen. Auf den Nenner gebracht:

Ich komme in der Natur gut zurecht - auch wenn sie manchmal unfreundlich ist. Als Soloradler muß und kann ich selbst Entscheidungen treffen, somit sind eventuelle Streitereien oder Unstimmigkeiten mit einem Radpartner ausgeschaltet. Ich spürte in mir eine Stärke, Sumatra mit eigener Kraft bewältigen zu können. Dies ist in so lebensfeindlichen Gebieten wie im Sumatra-Dschungel sicher nicht immer einfach, doch glaube ich, sind es gerade solche Situationen, die mich glücklich machen.

Am frühen Morgen flogen tausende Vögel auf zur Nahrungssuche. Die Flughunde wiederum kehrten von ihren nächtlichen Streifzügen durch das Kronendach des Waldes zurück, um sich am Tage kopfüber an den Ästen hängend auszuschlafen.
In den Tropengebieten der Welt halte auch ich mich an die Lebensgewohnheiten der Bewohner. Die angenehmsten Tageszeiten sind der kühle Morgen und der milde Abend. Dazwischen ist es meistens unangenehm heiß, schwül oder beides zusammen.
Mein Tag begann um 5 Uhr morgens. Gegen 11 Uhr, wenn die Sonne unerbärmlich vom Himmel strahlte, war meine erste Tagesetappe zu Ende. Ich nützte die Zeit bis 15 Uhr, um jene Sachen zu erledigen, die ich abends wegen Lichtmangel nicht tun konnte. Am Nachmittag zwischen 15 und 17 Uhr trat ich dann meistens nochmals in die Pedale. Die Nachmittagsstunden auf dem Bike bezeichne ich gerne als „Überstunden" meines Tagesprogramms. Je tiefer ich in den Dschungel Sumatras geriet, desto schlechter wurde die Straße. Bis sich in der Nähe des Dorfes Mukomuko die wahre Hölle der Äquatorregion entfaltete. Es war heiß und es war feucht. Die Wolken hingen noch gegen 12 Uhr in den Hügeln des Dschungels. Die Straße hatte sich in der Zwischenzeit zur Schneise verengt. Streckenweise mußte ich das Bike sogar tragen, denn es lief überhaupt nichts mehr.
Dementsprechend geschlaucht kam ich am Abend in ein kleines Dorf. Die Leute sahen mich an und gerieten total aus dem Häuschen. In wenigen Minuten war ich umringt von Kindern, Frauen und Männern, vielleicht 200 an der Zahl. Sie amüsierten sich köstlich, einen verschwitzten, abgekämpften kleinen Europäer mit einem Fahrrad vor sich stehen zu sehen. Zuerst dachte ich, daß diese Begegnung mit mir für sie eine lustige Geschichte war. Ich bemerkte jedoch, daß die lachende und schreiende Menschenmenge immer näher an mich heranrückte und plötzlich fühlte ich mich verunsichert. Ich stand eingeschlossen inmitten einer tobenden Menschenmenge. Ich wußte ja nicht, was sie von mir wollten. Einige

Frauen und Kinder fingen an, an meinen Haaren zu ziehen und dann verspürte ich den ersten Fußtritt.

Jetzt mußte ich etwas unternehmen. Ich legte das Fahrrad auf den Boden. Verzweifelt drehte ich mich einmal um die eigene Achse und stieß dabei spitze Schreie so laut wie möglich in die Menge. Meine „Schocktherapie" funktionierte hervorragend. Ich stand regungslos neben meinem Bike und im Umkreis von 100 m war kein Mensch mehr zu sehen. Geflüchtet wie die Hühner vor dem Geier. Ich schrie noch einmal, während ich mich um meine eigene Achse drehte.

Ein Mann kam auf mich zu, nahm mich an der Hand und schrie irgendeine Zauberformel in die kühle Abendluft. Er deutete auf mein Rad und gab mir in Englisch zu verstehen, daß ich mit ihm kommen solle. Er führte mich in ein Haus und bot mir einen Stuhl an. „Es tut mir leid, daß Sie so empfangen wurden. Doch diese Leute haben kaum eine Ahnung von anderen Menschen. Es sind Plantagenarbeiter und Holzfäller."

„Ist ja kein Problem mehr", antwortete ich, „wie Sie selbst gesehen haben, habe ich sie mit meinem Geschrei vertrieben!"

„Es gibt nicht viele Europäer die hier durchkommen, und wenn schon, dann schon eher mit dem Händler in seinem Jeep", meinte mein Gastgeber, „aber ein Tourist auf dem Fahrrad, das ist wirklich eine Seltenheit in diesem Gebiet. Wir leben halt noch immer im Dschungel Sumatras und wir werden wahrscheinlich auch in diesem Dschungel sterben."

Seine Frau brachte frischen Kaffee und selbstgebackene Kokosplätzchen. Es hatte den Anschein, als wäre er sehr froh, mit einer fremden Person diskutieren zu können.

Ich hörte ihm sehr gerne zu, denn seine Erzählungen von den Leuten und der Natur sowie seiner Arbeit als Kaffeeplantagenbesitzer waren äußerst interessant. Meine Fragen an ihn erübrigten sich. Er erzählte mir viel mehr als ich wissen wollte. Im Laufe des Abends kam er noch auf seine Arbeit zu sprechen, zu seinen Problemen mit den Arbeitern, seiner Liebe zu Sumatra, seiner Sehnsucht nach Europa und auf die Korruption im Inselstaat Indonesien. Er erzählte mir auch von seinen Ängsten hier im Dschungel zu wohnen.

Ich war erstaunt, denn nach so vielen Jahren im Dschungel kann man doch keine Dschungelangst mehr verspüren. Er erzählte mir, daß er in zwei Jahren nach Holland zurückkehren würde und Angst habe, vom Dschungel Sumatras in den Dschungel der europäischen Wirtschaft einzutreten. Er habe 35 Jahre auf Sumatra gelebt und sei seitdem nie mehr in Europa gewesen. Und jetzt müßte er noch im Alter aus geschäftlichen und familiären Gründen seine gewohnte Lebensumgebung verlassen. Die Angst vor den Sumatra-Tigern hätte er allerdings schon lange überwunden, da wäre die Angst vor den „Geschäftstigern" in Europa viel größer, denn auf die könne man ja nicht schießen!

Diesbezüglich hatte ich doch noch eine Frage: „Gibt es denn wirklich noch viele Tiger im Dschungel Sumatras?"

„Tiger", meinte er, „die gibt es noch massenhaft im Süden von Sumatra. Tiger sind unberechenbar, clever, stark, flink und immer hungrig. Falls Sie südlich von Bengkulu mit dem Fahrrad weiterfahren möchten, würde ich Ihnen gerne einen Rat mitgeben: Seien Sie äußerst vorsichtig! Erst vor einigen Wochen, hatte ein Tiger in einem Dorf..."

Während seiner Worte war ich immer müder geworden, saß da wie eine „Wachsfigur", und dann hörte ich nichts mehr, weil meine Augendeckel plötzlich zugefallen waren.

Ich durfte die Nacht im Haus verbringen. Es war sehr angenehm, wieder einmal in einem Bett zu schlafen, doch nicht etwa weil es weicher war als meine Matte und mein Schlafsack. Ich fühlte mich einfach sicherer und konnte dadurch tiefer und sorgloser schlafen. Am nächsten Morgen ging meine Reise weiter. Der Weg bis nach Bakauheni am südlichsten Zipfel von Sumatra, von wo die Fähre nach Java fuhr, war noch sehr lang und barg mit Sicherheit noch einige Abenteuer.

Ich sagte es schon: die Strecke entlang der Westküste Sumatras ist wahrlich einsam und wild. Nur das Gebiet um Bengkulu erinnert wieder an Zivilisation und die Technik unseres Zeitalters. Die Stadt ist modern, mit breiten Straßen und großen Bankgebäuden, Versicherungen und Geschäften. Der Markt war jedoch genauso schmutzig und übelriechend wie in jedem kleinen Kaff entlang der Westküsteroute.

Auf abenteuerlichen Pisten und „Wasserstraßen" durch Sumatra

Bauern beim Pflügen ihrer Reisfelder

Mein Aufenthalt in Bengkulu war kurz und schmerzlos. Ich wollte zurück in den Dschungel, selbst wenn es regnete und der Schlamm die Schuhe und das Bike verklebte, das Feuerholz nicht richtig brannte und meine Kleider vom Regen und dem Schweiß schon naß und miefig waren. Doch egal, draußen in der Natur war es schön. Es gab keine Diebe und niemand glotzte mich an, es gab auch keinen verrückten Verkehr und schon gar keine lebensgefährlichen Busse. Ich fühlte mich wohl, selbst wenn ich mit den verschiedensten Insekten, Schlangen, Spinnen und manchmal sogar mit kleineren Affengruppen Probleme hatte. Es war dennoch viel angenehmer als der Tageskampf in den Städten und Dörfern Sumatras.

Ich befand mich in der Nähe des Dorfes Manna. Gestern war die Straße sehr gut zu befahren, denn es ging zum größten Teil eben dahin. Es war auch nicht sehr anstrengend die 146 Kilometer zurückzulegen.

Doch heute war es genau das Gegenteil. Nach sechs Stunden harter Arbeit hatte ich noch nicht einmal 40 Kilometer geschafft. Der Boden war von den Wolkenbrüchen total aufgeweicht und schlammig. Dazu verwandelte sich die Straße von einer breiten Dschungelpiste zu einem steinigen Weg und schließlich in einen Trampelpfad, der abrupt an einem Abhang über einem Fluß endete. Neben einem Baumstamm führte eine Holzleiter hinab zum Wasser, in dem ein Boot lag.

Ich stand mitten im Dschungel mit meinem Bike und der Ausrüstung vor einer Holzleiter. Ist das das Ende der Westsumatra-Straße? Die Situation war so einmalig, ich konnte nur noch lachen.

Etwas versteckt im Dschungel erspähte ich eine Holzhütte, die von einer Straßenbautruppe irgendwann einmal benützt worden war. Vor der Hütte war unter einem Wellblechdach sogar ein kleiner Feuerplatz.

Derartige Übernachtungsmöglichkeiten sind im Dschungel natürlich immer willkommen. Sie bieten optimalen Schutz. Ich machte mich sogleich an die Arbeit, um mit dem herumliegenden Holz ein Feuer zu starten.

In der Zwischenzeit war ein wild aussehendes Gewitter immer nähergerückt. Ich schleppte meine Ausrüstung in die Hütte. Hinter der Eingangstüre waren zwei Etagenbettgestelle an die Wand und an den Boden genagelt. Mit der Taschenlampe leuchtete ich auf das untere Bett. Zwischen Papieren und alten Stoffresten, Plastiktüten und leeren Zigarettenpackungen kringelte sich ein schwarz-weiß-graubraun gemusterter „Haufen". Ich sah nicht sofort, was es war. Erst bei näherer Betrachtung sah ich, daß es ein Prachtexemplar einer Pythonschlange war. Ich spürte ein Kribbeln über meinen Rücken laufen.

Mit einem Satz sprang ich aus der Hütte. Doch damit war der Fall nicht erledigt. Jetzt mußte ich sehen, wie ich das Tier aus seinem Versteck bekam, denn mein Bike war ja noch in der Hütte. Ich schlug also von außen auf die Hüttenwand, doch es passierte nichts. Als nächstes legte ich einen rauchenden Ast in den Raum, in der Hoffnung die Schlange auszuräuchern - wieder Fehlanzeige. Dann kam mir eine Idee: auf meinem Syntace-Lenkervorbau hatte ich ein Radio montiert. Ich fand einen Sender und drehte die Musik so laut wie möglich, wobei ich das Radio durch das offenstehende Fenster in die Hütte hielt. Und siehe da - die Python bewegte sich aus ihrem Nest und schlüpfte durch ein Bretterloch aus der Hütte hinaus in den Wald. Mieter sind manchmal wirklich schwer aus einer Wohnung zu kriegen!

Ich zog also wieder ein und spannte meine Hängematte unter dem Hüttendach auf. Das Gewitter hatte sich jetzt soweit entwickelt, daß mit jeder Minute ein Wolkenbruch über dem Dschungel zu erwarten war. Auf jeden Blitz folgte ein ohrenbetäubendes Krachen. Selbst den Affen in den Baumkronen wurde dieses Gewitter zu bunt. Sie bekamen Angst und flüchteten aus den Bäumen hinunter in Bodennähe. Ich hörte die Wucht des Regens auf die Blätter der Bäume niedergehen. Der Wind fauchte heulend durch die Äste. Und dann entlud sich der Himmel. Der Trampelpfad, auf dem ich noch vor kurzer Zeit mit dem Bike unterwegs war, wurde durch die Wucht des Unwetters in einen reißenden Bach verwandelt. Es war unglaublich, wie schnell sich diese tropische Waldlandschaft in ein Chaos verwandelte. Ich hatte ähnliche Wolkenbrüche in Afrika erlebt und kannte daher den Ablauf und die Folgen derartiger Unwetter. Bei einem Unerfahrenen hätte ein solcher Moment sicherlich eine Panikreaktion ausgelöst.

Fast so schnell wie er gekommen war hörte der Regen auch wieder auf. Übrig blieb ein triefender Wald, eine verschlammte Piste und ein frischer tropischer Duft.

Natürlich gab es in solchen Situationen auch Zeiten, wo ich diese Naturgewalten nicht bestaunte, sondern verfluchte, besonders dann, wenn ich mich tagelang wie ein Schwein durch Schlamm und Dreck wühlte oder erbittert bis zum Umfallen mit dem Gegenwind kämpfte. Dann bezweifelte ich den Sinn einer derartigen Radtour vollkommen. Ich meine aber auch, daß ich keine Garantie im Leben habe, daß mir ein solches „down" nicht auch zu Hause passieren kann. Nur eben in einer anderen Form und auf eine andere Art.

Jetzt mußte ich im wahrsten Sinn des Wortes einen Weg aus dieser komischen Situation hier an diesem Fluß finden. Wahrscheinlich war das Kanu für solche Situationen gedacht. Nur, das Fahrrad und das Gepäck auf der Leiter hinunter zum Fluß zu tragen war mir ein bißchen zu viel Arbeit. Ich suchte im Gebüsch nach einer Stelle, wo ich das Rad an den Fluß schieben konnte. Nachdem dieser Platz gefunden war, kletterte ich die Leiter hinunter, um das Kanu zum Fahrrad zu steuern.

Zugegeben, ich hatte bis dahin wenig Ahnung, wie man ein Kanu auf Kurs hält. Und gerade jetzt, als es spannend wurde, war kein Mensch da, um meinen Bemühungen zuzusehen. Schade, denn dadurch haben die sonst so neugierigen Indonesier die touristische Vorstellung des Monats verpaßt.

Der Wechsel von den Pedalen zum Paddel tat meinen Schultern bestimmt gut. Bei der Überfahrt von einer Uferseite zur anderen habe ich zwar die Straßenanschlußstelle um etwa 500 Meter verfehlt, doch was sind schon 500 m bei einer 35.000 km langen Weltumradlung! Ich zumindest war auf meine Leistung stolz. Ich hatte die MTB-Äqua-Tour für kurze Zeit auf ein Kanu verlegt und für mich war die Flußüberquerung ein Abenteuer. So ganz allein im Dschungel von Sumatra in einem Kanu mit dem Bike und der Ausrüstung die Fahrt über einen Urwaldfluß zu wagen! Das ist doch was, oder?

Ich schnitt einige Gräser ab, um den Einbaum am anderen Ufer anzubinden. Dann fuhr ich, begleitet von Schopfmakaken und dem

Gezwitscher bunter Urwaldvögel, weiter auf dieser scheußlichen Piste Richtung Süden.

Am nächsten Tag wurde die Piste besser und es hatte sogar den Anschein, als hätte ich jetzt endgültig den schlechtesten Teil dieser Straße entlang der Westküste Sumatras gemeistert.

Kurz vor Krui begegnete ich zwei Schweizern, Daniel und Philippe. Sie waren zu Fuß unterwegs und wollten gleichfalls die Westküste Sumatras erleben. Ich glaube, sie waren genauso überrascht, einen Biker auf dieser Strecke zu sehen wie ich überrascht war, in dieser Weltgegend zwei Europäer zu Fuß anzutreffen. Unser Treffen hätte eigentlich zu gar keinem besseren Zeitpunkt stattfinden können. Ich hing gerade in einem Steilstück und war sehr froh, als ich die beiden traf, denn sie halfen mir, diese schwere Passage zu überwinden. Dafür bin ich ihnen sehr dankbar.

In Krui trennten sich unsere Wege. Ich war wieder allein und fuhr die letzten Kilometer landeinwärts durch das Barisan-Bergmassiv. Das Gebiet war unglaublich schön. Doch während am Meer immer eine angenehme kühle Brise wehte, war es hier im Inland dagegen heiß und feucht.

Ich radelte vorbei an kleinen Dörfern, die ganz anders aussahen als die Dörfer entlang der Küste. Dort lebten die Leute überwiegend vom Fischfang, hier in den Bergen von Reisanbau und der Viehzucht. Die kunstvoll angelegten Reisfelder wurden von ihnen in mühevoller Handarbeit oder mit primitivsten landwirtschaftlichen Geräten bearbeitet, wobei natürlich auch der Traktor der Reisfelder, der asiatische Wasserbüffel, zum Einsatz kommt. Es war sehr beeindruckend zu beobachten, mit welcher Leichtigkeit die jungen Buben mit diesen Riesentieren umgingen.

Nachdem die Wasserbüffel ihre Arbeit in den matschigen Reisfeldern vollbracht haben, werden sie vom Schlamm gereinigt, indem man sie zum nächsten Wassertümpel treibt und ihnen eine gründliche Dusche verpaßt.

Doch der wirtschaftliche Aufschwung Indonesiens, verbunden mit neuen materiellen Werten, macht sich nun langsam auch an diesen Wassertümpeln bemerkbar. Neben den verschlammten Wasserbüffeln steht ab und zu auch schon ein staubiger Toyota. Der Zahn der Zeit nagte an der Daseinsberechtigung des Büffels.

Ich fuhr an der Wasserstelle vorbei und sah bereits die Moschee des kleinen Dorfes vor mir. Der Aufruf zum Abendgebet des Muezzin war deutlich zu vernehmen. Doch dann stockte mein Atem und meine Gedanken und mein Bike wurden durch das Bild vor mir zum Stillstand gebracht. Ich spürte nur mein lautes Herzklopfen und mein heiß wallendes Blut durch die Adern.

Direkt am Straßenrand, keine 20 Meter vor mir, lag ein Tiger mit einem gerissenen Büffelkalb. Der Kopf des Tigers war blutverschmiert. Ich stand wie gelähmt über meinem Bike und wartete auf die nächste Bewegung des Tigers. Er stand auf und sprang mit einem gewaltigen Satz in den Wald. Ich konnte mich noch immer nicht bewegen. Es war fast unmöglich, meine schlotternden Knie unter Kontrolle zu bekommen. Die Riemen an den Pedalen waren für mich plötzlich die blödeste Erfindung der Fahrradindustrie, denn ich bekam meinen rechten Schuh einfach nicht mehr auf das Pedal. Bilder von Angst und Panik rasten durch meinen Kopf. Ich versuchte realistisch zu denken, doch dies erwies sich als sehr schwierig. Ich wollte flüchten, aber wohin? Am liebsten hätte ich mich aufgelöst, aber wie?

Jetzt stand ich schon mindestens 20 Sekunden regungslos da, und nichts war passiert. Es ist bestimmt kein alltägliches Erlebnis, als Radfahrer in freier Wildbahn einem Tiger zu begegnen. Eine wirklich einmalige Situation (obwohl ich schon mal, 1981 war es, mit dem Fahrrad im Jim Corbett National Tiger Park in Indien auf Tigersuche war; während dieser fünftägigen Fahrt durch den Park sah ich zwar viele Tigerspuren und hörte sie auch brüllen, doch zu Gesicht bekam ich keinen).

Alle Tourenfahrer haben so ihre Vorstellungen vom Rad-Abenteuer, meine waren immer eher naturverbunden. Dazu gehört natürlich auch die Tierwelt, und jetzt überraschte die mich mit einem Tiger! Natürlich hatte ich mir schon während der Fahrt durch Sumatra Gedanken gemacht was ich tun würde, wenn...

In meiner jetzigen Situation hätte die beste Vorbereitung wenig gebracht. Ich sagte mir: ein Tier, welches von seiner Beute wegläuft, hat Angst. Und außerdem greifen Tiger ihre Beute nie von vorne an. Setz dich also auf dein Bike und fahre weiter als wäre nichts gewesen...

Ich faßte wieder Mut und fing an, in die Pedale zu treten. Ich wurde immer schneller, als würde ich mir selbst Peitschenhiebe versetzen.

Nach einigen Minuten kam ich zu einer Brücke, fuhr darüber und stoppte das Bike auf der anderen Seite. Hinter mir hörte ich ein Motorengeräusch. Der gelbe Toyota, der am Wassertümpel gestanden war, hatte mich eingeholt. Der Fahrer brachte das Auto zum Stehen und zeigte mir die Reste des Büffelkalbes, das er aufgeladen hatte.

Unser Dialog beschränkte sich auf Worte wie „Harimau" (Tiger) und „Hati-Hati" (Vorsicht). Sagen wollte ich ihm sehr viel, doch was nützt der gute Wille, wenn man nicht weiß, wie man es sagen soll. Wie schön wäre es gewesen, hätte ich Indonesisch gekonnt.

Noch ganz aufgeregt erreichte ich das Dorf und war froh, daß ich in dieser Nacht nicht draußen in freier Wildbahn übernachten mußte. Vor dem Eingang zur Moschee war ein kleiner Park, ideal als Übernachtungsquartier.

Am nächsten Tag fuhr ich weiter, wieder durch Reisfelder und Dschungelgebiete, vorbei an kleinen Dörfern. Ich erreichte Kotabumi. Von dort führt eine Asphaltstraße bis hinunter nach Bakauheni, eine kleine Ortschaft am südlichsten Zipfel von Sumatra, von wo Fähren nach Java gehen.

Damit war meine Fahrt durch Sumatra vollendet. Obwohl ich des öfteren die Leute auf Sumatra nur sehr schwer ertragen konnte, tat es mir dennoch leid, diese schöne Insel verlassen zu müssen. Neben den herrlichen Eindrucken und abenteuerlichen Erlebnissen hatte ich wieder ein bißchen mehr über mich selbst gelernt. Ich weiß jetzt noch besser, wo meine persönlichen Grenzen liegen und wie ich damit in gefährlichen Situationen umgehen kann.

Eine Autofähre brachte mich hinüber auf die Insel Java. Zwischen Sumatra und Java ragen die Reste des Vulkans Krakatau auf. Im Jahre 1883 zerriß eine gewaltige Explosion nicht nur den Vulkan, sondern auch die Insel, auf welcher er stand. Die Explosion verursachte eine solche Flutwelle an der Westküste von Java, daß über 35.000 Menschen ertranken. Der größte Vulkanausbruch der Geschichte passierte in Indonesien, 1816 auf der Insel Sumbawa, mit der unglaublichen Opferbilanz von über 80.000 Toten.

Auf Java und Bali

Schon gleich bei meiner Ankunft in Merak spürte ich den krassen Unterschied zu Sumatra. Von den 180 Millionen Einwohnern Indonesiens leben über 120 Millionen auf Java. Die Geschichte Indonesiens wurde hier auf der Insel Java geprägt, es gibt hier die größten Städte des Archipels. Doch auch die Unterschiede zwischen arm und reich sind anderswo im Inselreich kaum so augenfällig wie auf Java.

Java ist kulturell und landschaftlich sehr vielfältig und schön. Bereits vor dem Beginn meiner Biketour durch diese Insel hatte ich bestimmte Vorstellungen von ihr. Ich wollte vieles sehen und erleben, die Kultur, die Landschaften und Bauwerke. Doch am Start stand ich vor mehr Rätseln als vor Offenbarungen. Schon allein der Gedanke, in diesem Gewühl von Menschen und Motoren, zwischen den Kleinbussen und Lkws heil durchzukommen, machte mir Angst.

Draußen im Dschungel und in den Wüsten der Welt, da konnte ich selbst entscheiden was gefährlich, riskant oder machbar war. In einem Gebiet wie Java jedoch war ich täglich mehr oder weniger hilflos den Aggressionen der Autofahrer ausgeliefert.

Da ich mehr Zeit als geplant in Sumatra verbracht hatte, stand ich jetzt unter Zeitdruck. Eine Verlängerung einer Aufenthaltsgenehmigung zu erhalten ist in Indonesien nicht leicht. Viel mehr als ein spöttisches Lächeln und ein Achselzucken habe ich bei den zuständigen Behörden in Bogor nicht bekommen.

Ich mußte mich irrsinnig zusammenreißen, um nicht lautstark zu werden. Denn diese arroganten Gesichter und Bewegungen dieser uniformierten „Fettbäuche" waren echt ein starkes Stück. Doch ich merkte, daß ich mit meiner Einstellung schlechte Karten mit mir herumtrug. Ich wartete auf eine andere Möglichkeit in einer anderen Stadt, um mein Visum zu verlängern.

Ich hatte drei Wochen Zeit, um durch Java und Bali zu fahren. In einem Reisebüro in Bogor besorgte ich mir ein Flugticket von Denpasar/Bali nach Darwin in Australien. Somit war ich wenigstens im Besitz eines Flugscheins mit einem fixen Abreisetermin.

Die Äqua-Tour wurde wieder äußerst interessant. Die exotischen Blumen und die Orchideen in den Wäldern, die Tempelanlagen und historischen Plätze entlang meiner Route sowie die vielen bunten Feste und die traditionellen Bräuche waren die angenehmeren Begleiterscheinungen während der Java-Fahrt.

Weniger angenehm war der absolut chaotische Verkehr und das Gedränge der über 100 Millionen Javanesen. Radfahren wurde wieder einmal zum Überlebenskampf, und egal ob ich auf der Straße oder in einem Restaurant war, eine gewisse Hektik gab es in diesem Menschenrummel immer. Schwer beladene Fahrräder und Rikschas, Kleinbusse und Lastenschlepper drängten sich auf den Straßen und es war erstaunlich, mit welch geringem Abstand jeder an jedem vorbeikam. Es herrschte eine gewisse Ordnung im Chaos, Unfälle habe ich wenige gesehen.

Meine Fahrt vorbei an wunderschönen Reisterrassen, die mit einem ausgeklügelten System be- und entwässert wurden, waren ein eigenes Erlebnis. Das Wasser in diesen Kanälen war zum Trinken nicht geeignet. Ich benützte es jedoch zum Abkühlen und um mir den beißenden Schweiß vom Körper zu waschen. In einigen Reisfeldern hatten die Arbeiter Wasserplätze geschaffen, in welchen die Leute ihre Kleider, Tiere und auch ihre eigenen Körper wuschen. An diesen Wasserstellen gab es meist eine kleine Hütte, die den Arbeitern während der Mittagshitze oder auch während den tropischen Regengüssen Schutz boten.

Nach Sonnenuntergang wurde das Leben um diese Wasserstellen ruhig. Die Tagelöhner gingen zurück in die kleinen Dörfer zu ihren Familien. Nach einiger Zeit lernte ich diese Plätze zu schätzen, denn während der Nacht war niemand anwesend und somit hatte ich ein ruhiges, geschütztes Plätzchen, ganz für mich allein. Wasser war auch vorhanden. Ich verbrachte viele ruhige Nächte in diesen Hütten.

Am frühen Morgen, wenn die ersten Arbeiter wieder auf den Reisfeldern erschienen um ihre tägliche Arbeit zu beginnen, war ich schon meistens wieder unterwegs. Auch für mich war es angenehm, die frühen Tagesstunden im tropischen Morgennebel auf dem Bike zu verbringen, denn die Mittagshitze war kräfteraubend. Es war kühl, angenehm und schön, in den Tag hineinzufahren.

In den vielen kleinen Dörfern, an denen ich vorbeifuhr, waren die Frühaufsteher damit beschäftigt, die Tiere zu versorgen, die Gewürze auf geflochtenen Matten auszulegen um sie von der Sonne trocknen zu lassen. Die Frauen fegten mit einfachen Besen aus Palmblättern den täglichen Abfall zusammen und der betörende Duft von Gewürzen, wie Zimt, Vanille und Nelken, vermischte sich mit frisch geröstetem Kaffee. In den kleinen Buden am Straßenrand loderten die ersten Flammen aus den Lehmöfen. Es wurde gebacken, geröstet und gebraten, denn die Arbeit in den tropischen Regionen der Welt fängt schon vor dem eigentlichen Tagesanbruch an.

Die Morgenstimmung in den Tropen ist für mich immer ein besonderes Erlebnis. Es ist wie ein Erwachen der Welt und ich fühlte mich wohl, diese Stimmung miterleben zu können, den Menschen in den Dörfern noch in ihrer Verschlafenheit zu begegnen. Eingehüllt in ihren Tüchern, um die kühle Luft dem Körper fernzuhalten, huschten sie an mir vorbei.

In der Morgendämmerung war es noch relativ still und das Surren der Fahrradspeichen drang bis an meine Ohren. Ich kurbelte jetzt einem der schönsten Tempelbauten der Welt entgegen, nämlich Borobodur. Zwischen den Dörfern lagen die Reisfelder in tropischem Morgendunst. Das Thermometer an meinem Fahrradcomputer zeigte bereits 28° C, obwohl sich die Sonne noch weit hinter dem 3142 m hohen Mt. Merbabu versteckt hielt.

Hinter mir hörte ich den heulenden Motor eines Fahrzeuges. Mit einem „Affenzahn" näherte sich ein Auto. Als es an mir vorbeiraste, spürte ich einen Schlag auf meiner Schulter.

„Hallo Johnny!" jubelten mir die Passagiere zu. Der Handschlag eines jungen Indonesiers aus dem vorbeifahrenden Kleinbus war so stark gewesen, daß ich mit meinem Bike im Graben landete. Ich flog in hohem Bogen aus dem Sattel und landete mit dem Gesicht im Gras. Gelächter und Jubel im Bus, der ohne zu bremsen weiter fuhr.

Ich stand auf, wischte mir mit der Hand das Gras und den Dreck aus dem Gesicht und stellte fest, daß ich durch diese freundlich gemeinte Geste zwei Zähne verloren hatte.

Daß ich sauer war, ist mir wohl kaum übelzunehmen. Ich stellte mich an die Straße und fluchte dem Scheißkerl die übelsten Worte meines Wortschatzes nach. Von „Arschloch" bis zum „Hurensohn" war alles drin. Es war mir egal wer es war. Ich hatte ja keine Chance, irgend etwas zu unternehmen.

Mein Mund füllte sich mit Blut. Ich setzte mich an den Straßenrand und spuckte das Blut auf den Boden. Der Schmerz war zu verkraften und die zwei Zähne wohl auch. Doch die Dummheit dieses Burschen war allerdings nur schwer wegzustecken.

Am nächsten Tag erreichte ich dann Borobodur. Dieser enorme buddhistische Tempelbau aus dem neunten Jahrhundert steht auf einem kleinen Hügel im Kedu Becken, umgeben von den spektakulären Vulkanen Merapi Merbabu, Sumbing und Sindoro. Die Flüsse Elo und Progo bilden eine natürliche Grenze zu diesem einmaligen Bauwerk.

Die Geschichte dieses Tempels wurde erst wieder vor ca. 180 Jahren interessant. Bis dahin hatten die Natur und Machtkämpfe einen Schleier über das Bauwerk geworfen. Verlassen und den Naturgewalten ausgeliefert wurde Borobodur erst wieder 1910 restauriert. Im Zeitalter des Tourismus hat Präsident Soeharto mit der Hilfe der UNESCO den Tempelkomplex von 1973 bis 1983 zur heutigen Attraktion restaurieren lassen. Borobodur, ein indonesischer „Jahrmarkt" mit einem asphaltierten Parkplatz für 270 Autos, 220 Motorräder, 90 Bussen, einem Krimskrams-Supermarkt mit 100 Buden und über 20 Restaurants. In anderen Worten: ein gutes Geschäft für die Touristenbranche und die Fotoindustrie. Hat man jedoch das Bedürfnis, sich über die Geschichte des Tempels zu informieren, sollte man es nicht versäumen, die verschiedenen Informationsgebäude im Park von Borobodur zu besuchen. Das „Stone Conservation Center" gibt reichlich Aufschluß über das Gestein, aus welchem der Tempel erbaut wurde. Diese Steine wurden bei Vulkanausbrüchen bis ins Flußbett des Progo geschleudert. Dort wurden sie bereits grob geformt und mit Elefanten zur Baustelle geschleppt.

„The Borobodur Study Center" ist eine weitere Informationsquelle. Dort kann man die Geschichte, den Bau und den Zerfall dieses einzigartigen Bauwerkes verfolgen.

Will man jedoch weiteres zur buddhistischen Philosophie oder zur buddhistischen Lebenseinstellung erhalten, ist man gut beraten, dies nicht in Borobodur zu suchen. Denn der eigentliche Sinn des Buddhismus ist in Borobodur von den Touristen zerstört und zertrampelt worden, oder, anders gesagt, von den meisten Touristen noch nie verstanden worden.

Die beste Zeit die Tempelanlage zu besichtigen ist am frühen Morgen, wenn die meisten Touristen in ihren Hotels noch beim Frühstück sitzen. Zu diesem Zeitpunkt sind wenige Leute anwesend und man hat noch die Möglichkeit, die Anlage in aller Ruhe zu durchwandern, mit seinen Gedanken in die Vergangenheit zu schweifen und in aller Stille die herrliche Aussicht vom Tempel über die Berge und das Tal zu genießen. Ab 10 Uhr wird es dann laut, bunt und stressig.

Trotz der vielen Touristen war für mich der Besuch ein herrliches Erlebnis. Schließlich war ja auch ich einer der vielen Touristen, die kamen, sahen und wieder gingen.

Die Tour durch Indonesien führte mich jetzt von Borobodur nach Yogyakarta und ich bemerkte, daß ich durch die vielen Erlebnisse und Eindrücke seit dem Beginn der Reise in Bombay die schönen kleinen Sachen, denen ich so tagtäglich begegnete, gar nicht mehr richtig wahrnehmen konnte. Durch die Konzentration beim Radfahren und dem ewigen Gewühl durch die Menschenmassen wurde ich irgendwie Aufnahme-unfähig. Es war Zeit, eine längere Rastpause einzuschalten. Ich dachte an einige Tage am Strand von Kuta Beach in Bali.

Bali wird in den Reisebüchern immer als die „Trauminsel schlechthin" bezeichnet. Meer, Strand, Sonne und freundliche Leute mit ihrer eigenen Hindu-Kultur (Indonesien ist ansonsten ein islamisches Land), Berge, Reisterrassen und Vulkane.

Um in diesem Paradies länger verweilen zu können, brauchte ich ja noch die Verlängerung meines indonesischen Visums. Jeder Reisende, der dies schon einmal auf Bali versucht hat, kann bestimmt die schönsten Geschichten davon erzählen. Es ist fast unmöglich, eine Verlängerung in Bali zu bekommen.

Bei meiner Ankunft in Denpasar auf Bali war ich bereits drei Tage

Teil der großen Borobodur-Tempelanlage auf Java

Natürliche und recyclebare indonesische Fahrrad-Packtaschen

illegal im Land, denn mein Visum war abgelaufen. Ich ging mit meinem Paß und der Flugreservierung in ein Reisebüro, um meinen Flug nach Darwin zu bestätigen.

Der Angestellte versicherte mir, daß ich ohne Verlängerung meines Visums auf keinen Fall ausreisen könne und Verlängerungen gäbe es nur in der Hauptstadt Jakarta. Die Kontrollen am Flugplatz seien sehr streng und ich bräuchte es erst gar nicht probieren, ohne eine Visumsverlängerung den Flug nach Darwin anzutreten. Als illegaler Tourist auf Bali würde mir im besten Fall die Türe zum Gefängnis geöffnet.

So ist das also, dachte ich, und was jetzt tun?

Kurz entschlossen setzte ich mich auf mein Bike und fuhr zum Immigrationsbüro direkt am Flughafen von Denpasar. Nachdem ich einem Beamten der „Immigrasi" mein Problem erklärt hatte, führte er mich zu seinem Boß.

„Was ist ihr Problem?"

Ich erklärte ihm, daß ich, bedingt durch die lange Fahrradtour durch Sumatra, Java und Bali schlicht und einfach mehr Zeit gebraucht hätte als geplant und daß dadurch meine Aufenthaltsgenehmigung verfallen wäre.

Er blätterte bedenklich im Reisepaß, sah mich an und sagte:

„Are you a bicyclist, a cyclist and adventurer or what? Where is your bicycle?"

„Draußen vor dem Büro", erwiderte ich.

Er schüttelte seinen Kopf, stand auf und forderte mich auf, ihm das Fahrrad zu zeigen. Wir gingen hinaus zum Bike. Draußen angekommen standen bereits einige Leute um das beladene Fahrrad.

„So", sagte er, „mit diesem Fahrrad sind Sie also von Sumatra bis hierher gefahren und jetzt wollen Sie nach Australien fliegen um dort weiterzufahren?"

Ich wußte nicht, wie ich seine Fragen beantworten sollte - kurz und bündig oder lieber nett und höflich. Ich entschloß mich für die höfliche Art.

Er bedeutete mir, mit ihm zurück in sein Büro zu kommen. Dort schüttelte er abermals seinen Kopf, wühlte in der Schublade in welcher die Stempel lagen und knallte einen davon in eine Paßseite. Er reichte mir den Reisepaß und sagte:

„Haben Sie schon die Schönheiten Balis gesehen?"
„Nein", antwortete ich, „dazu hatte ich ja bis jetzt keine Zeit."
Er lächelte und fügte hinzu: „Jetzt haben Sie zwei Wochen Zeit,
dieses Versäumnis nachzuholen. Ich habe Ihnen eine Verlängerung
für zwei Wochen genehmigt, denn was Sie tun, braucht Mut."
Ich war glücklich, wieder einmal einen Beamten getroffen zu haben, der nicht nur die Vorschriften befolgte, sondern der auch bereit war, sie den Umständen anzupassen, ohne Bakschisch, ohne
den sonst üblichen Papierkram und die Aufregung in solchen Fällen
und ohne andere Menschen erniedrigen zu wollen.
Ich fuhr zurück in eine Unterkunft am Strand von Kuta und plante,
eine Inseltour zu unternehmen.
Am nächsten Tag fuhr ich los, zu den Bergen und Reisfeldern, zu
den Stränden und den qualmenden Vulkanen. Kreuz und quer
durch eine Insel, die geprägt ist von tiefen religiösen Zeremonien,
Festen und Tänzen, von Kunst und Kultur.
Ich verbrachte acht wunderschöne Tage inmitten der Bevölkerung,
zum Großteil weit abseits der touristischen Anlagen und Märkte,
der Bars und Hotels. Allerdings ist es mir nicht ganz gelungen, den
Tourismus, der die Insel so stark prägt, gänzlich abzuschütteln.
Viele Balinesen verdienen ihren Lebensunterhalt im touristischen
Bereich, dies ist für viele inzwischen die einzige Möglichkeit geworden, Geld zu verdienen. Bali gilt für die meisten Balinesen immer noch als eine Perle im Land der 13.000 Inseln, selbst wenn
die Abgaswolken der Autos und der Motorräder bis an den Krater
der Vulkane steigen und auch wenn es in den Restaurants importierte Weißwürste und Bier für die Touristen am Äquator gibt.
Den Bauern, die ihre Energie und ihre gesamte Zeit in die schönsten Reisterrassen der Welt an den Hängen von Vulkane inve-
stieren, ist der Touristenrummel entlang der Strände egal. Ihr Stolz
und die Freundlichkeit, verbunden mit einer inneren Ruhe, sind ihnen wichtiger als Touristendollars. Für sie ist das Leben zu kurz
und zu wichtig, um es mit „moderner" oder importierter Lebensweise"
und genormter Arbeit zu ersetzen.
Ich hatte also meine Reise durch Asien mit einigen eindrucksvollen
Tagen durch Bali beendet. Asien ist für mich immer schon der spirituelle Kontinent gewesen und auch dieses Mal hat er mir während

der Äqua-Tour viele neue Einsichten und Ansichten gegeben. Er hat aber auch viel Kraft und Zeit gekostet. Diesen Kompromiß bin ich aber gerne mit mir schon lange vor der Reise eingegangen. Denn schließlich ist das Rad mein Leben und mein Leben eine Reise mit dem Rad.

Australien

Australien: unendlich weit

Spricht man von Australien, dann fällt den meisten Menschen nicht viel mehr ein als Koalas, Känguruhs und die Form des Fünften Kontinents. Vielleicht kommt noch das Opernhaus von Sydney oder der Gedanke eines romantischen Sonnenunterganges am Ayers Rock hinzu, doch dann werden die Vorstellungen über Australien schon etwas unbestimmter. Insider kennen noch das größte und schönste Korallenriff der Erde am Pazifischen Ozean, doch daß es z.B. in Australien auch Kamele und die meisten giftigen Tiere der Welt gibt, versetzt so manchen Geist vielleicht ins Schwanken.

Australien ist ein faszinierender Kontinent, es gibt kaum ein zweites Land mit so vielen Eigenheiten, Schönheiten und Naturschauspielen, guten oder extremen Reisebedingungen. Dem Reisenden wird der Kontinent leicht gemacht: eine Sprache, eine Währung, ein hervorragendes Straßensystem. Beste Flugverbindungen, gute Züge und Busstrecken von einer Seite des Kontinents bis zur anderen. Die Mentalität der „Aussies", wie die Australier sich selbst nennen, ist eine eigenwillige, oftmals kauzige Mischung aus wenig Arbeit, viel Freizeit, „much beer" und „no worries".

Nach der enormen geistigen Belastung auf der Alleinfahrt mit dem Bike quer durch Afrika und Asien sehnte ich mich geradezu nach dem australischen Kontinent, denn ich wußte, daß ich mich dort frei, unbelastet und ungezwungen bewegen konnte. Keine Korruption, keine Bakschischforderungen, kein Spießrutenlaufen durch gaffende Mengen. Ich konnte mir eigentlich gar nicht mehr vorstellen, wie dies nun wirklich ist, wenn man von Behörden etwas braucht und man bekommt es problemlos, weil es einem zusteht. Dies hebt das Selbstvertrauen und gibt mir das Gefühl, als Mensch nicht zuerst „beurteilt" und dann je nach Brieftascheninhalt „verurteilt" zu werden.

Durch meine vielen Reisen in den Ländern der Dritten Welt und der Tatsache, daß ich im mafiösen italienischen Staat meinen Wohnsitz habe, habe ich mich derartig an diese korrupte Lebensweisen gewöhnt, daß ich bei meiner Ankunft in Australien

noch ein extra Gefühl der Freiheit verspürte. Wir in Europa sprechen zwar sehr viel von dieser Freiheit und Menschenwürde, doch
sind wir im Laufe der Zeit aus vielen Gründen in ein „Spinnennetz-
Syndrom" geraten. Das heißt, unsere Freiheit ist mit einem frei in
der Luft baumelnden Spinnennetz zu vergleichen. Wir sind derartig mit gesetzlichen Bestimmungen, Verboten, Verordnungen und
Strafen überzogen, daß wir wie eine Fliege im Netz zappeln und
zu Gefangenen unserer eigenen Freiheit geworden sind.
Ach ja, stimmt... - ich wollte euch ja weiter von der Äqua-Tour erzählen!

Als das Flugzeug der indonesischen Garuda-Airways über Darwin
kreiste, war ich ganz aufgeregt. 1975 hatte die Stadt den tropischen Wirbelsturm „Tracy" nicht überstanden und sie wurde zu
90% zerstört. Damals hatte ich in Darwin gearbeitet und mitgeholfen, den „Sauhaufen", den der Wirbelsturm hinterlassen hatte,
wieder aufzuräumen.
Das traurige Bild der zerstörten Stadt und die vielen Toten und
Verletzten die es damals gab, brachten mich zu dem Entschluß,
Darwin 1977 zu verlassen.
Die kleine tropische Stadt hatte damals nur 30.000 Einwohner und
sie war für viele Backpacker und Rucksackreisende das Sprungbrett
für den Flug nach Denpasar auf Bali oder nach Dilli auf Ost-Timor.
Es war auch leicht, in Darwin Arbeit zu finden, denn die stetig stei-
gende Zahl der Traveller, die dort entweder „total pleite" aus Asien
ankamen oder die sich einer Art „tropischer Vorbereitung" für Asien
in Darwin „unterzogen", wurde immer größer. Es entstanden kleine Kolonien von Hütten am Strand, deren Bewohner dort teils illegal lebten. Häuser in der Stadt wurden zu Hotels oder Billigabsteigen umfunktioniert. Unter den Reisenden war es bis nach Indien
bekannt, daß man in Darwin gut, billig und schön leben konnte.
Der Wirbelsturm „Tracy" vernichtete all dies und noch viel mehr in
einer Nacht.
Während des Landeanflugs dachte ich noch kurz über diese grau-
samen Tage nach. An die Toten, an die völlig zerstörten Häuser,
die vielen Verletzten und die 28.000 Menschen, die evakuiert werden mußten, und auch an meine Arbeit, die ich damals in den Schu-

len als Koch verrichtete. Mein Gott, es schien mir, als wäre dies alles erst vor ein paar Jahren passiert.

Seit dieser unvergeßlichen Nacht waren jedoch fast 17 Jahre vergangen.

Der harte Ruck des Flugzeuges bei der Landung riß mich aus meinen Gedanken. Durch das kleine Fenster sah ich Palmen und Meer und ich hatte sofort ein starkes Bedürfnis, die warme tropische Luft - die Luft der Freiheit Australiens! - an meinem Körper und salziges Meerwasser zwischen meinen Lippen zu spüren. Es war für mich wie eine Art Rückkehr in eine lange verlorengegangene Heimat.

Die Boeing 767 stoppte vor dem Flughafengebäude und nachdem die Beamten vom Gesundheitsministerium Kabine und Leute mit dem üblichen „australischen Wundermittel" aus Sprühdosen berieselt und desinfiziert hatten, wurde den Passagieren der Zugang zum fünften Kontinent genehmigt. Das „Wundermittel" ist ein Präparat, um die australischen Tiere vor eingeschleppten Seuchen und Krankheiten zu bewahren. Mein Bike und meine Taschen wurden einer ganz speziellen Prüfung unterzogen. Ich aber hatte schon gut vorgesorgt und meinem Bike ein heißes Sprühdampfbad in einer Autowerkstatt in Denpasar verpaßt. Ich wußte von den pingeligen australischen Kontrollen von anderen Reisenden, die ich in Bali getroffen hatte.

Ich wurde von Freunden am Flugplatz abgeholt - ein schönes Geühl, wenn jemanden auf einen wartet. Bei ihnen verbrachte ich einige Tage, bevor ich zu meiner langen Fahrt durch den Kontinent aufbrach.

Während diesen Tagen hatte ich auch die Möglichkeit, jenen Mann zu treffen, der mir 1975 das Radfahren schmackhaft gemacht hatte: Jean-Pierre Vallee, ein Mann, den ich heute noch als meinen „Radl-Guru" bezeichne. Er hatte sich zuerst in Belgien als radelnder Briefträger sein Geld verdiente und war dann als Vorbereitung zu seiner Welttour von Brüssel nach Bombay und zurück mit dem Tourenrad gefahren. Seine Welttour 1971 bis 74 mit dem Fahrrad führte ihn über Nordafrika nach Asien bis nach Australien, wo er aber dann „hängenblieb".

Vor meiner Ankunft in Australien hatte er wieder „zugeschlagen":

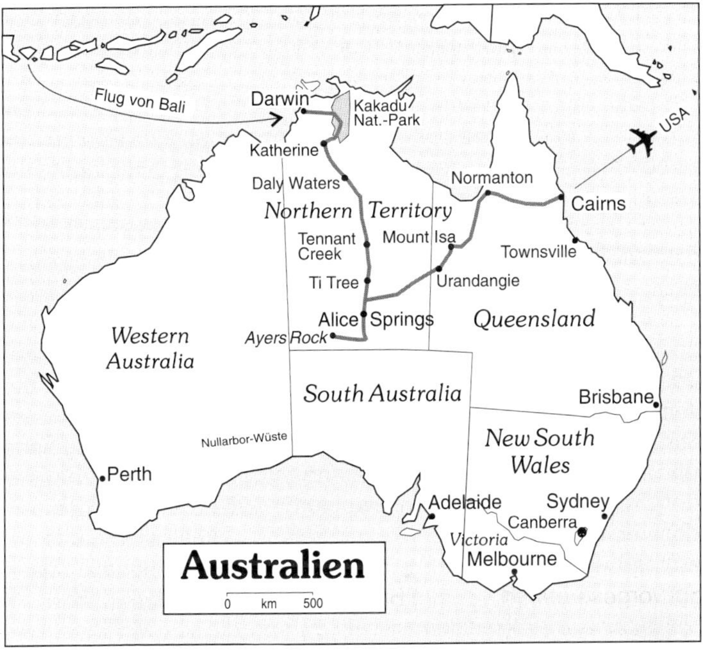

Flug von Bali

Darwin

Kakadu
Nat.-Park

Katherine

Daly Waters

Normanton

Northern *Territory*

Cairns

USA

Tennant
Creek

Mount Isa

Townsville

Ti Tree

Urandangie

Western
Australia

Alice Springs

Queensland

Ayers Rock

South Australia

Brisbane

Nullarbor-Wüste

New South
Wales

Perth

Adelaide

Sydney

Canberra

Victoria

Melbourne

Australien

0   km   500

Er fuhr mit dem Rennrad die Strecke von Darwin nach Alice Springs, das sind 2062 Kilometer, nonstop in einer Rekordzeit von 52 Stunden!

Ich hatte vor vielen Jahren von Jean-Pierre die Basis des Tourenfahrens erlernt und obwohl wir nie zusammen eine Radtour unternommen hatten, respektierte ich sein Wissen. Ich glaube, wir wären auch nie gute Tourenpartner geworden. Dazu war ich ihm damals wohl viel zu „grün". In der Zwischenzeit bin ich jedoch etwa 290.000 km mit dem Rad gefahren und habe einiges dazugelernt. Jetzt würde ich gerne eine Tour mit ihm in Angriff nehmen. Wir würden uns mit unseren Ideen nicht gegenseitig bekämpfen, sondern uns gegenseitig unterstützen, um unser Ziel zu erreichen. Jean Pierre ist zehn Jahre jünger als ich. Für mich begann der wahre Lernprozeß da, wo die Verwirklichung meiner Träume anfing, und Jean Pierre war der Radfahrer, der viel Erfahrung hatte und mir helfen konnte, meine Träume vom Radreisen in ferne Ländern zu verwirklichen. Die Reise durch Asien hatte ihn geprägt, doch eine Liebesbeziehung zu einer Frau in Australien führte dazu, daß er seine Welttour mit dem Tourenrad in Australien dann vorerst unterbrach.

Vielleicht sah er in mir damals eine Person, die sein Vorhaben, die Welt ganz zu umrunden, fördern konnte. Er flog ccin Ersatzrad von Belgien nach Australien ein und stellte es mir zur Verfügung. Ich benützte es dann für meine erste große Fahrradtour von der Antarktis in die Arktis von 1977 bis 1981. Diese 55.000 Kilometer lange 4 Jahre dauernde Reise sehe ich heute als eine Art Lehrzeit an, in der ich die richtige mentale Einstellung zum Tourenfahren bekam. Mein Lehrplatz war die Welt, waren die Menschen, die Natur und die vielen verschiedenen Kulturen. Das Rad war mein technisches Gerät und Hilfsmittel für den Transport meiner weniger Habseligkeiten. Dadurch entwickelte ich mich zum Radnomaden.

Und jetzt war ich auf Wanderschaft in Australien und besuchte wieder meinen Lehrmeister. Ich habe durch Jean Pierre nicht nur in Australien, sondern auch auf meinen Radreisen unterwegs viele schöne Stunden erlebt, denn wir standen in ständigem Briefkontakt. Darin hat er mir vieles erzählt und mitgeteilt. Es war eine Beziehung

In Darwin in Australien wartete viel Post auf mich

Nach Tennant Creek („TC") sind es noch 470 km

wie zwischen Guru und Jünger. Und jetzt war er stolz darauf zu sehen, was aus mir geworden war und wie ich als „Immerradler" meine Kreise zog - diesmal um den Äquator.

Meine Reise durch den australischen Kontinent fing gleich mit einem spektakulären Gebiet an: dem Kakadu National Park. Dazu mußte ich von Darwin ostwärts biken. In diesem großen tropischen Naturschutzgebiet hatte ich einst für eine amerikanische Firma als Expeditionskoch gearbeitet. Damals hatte man dort sehr ergiebige Uranerzfelder entdeckt. Doch der geplante Uranabbau fand aus verschiedensten Gründen bis heute noch nicht statt. Dann machte man aus diesem Gebiet den Kakadu National Park, der im Zeitalter des Tourismus zur Attraktion Nordaustraliens wurde.

All die Dinge, die heute im Park als „Sehenswürdigkeiten" angeboten werden, habe ich damals in ihrem ursprünglichen Zustand gesehen. Zu diesem Zeitpunkt gab es noch keine Touristen in diesem Gebiet. Die traditionellen Landbesitzer waren schon immer die Aborigines gewesen und auch wir brauchten eine Genehmigung sowie eine medizinische Untersuchung, um in den Gebieten der Aborigines arbeiten zu können.

Mein Aborigine-Küchengehilfe kam damals aus der Kommune von Oenpelli und wir arbeiteten für Monate zusammen. Er zeigte mir, wie man Goannas (Echsen) fängt, sie aufschlitzt und das Fett von der Haut löst. Er zeigte mir auch, wie man „Wichety Grubs" (Würmer) brät und wie man in ausgetrockneten Flüssen Wasser findet. Er war ein Naturmensch und hätte ein Naturmensch bleiben sollen. Doch auch in Australien hat man alles unternommen, um die Ureinwohner von der Zivilisation der Weißen abhängig zu machen. Das Resultat wird wohl für immer ein Armutszeugnis australischer Politik bleiben.

Bei meinem jetzigen Kakadu-Besuch war ich wohl der Tourist schlechthin. Ich stellte mein Zelt auf dem Campingplatz von Jabiru auf und da passierte es auch schon gleich am ersten Abend: ich stolperte über eine unmöglich blöd befestigte Zeltschnur eines anderen Zeltes, knallte mit voller Wucht auf den Boden und brach mir dabei eine Rippe.

Nach einer schlaflosen Nacht schleppte ich mich in das Krankenhaus von Jabiru um zu sehen, was getan werden konnte. Die

Krankenschwester hörte sich meine Ursachen-Schilderung skeptisch an und bemerkte in typisch australischem Slang:
„Well, maybe you should drink a little less booze the next time!"
Diese Feststellung war so typisch für Australien, daß ich mich gar nicht aufregen wollte, denn es hätte sowieso nichts genützt. Mit meinen Schmerzen mußte schlußendlich ich reisen und zurechtkommen. Mit einem Stützverband und einer Packung Schmerztabletten schickte sie mich wieder „auf die Reise".

Ich verabschiedete mich von meinen Zeltkollegen und war eigentlich sauer, denn durch ein bißchen Vorsicht hätten sie mir viele Schmerzen und Ärger ersparen können. Hatten die Typen doch ausgerechnet eine *schwarze* Zeltschnur etwa zehn Zentimeter über dem Boden und drei Meter lang vom Zelt zu einem Baumstamm straff gespannt!

Nun denn, es war nun mal passiert und ich konnte fluchen soviel ich wollte, die Schmerzen wurden deshalb nicht besser. Zuerst wollte ich es gar nicht wahrhaben, daß ich schon wieder einen gefährlichen Unfall erlitt. Doch es hätte schlimmer kommen können, denn als ich zu Boden geschleudert wurde, hatte ich ein offenes Taschenmesser in der Hand. Geistesgegenwärtig warf ich es während des Sturzes weg.

Ich radelte auf dem Kakadu Highway auf einer furchtbaren Schotterpiste bis nach Pine Creek mit enormen Schmerzen. Doch ich hatte die Hoffnung, ab da auf einer Asphaltstraße weniger durchgerüttelt zu werden.

So ist es dann auch gewesen und nachdem ich meine „Idealposition" für den Oberkörper auf dem Bike herausgefunden hatte, kam ich während der langen Fahrt nach Tennant Creek immer besser zurecht. Trotzdem waren die ersten Tage nach dem Unfall sehr schmerzhaft!

Mein nächstes Ziel war das geographische Zentrum des Kontinents in der Nähe von Ti Tree und dann die Stadt Alice Springs und der Ayers Rock. Von Pine Creek bis zum Ayers Rock hatte ich eine Strecke von 1600 km vor mir.

Was ich in Australien so schön finde, sind die unendlichen Weiten. Es ist ganz und gar anders als in vielen Ländern der Erde. Die Strecken sind einsam und das Gefühl und Bedürfnis, einen sicheren Übernachtungsplatz zu finden ist für mich in Australien nie ein Problem gewesen. Ich habe irgendwo im „outback" immer gerade da geschlafen, gekocht und gerastet, wo ich zu einem Halt kam. Außerdem verfügt jedes kleine Dorf entlang des Stuart Highways, also der Straße von Darwin nach Adelaide, über einen Campingplatz mit Dusche, Waschmaschine, Shop und ein Restaurant.

Die Strecken zwischen diesen Dörfern, Städten und Campingplätzen entlang des Stuart Highways sind selten länger als 120 Kilometer und sie sind daher eine gute Tagesdistanz voneinander entfernt. Es gibt sogar Wasserstellen entlang des Stuart Highways mit einem zementierten Tank, Bänken und Tischen sowie einem Feuerplatz. Diese Rastplätze habe ich jedoch nie zum Übernachten benützt, denn sie liegen ganz nahe an der Straße und es kann durch den Verkehr ganz schön laut werden. Ich habe mich meistens etwas weiter zurückgezogen.

Schon nach der ersten Woche auf den Straßen Australiens war ich trotz Rippenbruchs wieder begeistert von diesem großen Gefühl der Freiheit. Es gab keine Menschenmassen, es gab niemanden, der mir dauernd zurief. Es war den Leuten, die mich in ihren Autos überholten oder entgegen kamen auch egal, wohin ich kurbelte. Ein kurzes Hupen oder ein gehobener Zeigefinger als Gruß waren die üblichen Zeichen der Anerkennung.

Nur bei den Begegnungen mit den legendären „Road Trains" war es etwas anders. Ich habe enormen Respekt vor diesen „Riesen", und es hätte auch fatal enden können, sich gegen diese Laster mit ihren drei Anhänger behaupten zu wollen. Mit über 50 m Länge, 62 Rädern auf der Straße und einer sehr starken Zugmaschine sind sie die absoluten Könige der Straßen Australiens, egal ob sie nun Rinder zu den Schlachthöfen oder Baumaterial von einem Ort zum anderen transportieren. Diese Schwertransporter sind für einen Radfahrer auf einer Australien-Tour ein furchterregendes Bild. Doch je länger ich in Australien unterwegs war, desto mehr gewöhnte ich mich an sie und kam auch dementsprechend mit ihnen zurecht. Meistens bin ich schon lange vor ihrem Auftauchen auf den breiten Seitenstreifen der Straße ausgewichen und habe ihnen den ganzen Asphalt zur Verfügung gestellt.

Nach den ersten Tagen auf der Straße von Darwin nach Alice Springs hatte ich mir eine bestimmte Routine angewöhnt, denn die Strecke ist so eintönig und einsam, daß ich mir ein paar Gedanken zum Tagesablauf machen mußte.

Wenn ich da an Asien zurückdachte, da war immer etwas los. Kaum hatte ich da mit dem Rad angehalten, standen sogleich einige Leute um mich herum, es wurde diskutiert und gelacht, das Bike begutachtet und mir viele Fragen gestellt. Manchmal habe ich in Asien durch meine Anwesenheit sogar Staus oder einen Auflauf verursacht.

Hier im Norden Australiens bewirkte ich nichts, aber auch schon gar nichts. Die einzigen Lebewesen, die sich meiner Anwesenheit erfreuten, waren die Fliegen. Hunderte von diesen kleinen Biestern umschwärmten mein Gesicht, suchten in der Trockenheit der australischen Steppe nach einer Flüssigkeitsquelle. Während des Fahrens war es nicht so schlimm, doch wehe ich blieb stehen, dann wurden meine Augenwinkel, die Nasenlöcher und die Mundwinkel zur wahren Fundgrube dieser kleinen Bestien! Manchmal trieben mich diese Schmarotzer bis an die Grenze des Wahnsinns, ehrlich! Ich schlug dann wild um mich herum, stampfte verzweifelt in den staubigen Boden um die Plagegeister zu vertreiben. Es nützte wenig, denn einige Sekunden später fielen sie wieder über mich her.

Die Mittagszeit war manchmal kaum mehr auszuhalten, denn in dieser Zeit hatten die Fliegen „Highlife". Kurz vor Dunkelheitseinbruch schwirrten mir die Fliegen dann noch einmal um den Kopf. Ich versuchte alle möglichen Sprühmittel und „Wässerchen", um mir diese „fliegende Pest" vom Leib zu halten. Es nützte aber alles nichts oder nur wenig. Das australische Fliegennetz, das am Hut oder an der Kappe befestigt wird, brachte auch nur teilweise Erleichterung. Die beste Lösung war ein um den Kopf geschlungenes langes Tuch, ähnlich wie bei den Tuareg, und eine Brille, um die Augen zu verdecken.

„Flugstille" trat erst mit dem Einbruch der Dunkelheit ein, wenn ich am Lagerfeuer saß und mir mein Essen kochte. Dann waren zwar die Fliegen weg, doch das Licht und die Flammen zogen dafür wieder andere Lebewesen in ihren Bann. Handgroße Spinnen rasten manchmal verzweifelt zwischen Licht und Schatten hin und her, sie waren total verstört von der Wärme, dem Licht und dem Feuer. Es waren zwar nicht die tödlichen und gefürchteten „Funnelweb spiders", doch der Biß einer „Red back" wäre in meiner Situation auch schon schlimm gewesen. Ich kannte die Folgen, denn ich wurde schon einmal von einer „Red back" gebissen und ich wußte, wie gefährlich sie sein konnten. An manchen Nächten war der Tanz der Spinnen so groß, daß ich aus meinem Zelt in die Hängematte flüchtete, denn nur so konnte ich in Ruhe schlafen.

Die Morgenstunden waren mir während der Fahrt in das Zentrum Australiens die liebste Tageszeit, denn da war es angenehm kühl. In der Morgendämmerung warfen die roten, meterhohen Termitenhügel fast unheimliche Schatten auf die von der Sonne verbrannte Erde. Rosa Kakadus und Galahs kreischten entsetzliche Töne von den Bäumen, sie flogen in großen Scharen über das Steppengebiet und sie waren meine Begleiter.

Ich war an den Dörfern Mataranka und Daly Waters während den vergangenen Tagen schon vorbeigefahren und hatte mir vorgenommen, das Dorf Elliot bis zum Abend zu erreichen. Ich fuhr gemütlich in den aufkommenden Wind, als ich plötzlich von einem Landrover der „Northern Territory Police" überholt wurde. Als das Polizeiauto an mir vorbeifuhr, streckten beide Polizisten ihre Köpfe aus den Fenstern und hielten an.

„G'day mate, doin a bit o cycling? Where d'ya come from?"
Wäre ich nicht vorher in Australien gewesen, hätte ich ihre Fragen nie verstanden. Zwar ist die offizielle Sprache in Australien Englisch, doch sprechen die Australier ihr „Strine". Dies hat mit der englischen Sprache etwa so wenig am Hut wie das „Schwyzerdütsch" mit Hochdeutsch.

Sie wollten höflich wissen, wo ich meine Reise begonnen hätte und wo ich hinfahren wolle. Nachdem ich ihre Fragen beantwortet hatte, wollten sie noch wissen, ob mir ein „komischer Typ" aufgefallen wäre, denn es wäre ein Häftling aus einem Gefängnis entkommen, der sich wahrscheinlich auf dieser Strecke herumtriebe. Dann wünschten sie mir, nachdem sie sich nochmals an meiner Leistung begeistert hatten, eine gute Fahrt, und genau so schnell wie sie gekommen waren verschwanden sie auch wieder.

Am Abend erreichte ich Elliot und ich stellte mein Zelt auf dem Campingplatz auf. Das Dorf zählt etwa 600 Einwohner und hat außer Tankstelle, Hotel, Caravan Park, Schule, Kirche, Postamt, Polizei und einigen Wohnhäusern wenig zu bieten, wie alle diese kleinen typischen Nester im Outback Australiens.

Für die Bewohner Elliots wie auch für alle anderen Dörfer entlang dieser einsamen Asphaltstraße war die Straße der Lebensnerv, um den sich alles drehte. Für die Touristen und Reisenden entlang des Stuart Highways ist Elliot eine willkommene kleine Oase inmitten der einsamen und langen Strecke zwischen dem Norden und dem Süden Australiens.

Von hier sind es noch 250 Kilometer bis nach Tennant Creek, der größten Stadt zwischen Darwin und Alice Springs. Bekannt als „TC", ist diese Stadt eine moderne und wichtige Touristenstadt am Stuart Highway. In vergangenen Jahren wurde hier hauptsächlich nach Gold und Kupfer gegraben. Das letztere wird auch noch heute in größeren Mengen aus dem Boden geholt.

In Tennant Creek hatte es vor 60 Jahren noch über 100 Goldgruben gegeben, von welchen heute nur noch einige das Edelmetall produzieren. Schwere körperliche Arbeit, niedrige Löhne und wechselnde soziale und wirtschaftliche Strukturen haben die Arbeit in vielen Minen und Gruben Australiens unwirtschaftlich gemacht. Für viele Bewohner hat die Stadt keine große historische Bedeutung mehr, denn nicht nur in TC, sondern auch in vielen anderen Teilen des Outbacks leben immer mehr Leute mit und von den Geldern, die der Tourismus einbringt. Ich freute mich schon sehr, dort anzukommen.

Obwohl ich die Ruhe und die herrlichen Landschaftsbilder im „Northern Territorium" nach der stressigen Fahrt durch Java genoß, war jetzt ein Zeitpunkt gekommen, wo ich mich manchmal doch sehr nach einem Gespräch mit Menschen sehnte. Während den langen und eintönigen Tagen gab es nur ab und zu ein kurzes Gespräch mit anderen Straßenbenützern, doch nur wenige hielten an, die meistens fuhren in rasendem Tempo an mir vorbei. Oder sie verlangsamten die Geschwindigkeit, fuhren dicht an mein Bike heran, öffneten das Autofenster und fragten im Vorbeifahren, ob ich etwas bräuchte. Manche fuhren auch ganz dicht heran, sahen mich an und fragten:

„How's she going mate, are you alright?"

Meine Antwort war fast immer dieselbe: „Oh yeah, thanks a lot, I am alright!"

Doch kurz bevor die Leute im Auto das Fenster wieder hochdrehten und im kühlen Komfort der Klimaanlage auf das Gaspedal drückten und mich in der erdrückenden Hitze des Outbacks weiterkurbeln ließen, brachten sie doch noch eine Frage über ihre Lippen.

„Are you crazy, or what?"

Zu dieser Frage hatte ich auch eine passende Antwort:

„Natürlich bin ich verrückt, sonst würde ich dies nicht tun!"

Diese Art von Wortwechsel sind in Australien üblich, denn in einem Land, in dem man die Entfernungen nicht in Kilometern sondern in Fahrtzeiten und Tagen mißt, war es nichts anderes als eine Anerkennung und Respekt für eine enorme Leistung. Diese Art von Kommunikation war mir auch recht. Sie ist so typisch für Australien, und außerdem war es meist so heiß, daß ich nicht gerne in der prallen Sonne stehengeblieben wäre, um den Leuten die Geschichte meiner Äqua-Tour zu erzählen. Der heiß-strahlende Asphaltbelag von unten und die glühende Sonne von oben hätten sonst meine Hirnmasse wirklich zum Kochen gebracht. Im australischen Outback habe ich gelernt, wenn immer möglich, nur im Schatten der Bäume, auch wenn sie noch so klein waren, anzuhalten oder stehen zu bleiben.

Wahrscheinlich ist „Three Ways" eine der bekanntesten und meist gehaßten Straßenkreuzungen in Australien. Hier an dieser Kreuzung steht ein Steinmonument zu Ehren von „John Flynn", dem Gründer des „Flying Doctor Service". Daneben das „Threeway Roadhouse" mit Fast Food Restaurant, Campingplatz, Tankstelle, Souvenirshop, WC sowie einem Schild für Hitchhiker mit der Bitte „Don't hang around here without buying something!"

Die Straßen führen in drei Richtungen, nach Darwin, Adelaide und Townsville. Für viele Hitchhiker ist diese Kreuzung zu einem Alptraum ihres Trips geworden, so lassen zumindest die kunstvoll eingravierten Sprüche an den Straßenschildern vermuten.

Typische australische Outback-Piste

Wendekreis des Steinbockes, 20 km nördlich von Alice Springs

„If you' ve been stuck here longer than 3 days, shoot yourself, 'cause you'll never get away!" Ein anderer Spruch verkündet: „If ever you want to die, come here and try!"

Für mich war es einfacher hier wegzukommen, denn ich brauchte nur noch eine Stunde bis nach Tennant Creek.

Bei meiner Ankunft in TC hatte ich die ersten 1300 km durch Australien gemeistert und es war Zeit, einen Rasttag einzuschalten. Die Schmerzen meines Rippenbruches waren ziemlich auskuriert. Ich fühlte mich wieder fit und hatte noch etwa 500 Kilometer bis nach Alice Springs zu fahren.

Ich strampelte mein Bike durch die Straßen von Tennant Creek und sah ein anderes vollbepacktes Fahrrad am Eingang eines Supermarktes gegen eine Mauer gelehnt. Die Neugierde trieb mich näher. Ich wartete am Eingang neben dem Bike auf den Besitzer. Als er dann endlich aus dem Supermarkt herauskam, war mir schnell klar, wem das Bike gehörte. Ich hatte in Darwin nämlich einen Inder getroffen, der auch auf dem Weg in den Süden des Kontinents war.

„Also hier sieht man sich wieder", dachte ich. Wir plauderten ein wenig. Er war auf dem Weg nach Queensland und er hatte hier für die lange Reise in den Osten des Kontinents seine Fahrradküche wieder aufgefüllt. Er sagte, daß er nicht allzu begeistert von Australien wäre, die Strecke von Darwin bis hierher wäre ihm viel zu einsam und zu langweilig gewesen. Er kämpfe mit der Einsamkeit und auch der Wind mache ihm arg zu schaffen. Jetzt wolle er versuchen, den Barkly Highway bis nach Townsville zu fahren, um von dort entlang der Ostküste bis nach Sydney zu gelangen.

„Good luck my friend"!

„Thank you, good bye"!

Auf dem Weg zu meinem Zeltplatz erlebte ich die zweite Überraschung des Tages: Helen und Hannes, die Schweizer Radfahrer, die ich in Malaysia getroffen hatte, liefen mir über den Weg. Die beiden fuhren bereits seit einigen Tagen hinter mir her ohne daß ich es wußte. Wir verbrachten einen Tag zusammen und sie erzählten mir von ihren Erlebnissen seit unserem Treffen in Asien. Helen konnte sehr gut erzählen, und ich war überrascht zu erfahren, daß auch sie in Pakanbaru auf Sumatra beklaut worden waren. Doch sie hatten Glück, mit der Hilfe einer Polizistin bekamen sie ihre Papiere, ihr Geld und ihre Wertsachen wieder zurück.

Ich machte mich auf die Strecke nach Alice Springs. Es war eine lange, dürre und doch herrliche Fahrt durch die öden Gebiete südlich von TC.

Ungefähr 100 km südlich von TC stehen direkt an der Straße die „Devils Marbles". Diese „Murmeln des Teufels" haben in den Herzen der Warumungu-Aborigines eine wunderschöne Geschichte der Vergangenheit hinterlassen. Die Geschichten der „Traumzeit" sind ja ein wichtiger Teil der Ureinwohner Australiens, und sie glauben, daß diese durch Wetter- und Winderosion geformten Granitsteine nichts anderes seien als die von der „Regenbogenschlange gelegten Eier".

Am Abend, bei untergehender Sonne, sind diese „Murmeln des Teufels" ein herrlicher Anblick, und mit ein bißchen Phantasie kann man sich gut in die „Dreamtime" der Aborigines hineindenken. Und im romantischen Licht der dunkelroten Sonne ist es nicht allzu schwierig, auch seine eigene Traumzeit direkt neben den riesigen Steinen im Komfort des eigenen Schlafsacks zu erleben.

Am nächsten morgen war es wieder außergewöhnlich heiß. In flirrender Hitze zog sich die graue Asphaltstraße wie eine kriechende Schlange durch die rote Erde der Halbwüste. Die Straße führt vorbei an den willkommenen Raststätten von Wauchope, Wycliff Well, Barrow Creek, Ti Tree und Aileron. Von den „Murmeln des Teufels" bis nach Alice Springs waren es noch 400 km oder etwa vier Tagesetappen.

Der Wind meinte es aber gut mit mir und er trieb mich wie einen Segler auf diesem letzten Abschnitt meiner Fahrt nach Alice Springs. Ich schaffte die Strecke in knapp zwei Tagen. Erleichtert radelte ich in „Alice" ein.

Durch Zufall traf ich dort einen englischen Radler. Dave war auch schon längere Zeit unterwegs und er arbeitete in Alice Springs in einem Behindertenzentrum. Ein angenehmer Typ, er lud mich ein, bei seinen Freunden im Haus zu wohnen. Die Bewohner des Hauses waren alle begeisterte Radfahrer und so verbrachten wir sehr nette Tage zusammen. Anstelle eines finanziellen Beitrages ließ ich meine Kochkünste walten. Dies war zum einen eine willkommene Abwechslung für die Hausbewohner - und es machte mir Spaß, ihre Gaumen zu verwöhnen -, und ich hatte nach so langer Zeit wieder einmal eine voll ausgestattete Küche zur Verfügung, in der ich meine eintönige Radlerkost mit gehaltvollen, frischen Speisen ergänzen konnte. Denn was mir unterwegs trotz einer sehr guten, abwechslungs- und vitaminreich zusammengestellten Kost trotzdem fehlte, war die Möglichkeit, so richtig „zaubern" zu können, wie man dies eben nur in einer Küche tun kann.

Meine ewigen Eintopfgerichte und Müslifrühstücke konnte ich bald nicht mehr sehen und es machte auch wenig Spaß, immer nach dem Taschenmesserprinzip in meiner Fahrradküche arbeiten zu müssen.

Mit Gewürzen, Essig, Öl, Knoblauch und feingehackter Petersilie, mit einigen Tropfen Tabascosoße und Creme fraiche, mit frischem Gemüse und Salaten ließ ich meiner Phantasie so richtig freien Lauf. Ich wirbelte Crepes durch die Luft und gestaltete das eine oder andere Soufflé. Unterwegs waren solche Kochträume wegen dem Wind und der Hitze meistens schnell ausgeträumt, ich hatte an vielen Tagen oft mehr sandiges „Soufflé du vent" als mir lieb war.

Ich brach auf zum Ayers Rock. Leider mußte ich die ganze 450-km-Strecke im Gegenwind fahren. Ein ewig „langer Schlauch". In 12 Tagen wollte ich vom Ayers Rock wieder zurück in Alice Springs sein. Die Sehenswürdigkeiten in der Umgebung von Alice wollte ich erst nach meiner Rückkehr vom Rock ansehen.

Ich fuhr über die Brücke des Todd Rivers und durch die spektakuläre Heavitree Gap. Gleich hinter dieser kleinen Schlucht entfalteten sich wieder die unendlich schönen Bilder der rotverbrannten Erde mit den leuchtenden gelben Flecken ausgetrockneter Grasflächen unter einem blauen Himmel, wie es ihn eigentlich nur in Australien gibt. Ich kurbelte in ein Bild unendlicher Weiten und unendlicher Schönheiten im roten Herzen Australiens.

Doch kaum war ich aus der Stadt hinaus, saßen mir schon wieder Dutzende dieser kleinen, ewig anwesenden, nie zufriedenen Scheißfliegen auf meinem Rücken. Vorsichtshalber hatte ich mir in Alice Springs eine Dose „Fly spray" gekauft. Ich blieb stehen, sprühte mir das Zeug über den Rücken und fuhr weiter. Zehn Minuten später war alles wieder wie gehabt. Ein Rücken voller Fliegen. Ein Australier hätte gesagt: „Fair dinkum mate, if ya can't beat 'em, join 'em"...

Rock around the clock

Schon aus 50 Kilometer Entfernung sieht man ihn, den bekannten, viel beschriebenen, mystischen Ayers Rock. Für die meisten Weißen ist es einfach ein Felsen mit 350 Metern Höhe. Für Aborigines jedoch ist der Rock ein Heiligtum und eine Kultstätte. Der Rock wird von den Aborigines nicht nur wegen seiner eigentümlichen Form verehrt und bewundert, sondern auch wegen den Höhlen am Fuße des Felsen, in denen es Felsmalereien gibt, die für die Aborigines große rituelle Bedeutung haben.

Als Europäer kann man sich kaum vorstellen, welch tiefe Verbindungen einst zwischen den Aborigines und dem Felsen im Herzen des Kontinents bestanden haben. Schließlich sind die Ureinwohner schon vor 30.000 Jahren von Asien nach Australien eingewandert und haben bereits vor 10.000 Jahren im Zentrum des Kontinents gelebt.

Die Aborigines haben zu diesem Gebiet um den Uluru National Park also bestimmt eine ganz andere Beziehung als wir Touristen, und sie können es wahrscheinlich auch gar nicht verstehen, daß Tausende nur wegen einer 350 Meter hohen Felskuppe soweit ins Zentrum Australiens fliegen, fahren oder gar hinradeln. Uns Touristen fehlt der tiefere Sinn und die Spiritualität der Aborigines, in ihren Augen sind wir einfach Menschen, die kommen, sehen, stehen und auch wieder gehen.

Verschwunden für immer ist die „Dreamtime" der Aborigines. Wer kann und wer will sie aber auch wieder zurückholen? Die Zeiten, in welchen Beeren und Baumrinden zu Farben zermahlen wurden und als Tarnungen und Verzierungen ihre nackten Körper schmückten gehören - zumindestens hier im Herzen des roten Kontinents - der Vergangenheit an. Die Feste der Aborigines, auch „corrobo-

rees" genannt, bei welchen das traditionelle Blasinstrument „did-
geridoo" benützt wird, werden von den Ureinwohnern des Kontinents
immer seltener durchgeführt. Zu schnell ist die Realität des modernen, künstlichen Lebens über die wahre Dreamtime der Aborigines hereingebrochen. Gleich nachdem die ersten Europäer den
roten Kontinent betraten, wurden die einstigen Jäger der Steppe
von den Weißen verjagt und gejagt. Was heute übrig geblieben
ist, muß man als ein Armutszeugnis unserer weißen Kultur bezeichnen, es sind trostlose, arme Bilder der Gegenwart in einem reichen Land.

Bei meiner Ankunft im Uluru National Park - so heißt das Gebiet,
in dem der Ayers Rock und die Felsgruppe der Olgas stehen -
staunte ich, ein durchorganisiertes Touristenzentrum vorzufinden.
Noch einige Kilometer außerhalb des Parks entstand im Jahr 1984
das Dorf Yulara, mit Landepiste für Flugzeuge, einem Sheraton
Hotel, „Rolls Royce rental" und allem weiteren, was der moderne
Reisende für den Trip in die Steinzeit braucht.
Ich bin nicht von Alice Springs in den Uluru National Park gefahren
um zu beurteilen, ob diese Entwicklung sinnvoll oder unsinnig ist,
denn zum Übernachten kam für mich sowieso nur mein Zelt und
der Schlafsack in Frage. Doch zugegeben, ich fühlte mich in meinem Zelt gleich neben dem Sheraton schon ein bißchen in die
„Steinzeit" verdrängt.
Die nächsten vier Tage verbrachte ich ähnlich wie tausende anderer Touristen. Mit meinem Bike fuhr ich die Aussichtspunkte rund
um den Rock an, um das Naturschauspiel wechselnder Farben
zwischen Himmel und Erde, Sonne und Rock zu erleben. Doch
um ehrlich zu sein, staunte ich mehr über die Farbenpracht der
Touristen aus aller Welt, denn der Rock wollte gar nicht so recht
seine ziegelrote Farbe zeigen. Es regnete in Strömen, und die vielen Wassermassen, die sich über die kahlen Felsen des Rocks er-
gossen, waren ein Schauspiel ganz besonderer Art.
Einer der Ranger erzählte mir, daß es hier nur sehr selten regnet
und daß es etwas ganz Besonderes sei, den Rock bei Regen zu
sehen. Und wenn den „ahhhs...", den „wie schön - wie herrlich"
und den „ohhhs..." der Betrachter zu glauben war, dann konnte ich

beruhigt sein, zum richtigen Zeitpunkt in den Park gekommen zu sein.

Zurück im Tourist Info Center in Yulara war ich dann sehr angetan von der wunderschönen Ausstellung zum Thema „Uluru National Park". Mit viel Mühe, Sorgfalt und einer grandiosen Auswahl an Bildern wurde den Touristen erklärt, daß das gesamte Gebiet rund um den Rock und die Olgas aus einem ökologischen Gleichgewicht der Natur bestehe und daß man alle Bemühungen machen würde, diese Balance nicht zu stören. Doch wenn in etwa ungefähr sechs Jahren, nach Fertigstellung der modernen Erweiterungen, pro Jahr etwa 1,3 Millionen Touristen durch das Gelände stampfen, fahren, rollen, düsen und vielleicht auch Radfahren, dann erst wird sich zeigen, ob die Natur diese Vergewaltigung hinnehmen wird.

Am nächsten Tag fuhr ich mit einem Ehepaar im Komfort eines Kleinbusses bis zu den Olgas (Kata Tjuta) und wir unternahmen gemeinsam eine Wanderung durch das „Tal des Windes". Es war ein wunderschönes Erlebnis, zwischen diesen gewaltigen Felsmassen herumzulaufen. Diese kurze Wanderung gab mir auch zu verstehen, warum sich hier einst die Ureinwohner angesiedelt hatten. Die Felsen der Olgas und des Rocks gaben ihnen Schutz und Wasser. Es waren eine ganze Menge verschiedener Pflanzen- und Tierarten vorhanden und es gab wahrscheinlich keinen schöneren Platz auf Erden um zu Träumen.

Am Nachmittag fuhren wir zurück auf den Campingplatz in Yulara. Er war überfüllt mit Touristen, Campervans und Leuten aus allen Erdteilen. Das gesamte Gebiet ist eingeteilt in Sektionen für Busse, Autos, Vans, Motorräder etc. Zu jeder Tageszeit trifft man in Yulara tagtäglich über 1000 Leute. Sie kommen, um für einige Stunden auf den Spuren der Aborigines zu wandeln und für einen kurzen Augenblick die „Dreamtime" zu verstehen. Ob ihnen dieses Kunststück gelingt?

Für diejenigen, die keine Zeit haben, um sich ein bißchen „Zeit zu nehmen", hat man vorgesorgt. Die Souvenirgeschäfte sind vollgestopft mit Dutzenden von Ayers Rock Ansichten zu jeder Tageszeit, als Postkarten, Dias, auf T-Shirts und Schals, es gibt buntbemalte Bumerangs (Made in Taiwan) und Broschüren mit grellen Druckfarben, die mit den Pastelltönen der Umgebung nicht mehr viel gemein haben.

Natürlich ist auch für knurrende Mägen gut vorgesorgt. Alles was der gestresste Mensch der Gegenwart bei einem Kurzbesuch in die Steinzeit oder in die Dreamtime braucht wird bereitgehalten: Pommes, Hamburger, Fish and Chips und Bier. Und wer denkt, in der Wüste Australiens ohne Rolls Royce und Dom Perignon nicht auszukommen, der braucht nur ein bißchen tiefer in die Tasche greifen und - schwuppdiwupp steht alles zu Diensten bereit im romantisch roten Sonnenuntergang am Ayers Rock. Das Leben und die Geschäfte am und um den Rock machen keine Pause, es ist ein ewiges Kommen und Gehen. Oder anders ausgedrückt: „Ayers Rock around the clock."

Erst auf der Rückfahrt nach Alice Springs fiel mir auf, daß ich während den letzten vier Tagen in der Umgebung des Uluru National Parks nur zwei Aborigines gesehen hatte. Einer der beiden stand wie verloren im Informationszentrum herum. Der andere verkaufte „traditionelle Speere" in einer „Boutique". Die vielen anderen die es gibt, habe ich in der Umgebung des Rocks nicht gesehen. Dafür war jedoch die „Pub" (australisch für Bar) in Curtain Springs, einem Flecken etwa 60 Kilometer vom Ayers Rock entfernt, vollgepackt mit dunkelhäutigen, grölenden Männern und schreienden Frauen, mit rotzigen Kindern, leeren Bier- und Sardinendosen, Weinflaschen und Brotresten. Sie waren nicht aufdringlich oder unangenehm, nur sehr, sehr laut. Und dies konnten sie auch sein, denn Geld haben sie genug, um sogar 365 Tage im Jahr und 24 Stunden am Tag zu feiern. Doch wie lange ein Körper solche Exzesse mitmacht ist nur eine kurze Zeitfrage. In Australien fließt das Bier wie in keinem anderen Land der Erde.

Ich kämpfte mit der Hitze und fluchte laut auf den hartnäckigen Gegenwind. Plötzlich sah ich vor mir ein Bild, über das sich jeder Fernradler freut: singend und fröhlich kamen mir zwei Radfahrer entgegen. Hier in der einsamen Wüste freute ich mich um so mehr, selbst wenn es Hannes und Helene waren, mit denen ich in Tennant Creek einen unangenehmen Wortwechsel geführt hatte. Es ging dabei um ein Thema, welches wir beide nicht lösen, ändern oder

In den Steppen Australiens gibt es auch Kamele

Australiens Ureinwohner fristen ein kümmerliches Dasein

aus der Welt schaffen konnten. Die Diskussion hatte sich über die Rechte der Aborigines entfacht. Ein sinnloses Thema für drei Radfahrer aus Europa. Vielleicht hatten wir an jenem Abend auch zu viel sauren australischen Wein getrunken.

Wir hielten unsere Bikes an und standen uns mitten in der Wüste gegenüber. Eigentlich schmunzelte ich in mich hinein, denn ich dachte dabei an ein Zusammentreffen wie in einem Film zwischen John Wayne und Clint Eastwood. Nach den ersten vielsagenden Blicken einigten wir uns, das Thema vom „Wind verwehen zu lassen". Es war der richtige Weg.

Wir stellten die Räder an die Straßenseite, kochten einen „billy tea" und tranken das Zeug während wir uns über andere Dinge unterhielten. Helene war der „ruhende Pol", sie versuchte immer wieder, durch ihre witzige Art die ganze Angelegenheit von der leichteren Seite zu sehen. Wir räumten unsere Gedanken in den Köpfen auf, klopften uns gegenseitig auf die Schultern und umarmten uns zum Abschied. Jeder fuhr einem anderen Ziel entgegen. (In der Zwischenzeit habe ich eine wunderschöne Grußkarte von ihnen aus Südamerika erhalten, und ein Südtiroler Kollege hat mir von seiner Radtour durch Südamerika die Grüße von Hannes und Helene übermittelt. Das fand ich natürlich sehr angenehm).

Knappe neunzig Kilometer südlich von Alice Springs befindet sich die „Virginia Camel Farm", und der Besitzer, Noel Fullerton, ist weitbekannt als der „Camel Man". Es ist der wohl urigste Kamelfarmer in ganz Australien. Ihm zuzuhören ist ein besonderes Erlebnis.

„Damals, als das Automobil und Züge in Australien den Abbau der Bodenschätze voranbrachten und Kamele für den Transport von Gold und anderen wertvollen Bodenschätzen nicht mehr gebraucht wurden, verabschiedete man die Tiere mit einem Tritt in den Hintern in die Wüste. Um 1960 erkannte ich, daß die wilden Kamele wieder einen Platz in Australien einnehmen könnten. Ich grübelte darüber nach, was ich wohl tun könne, um die Kamele, die ja frei in der Wüste herumliefen, wieder einzufangen.

Ich fing mir also einige Kamele ein und pflegte sie. Bald wurde mir bewußt, daß ich mit meinen Kamelen Geld verdienen könnte.

Obwohl der Tourismus zu diesem Zeitpunkt noch kein großes Thema war und Wüstenwanderungen mit Kamelen als „exotische Verrücktheiten" abgestempelt wurden, gab ich nicht auf. Ich wollte dem Kamel wieder einen Wert geben und mir damit Geld verdienen.

So rackerte ich jahrelang mit Erfolgen und Mißerfolgen mit den verschiedensten Kamelen, aber auch vielen Leuten. Das Resultat dieser jahrelangen harten Arbeit ist die heutige Virginia Camel Farm."

Seine Augen hinter einem langen weißen Bart funkelten. Seine schneeweißen Haare hatte er zu einem dicken Zopf mit einer roten Masche zusammengebunden. Ich schätzte ihn um die 65 Jahre doch er hatte die Energie eines dreißigjährigen Cowboys. Wir saßen zusammen und er erzählte mir ausführlich von seinem Leben in der Wüste und ich erzählte ihm von meinem Leben - auch in der Wüste.

„Wenn du so begeistert bist von den Wüsten der Welt, warum versuchst du dann nicht einmal eine Wüstendurchquerung mit zwei oder drei Kamelen", meinte er, „das ist immerhin besser als ein Fahrrad, denn das Kamel ist vom Herrgott für die Wüste geschaffen worden. Die Robinson hat damals nach ihrer aufsehenerregenden Wüstendurchquerung ein Buch geschrieben. Sie hat die Kamele für diese Durchquerung von mir bekommen. Ich habe ihr gezeigt, wie man mit Kamelen umgeht. Bevor sie diese Durchquerung in Angriff nahm, war sie für sechs Monate hier bei mir und meiner Familie."

„Dann gab es auch noch diesen verrückten Engländer, der in den 70er Jahren mit dem Hochrad von England bis nach Sydney fahren wollte und nach einem Sturz vom Hochrad bei mir als Kamelpfleger gearbeitet hat. So etwas wäre doch bestimmt auch etwas für dich. Ihr Radfahrer seid doch alle wilde und verrückte Typen. Es ist alles so einfach. Du nimmst dir zwei Kamele und spazierst mit ihnen durch die Wüste. An der Küste angekommen vermietest du die Kamele an Touristen zum Reiten. Irgend jemand mit viel Geld wird dir die Kamele dann abkaufen, dann fliegst du zurück nach Alice Springs und fährst mit deinem Rad weiter rund um den Äquator."

„Ist ja keine schlechte Idee", meinte ich, „nur, was passiert, wenn mir niemand die Kamele abkauft?"

„Dann spazierst du mit ihnen wieder zurück nach Alice Springs und ich nehme sie dir ab...".

„Einen Moment Noel -, du nimmst sie mir ab - oder weg?" fragte ich zweifelnd.

Ohne meine Frage zu beantworten fuhr er fort: „Dann bekommst du dein Bike und ich meine Kamele und du hast ein tolles Abenteuer gehabt."

„Und wer bekommt nun das Geld?", unterbrach ich.

„Über Geld spricht man nicht, Geld hat man", sagte er lächelnd. „Komm mit, ich zeig dir meine Tiere da draußen."

„Wie ist denn diese Geschichte vor 20 Jahren mit dem Engländer und dem Hochrad dann wirklich ausgegangen?", wollte ich wissen.

Er blieb stehen, sah mich an und flüsterte mir die Antwort ins Ohr: „Wenn ich es wüßte, würde ich es dir erzählen. Ich habe ihn nie wieder gesehen. Sein Fahrrad hängt heute noch bei mir..."

Wir plauderten noch etliche Stunden. Er zeigte mir seine Tiere und die Stallungen und wie liebevoll er sich um all seine Kamele kümmert.

Am Abend war ich eingeladen mit der Familie zu essen. Mein Zelt zum Übernachten stellte ich im Garten auf. Am nächsten Morgen kroch ich schon sehr zeitig aus dem Schlafsack, ich verabschiedete mich von ihm und seiner Familie. Ich mochte seine Einstellung zum Leben. Sein Gemüt war so typisch für Australien. Er war offen, lachte gerne und sah das Leben von einer ganz anderen Seite. Sein Händedruck war stark. Er strahlte Überzeugung und Ehrlichkeit aus. Schade, daß er mit einer Gruppe Touristen für sechs Tage in die Wüste verschwand.

Doch auch ich mußte weiterfahren. Kurz nach Mittag war ich in Alice Springs. Ich konnte wieder bei meinen Freunden unterkommen. Es gab noch vieles zu erledigen, bevor ich die schwierige Strecke durch den östlichen Teil des Kontinents unter die Räder nehmen konnte.

Die Simpson-Wüste - ein Fall für zwei

In der Umgebung um Alice Springs gibt es viele interessante Dinge zu sehen. Doch um die Besichtigungen mit dem Bike zu unternehmen braucht es viel Zeit, diese Punkte anzufahren. Aus diesem Grund beschränkte ich mich hauptsächlich auf Gebiete die mich interessierten und nicht so sehr auf die Sehenswürdigkeiten, auf die in den immer und überall aufliegenden Touristenbroschüren hingewiesen wird. Für Radfahrer ist der Zeit- und Energieaufwand zudem sehr groß um dann relativ wenig zu sehen, denn einige dieser großangekündigten Sachen sind nicht viel mehr als irgendwelche „historische" Steine oder ein altes Gebäude. Solche Ziele sind mit dem Auto leicht zu erreichen. Mit dem Fahrrad ist man hingegen oft tagelang unterwegs.

Bei meinen Vorbereitungen für die lange Fahrt von Alice Springs nach Cairns in Queensland an der Ostküste Australiens stieß ich zunächst auf unerwartete Schwierigkeiten. Meine geplante Route sollte etwa 1000 Kilometer auf dem Plenty Highway am Rande der Simpson Wüste bis nach Mt. Isa führen. Für diesen Streckenabschnitt war es leider nicht möglich, gutes Kartenmaterial zu bekommen. Ich glaube, es wäre leichter gewesen, ein Stück Gold in den Straßen von Alice Springs zu finden als eine für einen Radler brauchbare Straßenkarte für diese Route.

Die Antwort von allen Seiten war immer die gleiche: „What you wanna do that for, you're mad!"

Manchmal war ich schon fast am Verzweifeln und konnte ein Volk, welches selbst ursprünglich aus Entdeckern und Abenteurern bestand, nicht mehr verstehen. Ich hatte das Gefühl, daß man meine Idee, mit dem Bike durch die Wüste zu fahren, zu negativ sah. Je länger ich nach brauchbaren Infos suchte, desto weniger gelang es mir, erfolgreich zu sein.

Ich erreichte den Punkt, wo ich mich entscheiden mußte. Es gab zwei Möglichkeiten nach Queensland: entweder ich nahm die längere Variante über besseren Straßenbelag wieder hoch über Tennant Creek oder die kürzere Strecke über Pisten auf dem Plenty Highway durch die Wüste. Ein Trip ins ungewisse Abenteuer.

Doch gefährlich bzw. mir unliebsam war die längere Strecke auch, wegen des Verkehrs. Die Nachteile der kürzeren Strecke waren: fast gar kein Verkehr und keine Gewißheit, ob während der Fahrt auch genügend Wasser zu bekommen war. Unter normalen Bedingungen und auf einer guten Straße hätte ich außer Wasser für die etwa zehn Tage dauernde Fahrt alles mitführen können.
Doch wie konnte es auch anders sein, ich entschloß mich letztendlich für die abenteuerlichere Plenty Highway-Variante. Mit diesem Entschluß setzte ich auch den Abreisetermin für den übernächsten Tag fest.
Ich brauchte eigentlich nur genügend Nahrungsmittel für 10 Tage zu kaufen. Wasser konnte ich sowieso nicht genügend mitschleppen. Es war ein riskantes Abenteuer.
Doch dann war es reiner Zufall, daß ich am Tag vor der Abreise einen jungen Japaner traf, der auch in Australien mit einem Tourenrad unterwegs war. Ich war gerade auf dem Weg zum Supermarkt, als sich unsere Wege kreuzten. Er wollte von mir wissen, ob der Plenty Highway mit dem Rad zu befahren sei. Auch er war verzweifelt, denn niemand konnte ihm Auskunft über die Wassersituation am Plenty Highway erteilen.
Ich erzählte ihm was ich wußte, den Rest könne er selbst erfahren, wir bräuchten nur die Reise auf dem Plenty Highway zusammen machen.
Kazuma, mein Radkollege aus Japan, war von der Idee begeistert. Doch schien ihm das Unterfangen in einigen Punkten doch etwas zu gewagt. Ich hatte das Gefühl, daß er sich nicht ganz wohl fühlte bei dem Gedanken in der Simpson Wüste im Sand zu stecken und an leeren Wasserflaschen zu saugen. Zugegeben, auch ich wußte nicht ob wir es schaffen würden, doch war es wieder einmal dieses berühmte „Kribbeln" was mich dazu bewegte, diese Wüstenfahrt zu wagen. Wir wußten nur, daß es in Gem Tree, Harts Range, Jervois und Urandangie Wasser gab, doch waren die Abstände zwischen diesen Plätzen viel zu groß, um ganz ohne Wasservorräte auszukommen.

Wir verließen Alice Springs am nächsten Tag und fuhren die 70 Kilometer bis zur Abzweigung nördlich der Stadt. Unsere

Fahrradtaschen waren prall gefüllt mit Proviant. Ein überdimensionales Straßenschild verkündete die Realität des Outbacks. Auf rotem Hintergrund stand in großen weißen Buchstaben:
„WARNING - no fuel for the next 500 km"
Für uns hatte dieses Schild zwar keine Bedeutung, denn wir brauchten ja keinen Treibstoff, aber dennoch waren wir beide zuerst einmal schockiert. Ein derartiges Schild vermittelt draußen im roten Staub und in der Einsamkeit des Kontinents doch ein Gefühl der Ungewißheit und unliebsame Gedanken steigen hoch - was passiert, wenn...?
Ich glaube, daß mir Zuhause viel eher und schneller etwas passieren kann als in der Wüste Australiens. Ich weiß, daß ich mich bei einer Wüstendurchquerung in eine gefährliche Situation begebe und kann mich darauf vorbereiten.
Im „normalen" täglichen Leben sind die Gefahren so vielfältig geworden, daß ich mich dem Risiko einer Verletzung, eines Unfalls oder was auch immer andauernd ausgesetzt fühle. Das Traurige an allem ist, daß einem Verletzungen sehr oft aus Unachtsamkeit von anderen Menschen zugefügt werden. Eigentlich waren wir nur einer Gefahr ausgesetzt - kein Wasser zu bekommen. Doch diese Gefahr war noch nicht bewiesen.
Kazuma und ich stellten zunächst einmal unsere Zelte auf und beobachteten den Verkehr, der aus dem Plenty Highway hier an der Kreuzung ankam. In den folgenden acht Stunden zählten wir drei Autos, die an unserem Zeltplatz vorbeikamen, und keiner der Fahrer konnte uns genau sagen, ob es auf dem zweiten Teil der Strecke zwischen Jervois und Urandangie (etwa 300 Kilometer) Wasser gab.

Wir entschlossen uns dennoch, endgültig aufzubrechen. Um den Wasserverbrauch so niedrig wie nur irgendwie möglich zu halten, waren wir bereit, diese Strecke zwischen Jervois und Urandangie auch in der Nacht zu fahren.
Wir konnten jetzt auch nicht mehr länger bleiben, denn jeder von uns hatte nur einen Wasservorrat für maximal zwei Tage. Der nächste Wasserplatz war laut Auskunft erst wieder 100 km von unserem Standort entfernt. Wir fuhren die ersten 90 Kilometer bis nach

Gem Tree auf einer guten Asphaltstraße und kamen an etlichen Wasserstellen vorbei. Wasserstellen in Australien, oder überhaupt während meiner Reisen, sind für mich nicht immer die auf den Straßenkarten angezeigten Raststellen mit Wassertanks. Wasserstellen sind für mich allen Möglichkeiten, Wasser für den körperlichen Bedarf zu bekommen. Egal, ob dies in Form von Wasserleitungen, Brunnen, Flüssen, Seen, Tümpel oder Wasserlöchern ist. Ich habe zu oft Durst ertragen müssen, um in der Wüste mit dem Wasser auch noch wählerisch sein zu können.

Wir hatten uns während der Fahrt wenig zu erzählen, denn Kazuma war mit sich, seinem Rad und seinen Gedanken genau so beschäftigt wie ich. Bei unserer Ankunft in Gem Tree schlugen wir unsere Zelte auf machten ein Lagerfeuer und es war eigentlich der erste Abend, an dem wir ins Gespräch kamen.

Ich wußte, daß Kazuma bereits über 8000 Kilometer durch Australien mit dem Rad gefahren war, daß ihn die Australier als einen „Jap" bezeichneten und auch, daß seine Leibspeise schlicht und einfach weißer Reis war.

Er erzählte, daß er an der Kochi Universität studiere, daß er 18 Jahre alt sei und daß er in Japan in seiner Freizeit in einem Supermarkt die Regale gefüllt habe, damit er das nötige Geld für seine Australienreise zusammenbekam. Daß sein Vater ein Bauunternehmor oci und daß seine Mutter als Hausfrau alle Hände voll zu tun hätte. Aber dann war auch schon Schluß mit dem Erzählen. Es hatte den Anschein, als wäre alles andere aus seinem Leben und seiner Reise zum Erzählen unwichtig.

Kurz hinter Gem Tree verwandelte sich dann die Asphaltstraße in eine breite Wellblechpiste, die teilweise mit faustgroßen Steinen übersät war. Manchmal hörte ich Kazuma laut reden (so nannte er es), doch ich war mir sicher, daß er teuflisch fluchte, denn die Piste war wirklich in einem beschissenen Zustand. Mit seinem Tourenrad, den größeren Laufrädern und der dünneren Bereifung hatte er es viel schwieriger als ich, diese Piste zu meistern. Trotzdem war ich begeistert von seiner Einstellung und seinem Willen, diese harten Passagen fahrend zu bewältigen.

Die Gegend hatte wenig anzubieten, denn außer einer steppenähnlichen Landschaft, durch welche ein erdrückend heißer und staubiger Wind fegte, war weit und breit nichts zu sehen.

Kurz vor der Abenddämmerung erreichten wir Harts Range. Eine kleine Ansiedlung mit einigen hundert Aborigines, einer Kirche, Schule, Polizeistation sowie einem Supermarkt. Das war alles.

Die Aborigines kümmern sich um die Versorgung der Ansiedlung und wir erhielten von ihnen die Genehmigung zu übernachten. Gleich bei der Einfahrt zur Ansiedlung stand ein ziemlich verkommenes Gebäude mit einem Dach aus Aluminium und einem gemauerten Feuerplatz sowie einem Wasserhahn, der einfach am Ende eines Wasserrohres so etwa ein Meter aus dem Boden ragte. Wir gaben uns mit diesem Zeltplatz für die Nacht zufrieden, denn wir hatten Wasser. Auf alles andere hätten wir leicht verzichten können, doch nicht auf diesen Wasserhahn.

Am nächsten Morgen waren wir mit dem ersten Hundegebell auch schon wieder unterwegs auf der Schotterpiste des Outbacks. Wir hatten unsere Flaschen und Wasserbehälter bis zum Bersten vollgefüllt, um die 120 km lange Strecke bis nach Jervois, abhängig vom Pistenzustand, in einem Tag zu schaffen. Da wir ja nicht wußten, ob es zwischen den beiden Ansiedlungen Wasserstellen gab, nahmen wir sicherheitshalber das viele Wasser mit. Auf dieser Strecke ohne Wasser zu sein wäre noch nicht so schlimm gewesen, da ja täglich ein oder zwei Autos zwischen Harts Range und Jervois pendelten. Gefährlich wurde es erst nach Jervois, von dort hatten wir noch etwa weitere 300 Kilometer auf versandeten Pisten vor uns und angeblich keine Möglichkeit, an Wasser zu kommen.

Auf halbem Weg kamen wir an einem Schild vorbei, welches die Jinka Station ankündigte. Zwei Kilometer weiter führte die Straße an einer Wasserstelle vorbei. Diese Wasserstellen sind für Mensch und Tier im Outback überlebenswichtig. Das Wasser wird aus enormen Tiefen, meistens durch ein Windrad, an die Oberfläche gefördert. An der Sammelstelle werden entweder große Wassertanks oder ein Naturdamm gebaut. Aus diesen Tanks rinnt das Wasser dann in eine Tränke. Somit haben die Kühe und Rinder des Outbacks die Möglichkeit zu trinken.

Die Tränken werden von den „stations" (so nennt man die Outback-Farmen) gebaut und auch instand gehalten. Wenn die unterirdische Quelle oder die Ader kein Wasser mehr führt, bleibt die gesamte Anlage zwar bestehen, doch sie bringt keinen Tropfen Wasser an die Oberfläche.

Jetzt konnte ich auch verstehen, warum diese Wasserstellen auf den Straßenkarten nicht eingetragen sind. Sie sind Privatbesitz, und wenn die Windräder kein Wasser mehr an die Oberfläche bringen, werden sie manchmal abgebaut und an anderer Stelle aufgebaut. Das ist das Problem der Eintragung in amtliche Karten - man kann sich nicht darauf verlassen, also hat man gleich ganz drauf verzichtet. Die meisten Leute benützen diese privaten Wasserstellen auch nur in Notfällen, weil die Autos in Australien ja mit Wasserbehältern oder Kanistern ausgerüstet sind.

Je tiefer wir in die Wüstengebiete vordrangen, desto mehr freuten wir uns, Windräder mit Wasser anzutreffen. Es war auch sehr angenehm, im Umfeld dieser Wasserstellen zu zelten. So brauchten wir mit dem Wasser nicht gerade zimperlich umgehen, die Basis zum Überleben war immer vorhanden. Wir konnten es trinken und damit kochen, denn Holz fand sich auch. Den Rest hatten wir in unserem Gepäck.

Kazuma hatte für die ersten drei Tage genügend Weißbrot aus Alice Springs mitgebracht. Ich war überrascht als ich feststellte, daß er als Grundnahrungsmittel nur dieses Brot, weißen Reis und Sardinen in seinen Taschen gepackt hatte. Ich jedoch hatte in Alice Springs Mehl gekauft sowie einige Päckchen Trockenhefe, um Brot zu backen, dazu noch Gemüse, getrocknete Früchte, Honig, braunen Reis, Milchpulver etc. Er staunte nicht schlecht, als er sah wie ich anfing, mitten in der Wüste Brot zu backen. Vielleicht war er der Meinung, daß man zum Backen unbedingt einen Ofen braucht. Als ich im Sand ein Loch gegraben hatte und in diesem Loch das Holz verbrannte und dann auf den Kohlen mein Brot backte, da fielen dem japanischen Kamikaze-Radler fast die Augen aus dem Kopf.

Die schwierigste und anstrengendste Etappe war dann die Piste zwischen Tobermorey Station und Urandangie Pub. Es war unglaublich, denn wir mußten uns zwei Tage lang durch knietiefen Sand kämpfen, als Begleitung gab es Bilder von schrecklich verendeten Tieren, die in der Hitze übel stanken.

Vollbepackte Räder für die Durchquerung der Simpson-Wüste

Überreste von verdurstetem Vieh

Zum Zeitpunkt unserer Reise erlebte das Land die schrecklichste Trockenzeit seit 100 Jahren. Die Farmer waren gezwungen, ihre Schafe und Rinder zu töten. Die Trockenheit vernichtete fast alles, was sie sich in Jahren harter Arbeit aufgebaut hatten. Viele haben ihre Häuser und Farmen einfach verlassen. Was irgendwie aufgeladen und mitgenommen werden konnte machte die Flucht aus der Trockenheit mit. Alles andere blieb zurück, wurde erschossen, angezündet, verbrannt und vernichtet.

Da wo wir mit unseren Rädern durch die Wüste zogen, schoben, schwitzten und fuhren, da konnte es gar nicht mehr trockener werden als es sowieso schon war. Das Wasser, das wir uns aus den Windrädern holten, war des öfteren zu heiß, etwas salzig oder beides zusammen. Eigentlich war es uns auch egal ob es heiß oder kühl war, denn ab 9 Uhr morgens hatte das Wasser in unseren Flaschen eine Temperatur von 45 bis 50 Grad! Wir wickelten feuchte Tücher oder Socken um die Flaschen und verhüllten uns wie Wüstennomaden, um uns vor Austrocknung zu schützen und die Fliegen fernzuhalten, und dennoch schafften wir einen Durchschnitt von 100 Kilometer am Tag.

Zugegeben, es war eine sehr harte Arbeit, und des öfteren schien uns die Kraft auszugehen. Kazuma hatte mit seinem Tourenrad noch größere Probleme als ich zu bewältigen, der pulverfeine Staub machte ihm arg zu schaffen. Wir machten aus, daß der Vordermann ab und zu Ausschau nach dem anderen hielt. Ich sah ihn manchmal mit seiner Ausrüstung bis zu den Knien im pulverfeinen Staub stecken. Er stapfte mit den Beinen im Staub und schlug mit seinen Händen in den heißen Wind, um die Fliegen zu verscheuchen. Die Hitze zerrte weiter an seinen Nerven. Einmal konnte ich ihm nicht länger zusehen wie er sich quälte, er tat mir leid. Ich ging zurück, um ihm aus der Situation zu helfen. Er sah mich an und sagte:

„Es ist sehr heiß und sehr abenteuerlich, aber es ist auch sehr gut für mich. Australien wird noch einen harten Japaner aus mir machen."

Dann lachte er, wälzte sich im Staub, stand auf und schüttelte sich ähnlich wie ein Huhn nach einem Sandbad.

Australien - unendlich weit, unendlich schön
Unten: Ein „Road-Train" ist ein trefflicher Fahrradständer

Durchs rote Outback zum berühmten Ayers Rock
Unten: Mahnung zum Wassersparen im heißen Australien

Die Piste des Plenty Highways am Rande der Simpson-Wüste
Unten: Wasser war für Radlerkollege Kazuma und mich äußerst wichtig

USA: Auf solchen Campingplätzen kann man's aushalten...
Unten: Mit Musik geht alles besser

Puerto Escondido an der Pazifikküste in Mexiko
Unten: Guatemala - Armut in bunten Gewändern

Flammen des Bürgerkriegs in El Salvador
Unten: Vulkan Irazú in Costa Rica, 3432 m. Höchster Punkt der Tour

Weiter durch die Dschungel Südamerikas
Unten: Manchmal brauchte es Karte und Kompaß

Auf roter Piste durch Venezuela nach Brasilien
Unten: Meine einsame Schneise durch den Amazonas-Regenwald

„Wir können froh sein, daß wir die Möglichkeit haben uns hier zu plagen!"
„Kazuma, es sind nur noch 100 Kilometer bis zum nächsten Pub mit dem kältesten Bier der Welt!"
„Wirklich? Woher weißt du das?"
„Hier steht es geschrieben auf diesem Stein!"
„Vielleicht können wir den Rest der Strecke morgen beenden."
Für heute waren wir auf jeden Fall geschafft. Kurz vor Einbruch der Dunkelheit erreichten wir ein knochentrockenes Flußbett, stellten am Ufer unsere Zelte auf und wanderten durch das Flußbett auf der Suche nach Brennholz und einem möglichen Wassertümpel. Wir wollten uns den Schweiß, Sand und den Staub abspülen.
Plötzlich ertönte ein Schuß ganz in unserer Nähe. Wir warfen uns zu Boden und warteten, was passieren würde. Wir hörten fluchende Stimmen und noch einen Schuß. Eine Gruppe „Wallabies" hüpfte in hohem Bogen an uns vorbei.
„Keep your head down!" schrie ich Kazuma zu. Dann war es still. Die Schießerei war vorüber. Ich stand auf und ging das Flußufer hoch, um einen Überblick zu bekommen. Etwas weiter entfernt sah ich blaue Rauchschwaden in den Himmel steigen.
Kazuma lag noch immer am Boden und verfolgte mich mit seinen Augen. Ich ging weiter. An einem Lagerfeuer sah ich dann zwei Männer und einen jungen Burschen sitzen. Jeder hatte eine Knarre und eine Dose Bier zur Seite. Ich grüßte sie.
„Oh, hell", sagte der Ältere, „wir überholten euch gestern. Ihr habt aber nicht lange gebraucht um bis hierher zu kommen. Wo ist dein Jap-Kollege? Setzt euch doch hierher und erzählt uns ein bißchen, wie das so ist, mit dem Fahrrad durch die Wüste zu fahren. Wollt ihr etwas essen? Wir haben Wallabie-Fleisch, Bier und Damper (Brot). Wenn ihr wollt, greift zu, wir sind morgen in Urandangie und da gibt es wieder Nachschub."
Es wurde ein schöner Abend mit den dreien. Kazuma sprach sehr gut englisch, und so waren unsere Gespräche auch für ihn nicht langweilig.
Es wurde sehr spät und die geplante Körperwäsche im Tümpel mußte wohl bis auf den nächsten Tag warten. Denn zwischenzeitlich war es schon viel zu dunkel geworden und auch nicht wichtig,

draußen im Busch um Mitternacht den Körper zu waschen.

Als das Holz schon verbrannt war und nur noch rot glühende Stücke zu sehen waren standen wir auf und gingen zurück zu unseren Zelten.

Im Schlafsack eingehüllt dachte ich zurück an die letzten neun Tage, die ich mit Kazuma im Outback verbrachte. Er war ein sehr angenehmer Reisepartner. Er war so höflich, daß es mir schon fast peinlich war. Ich hatte unterwegs bereits einige Radfahrer getroffen und man ist vielleicht ein, zwei oder drei Tage gemeinsam unterwegs, doch mit Kazuma hatte ich das Gefühl, daß wir die Wüstendurchquerung zwar zusammen machten, aber trotzdem unsere eigene Identität nicht aufgeben mußten. Jeder machte was er machen mußte und wollte. Manchmal fuhr ich am Morgen früher weg als er. Bei den schwierigen Passagen wartete ich auf ihn. Er hat dasselbe auch für mich getan, wenn ich hinter ihm herfuhr, weil ich nicht so gut drauf war oder Probleme hatte. Ohne daß wir uns abgesprochen hatten, habe ich nach den ersten zwei Tagen für uns beide gekocht. Kazuma war froh, daß ich diese Arbeit machte, seine Küche war ihm wahrscheinlich etwas fade geworden.

Er war stolz auf sein Fahrrad und seine Ausrüstung. Das Tourenrad war keine Serienanfertigung, sondern ein maßgefertigter Rahmen und, was mich sehr überraschte, es hatte weder Suntur noch Shimano-Komponenten

„Ich wollte immer schon das Beste für mein Fahrrad haben", meinte er.

Deshalb hatte er sein Tourenrad mit einer Campagnolo-Gruppe bestückt, und während seinen 9000 Kilometern durch Australien überhaupt keine Probleme damit gehabt. Ich hatte mir zu Beginn meiner Weltumrundung die Shimano XT II montiert und war, bis hierher nach Urandangie, mit der orginalen Gruppe über 20.000 Kilometer gefahren, gleichfalls ohne Probleme. Lustig fand ich es, daß Kazuma als Japaner ausgerechnet mit einer Campagnolo-Gruppe unterwegs war und ich als italienischer Staatsbürger mit einer japanischen Shimano-Gruppe. Doch wichtig war für uns, daß wir keine Materialprobleme hatten, weil bei solchen Touren nur die Qualität zählt. Der Name ist zweitrangig.

Dann endlich Urandangie! Geschafft! Die Besitzer einer Bar, ein

dänisches Ehepaar, wußten bereits fast alles über unsere Fahrradtour durch die Wüste. So etwas spricht sich im Outback herum wie
ein Lauffeuer. Sie freuten sich mit uns, daß wir es geschafft hatten, diese schwierige Strecke mit den Rädern zu meistern. Darauf
tranken wir nicht nur eines, sondern gleich etliche kühle Biere.
Cheers!

Es gibt bestimmt Leute, die diese 1000 Kilometer lange Strecke
auch schon mit ihren Rädern meisterten und sicherlich werden wir
auch noch Nachfolger haben. Doch für mich war es wichtig, daß
wir den Mut hatten, diese uns unbekannte Strecke in Angriff zu
nehmen. Denn jetzt kann ich den Radabenteurern der Welt diese
Strecke weiterempfehlen. Sie ist machbar, ohne besonderen
Aufwand, ohne Begleitfahrzeug. Doch da ich weder die Kondition
noch die mentale Einstellung des Einzelnen kenne, möchte ich allerdings hinzufügen, daß sie trotzdem mit Vorsicht zu genießen
ist!

Während unserer Tour hatten wir mindestens alle 60 Kilometer die
Möglichkeit Wasser zu bekommen. Nicht immer das beste und
schmackhafteste, doch immerhin Wasser. Ob dies jedoch in den
nächsten Jahren noch immer der Fall sein wird, kann niemand ga-
rantieren. Ich glaube jedoch eher, daß es gar leichter werden könnte, an Wasser heranzukommen. Denn da wo Touristen unterwegs
sind, dauert es meistens nicht lange, bis man irgendwann auch
auf der Strecke zwischen Alice Spring und Mt. Isa auf dem Plenty
Highways eine „Roadside Inn" mit allem errichtet.

Wir sind einen Tag in Urandangie geblieben, um uns ein bißchen
zu erholen, denn die letzten Tage hatten uns ziemlich ausgelaugt.
Von Urandangie bis nach Mt. Isa hatten wir noch 180 km zurückzulegen. Wir einigten uns, auf dieser Strecke bis Mt. Isa zusam-
menzubleiben. Danach trennten sich unsere Wege. Kazuma hatte keine Lust mehr, mit mir die Strecke von Mt. Isa bis nach Cairns
durch den Gulf of Carpentaria zu biken. Die staubigen Pisten waren ihm zu anstrengend, er wollte den Rest der Strecke auf Asphaltstraßen über Townsville nach Cairns fahren. Es tat mir leid, denn
ich wäre gerne noch einige Tage mit ihm zusammen gewesen. Ich
jedoch bevorzugte die anstrengenderen Schotterpisten, die Ruhe
des australischen Outbacks und die Einsamkeit.

In Mt. Isa angekommen verbrachten wir zwei Tage in dieser Minen-Metropole. Eine Oase in der Wildnis Australiens. Wir waren erleichtert, nach dieser langen und trockenen Fahrt in der 25.000-Seelen-Stadt angekommen zu sein. Kazuma und ich feierten mit einem vegetarischen Essen ganz bescheiden unseren Erfolg.
Wir kauften frische Lebensmittel für die Weiterfahrt und unsere Räder waren voll bepackt um etliches schwerer als bei unserer Ankunft. So erleichtert wie ich bei unserer Ankunft war, war ich auch bei unserer Abreise, diese öde Minenstadt, die praktisch aus dem Boden gestampft worden war, wieder verlassen zu können. Ich muß zugeben, daß mir der Abschied von Kazuma schwer gefallen ist. Wir haben uns während den vierzehn Tagen, die wir seit Alice Springs zusammen verbrachten, sehr gut verstanden. Es ist nie zu irgendwelchen Problemen gekommen. Seine fernöstliche Einstellung, verbunden mit einem Hauch Buddhismus, haben mir sehr gefallen. Er war ein Kämpfer in der Natur. Selbst wenn die Situation auch fast hoffnungslos erschien, hat er weitergemacht. Er versuchte nie, die schwierigen Phasen unserer Tour auf mich abzuwälzen. Wir einigten uns auf ein Wiedersehen in Cairns.

Am ersten Tag der Fahrt in Richtung Golf von Carpentaria hatte ich unglaublichen Rückenwind, so daß ich die 117 Kilometer von Mt. Isa nach Clonourry bereits am Vormittag schaffte. Von Cloncurry bog ich dann nördlich ab Richtung Normanton. Auch diesmal hatte ich Glück mit dem Wind. Es war das erste Mal seit meiner Ankunft in Australien, daß ich den Rückenwind auch wirklich ausnutzen konnte, denn die Strecke bis Normanton war geprägt von einer steppenähnlichen Landschaft, die wenig zu bieten hatte. Zu diesem Zeitpunkt war ich bereits an die 5000 Kilometer durch Australien geradelt und ich erreichte jene Phase, in welcher ich ein großes Bedürfnis verspürte, einfach mein Ziel Cairns zu erreichen. Durch die vielen langen eintönigen Strecken, die ich bis hierher durch den Kontinent gefahren war, sehnte ich mich nach einem starken Wechsel, ich wollte etwas Aufregenderes erleben.
Die Landschaft war schön aber sehr eintönig. Doch erst als ich mich dem Atherton Tableland in der Umgebung von Cairns näherte änderte sich auch die Landschaft. Es wurde tropisch. Diese

Veränderung der Landschaft und der Vegetation war verbunden mit einer inneren Freude und Erleichterung, und der Gedanke zu wissen, daß ich zu jedem Zeitpunkt Wasser erhalten konnte und nicht mehr so sparsam damit umgehen mußte, ließ mein Lebensgefühl wieder steigen.

Bei meiner Ankunft in Cairns war ich gespannt, ob mein Kollege Kazuma bereits angekommen war. Wie vereinbart fuhr ich zum Postamt von Cairns. Da ich jedoch von ihm keine Nachricht vorfand, hinterließ ich ihm meine Zeltplatz-Adresse.

Während den nächsten Tagen besuchte ich die Attraktionen in und rund um Cairns, organisierte meinen Flug nach Los Angeles und beantwortete meinen großen Packen Post. Ich nahm mir auch die Zeit, einfach Körper und die Seele im Wasser des weltberühmten Great Barrier Reefs baumeln zu lassen.

Einige Tage später fuhr ich wieder zum Postamt und war überrascht, Kazuma gleich persönlich zu treffen. Er war gerade angekommen. Damit war auch seine großartige Fahrradtour durch Australien beendet: er war von Darwin nach Perth gefahren, durch die Nullarbor Plains nach Adelaide, dann hoch nach Alice Springs und zum Ayers Rock und von dort bis Cairns. Eine überragende, 11.000 Kilometer lange Tour, unternommen von einem 18-jährigen Japaner.

Wir verbrachten noch einige Tage zusammen, fuhren durch den tropischen Regenwald nach Kuranda und besichtigten das Haifisch Museum in Cairns. Somit hatten wir auch die Möglichkeit gehabt, uns nicht nur im Staub und im Wind der australischen Wüste als Radfahrer kennengelernt zu haben, sondern auch als „normale" Menschen ohne Fahrräder. Kazuma begleitete mich noch bis zum Flugplatz, als ich dann von Cairns nach Honolulu flog. Und er setzte seine Reise mit einer zwei Monatstour durch Neuseeland fort.

Somit war auch für mich der australische Teil der Äqua-Tour zu Ende. Es war ein Erlebnis der Sonderklasse. Ich habe mich kaum in einem anderen Land derartig frei und wohl gefühlt. Bei meinem Abflug von Australien habe ich mich deshalb entschlossen, eine weitere Fahrradexpedition quer durch den australischen Kontinent von West nach Ost zu unternehmen. Am Flugplatz fragte ich Kazuma, ob es ihm Spaß machen würde, 1994 mitzupedalen.

Ich weiß nicht, ob er mehr überrascht oder entsetzt war. Er sah mich erstaunt an, grinste und sagte, daß er gerne eine Tour mit mir unternehmen würde, doch nicht wieder durch Australien! Es wäre viel zu einsam, viel zu heiß und vor allem gäbe es viel zu viele lästige Fliegen!

„Meine Fahrt war schön, abenteuerlich und erlebnisreich", meinte der kleine zähe Radler aus Kochi noch, „ich habe viel über Australien und vor allem sehr viel über mich und mein Leben gelernt. Ich hatte viel Zeit über Dinge nachzudenken. Doch wenn ich über diese Dinge während einer zweiten Reise durch Australien wieder nachdenken müßte, würde ich mein Leben von einer ganz anderen Perspektive betrachten müssen, und dazu bin ich eigentlich doch zu sehr der individuelle Kazuma Radler, Made in Japan..."

Als Erinnerung an unsere gemeinsame Zeit durch Australien tauschten wir zwei T-Shirts und natürlich unsere Adressen. Ich wünschte ihm noch eine gute Reise durch Neuseeland. Einige Stunden später war ich unterwegs zum Ausgangspunkt des letzten Teiles meiner Fahrradtour rund um die Welt: Los Angeles in Kalifornien.

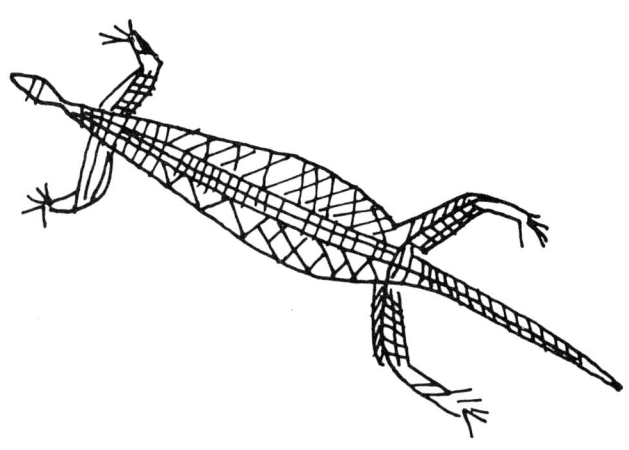

Amerika

Biken in den USA

Im Flugpreis von Cairns in Australien nach Los Angeles war ein Zwischenstop in Honolulu vorgesehen. Ein typisches Touristenangebot: Übernachtung in einem Drei-Sterne-Hotel mit Frühstück, eine geführte Bustour durch Honolulu und ein Einkaufsbummel durch den International Market Place.

Darauf wollte ich gerne verzichten, wenn mir stattdessen der Zwischenaufenthalt verlängert würde. Mit ein paar netten Worten überzeugte ich Sandra, die meine Buchung in einem Reisebüro vornahm, daß ich als Weltumradler andere Reisebedürfnisse hatte als ein „normaler" Fluggast, und sie brachte es dann auch tatsächlich fertig, aus drei Tagen sechs Tage Zwischenaufenthalt zu machen. Nichtsdestoweniger konnte ich aber trotzdem kostenlos in einem eleganten Hotel unterkommen. Great!

Nach meiner Ankunft in Honolulu wollte ich mich nach dem langen Flug über den Pazifik erstmal ausruhen, mich finden und meine Gedanken auf die vor mir liegenden, nicht einfachen Strecken einstellen.

Um von Nord- nach Südamerika zu gelangen gab es zwei Möglichkeiten: entweder durch den Südosten der USA bis Florida und dann ein Flug nach Venezuela oder - und dies war sicherlich die aufregendere und abenteuerlichere Variante - durch Mexiko und die mittelamerikanischen Staaten nach Kolumbien.

Ich machte einige kleinere Wanderungen und eine Hawaii-Inselumrundung mit dem Bike und dann war es auch schon wieder Zeit, den Weiterflug nach Los Angeles anzutreten. Ich hatte mich entschieden.

Mit dem Bike durch die von Bürgerkriegen zerrissenen und von Erdbeben zerrütteten Staaten Mittelamerikas zu fahren brauchte Mut und kühlen Kopf. Die Angst mußte einfach abgestellt werden, denn dafür war für eine solche Strecke kein Platz. Eigentlich wäre die Fahrt durch den Südosten der USA viel leichter, einfacher und eventuell auch schöner gewesen, doch was mich von dieser Route abhielt, ja abschreckte, war die soeben vollendete Bikefahrt durch Australien.

Die Fahrt durch Australien war zwar wunderschön gewesen, doch fehlte mir letztendlich die Aufregung und der Nervenkitzel, das Abenteuer und die tägliche Ungewißheit, wie sie nun mal in der Dritten Welt zum Alltag des Radfahrens gehören. Nach über 20.000 Kilometern mit dem Bike durch Afrika, Asien und Australien war mein Verlangen nach Abenteuer fast mit einer Sucht zu vergleichen, es genügte mir nicht mehr, einfach dahinzukurbeln und die Landschaft zu betrachten. Die seitherige Reise hatte mich verändert. Ich hatte sehr viel erlebt und jetzt wollte ich noch mehr erleben, und schon allein der Gedanke, durch Nicaragua, El Salvador und Guatemala mit dem Bike zu fahren, ließ so etwas wie eine Gänsehaut über meinen Rücken laufen. Mein seit Wochen ungestilltes Bedürfnis nach Abenteuer und Ungewißheit war stärker als alles andere, und deshalb wunderte ich mich auch nicht weiters über mich, als ich mich für die Gefahren und das Rattern der Maschinenpistolen Mittelamerikas entschloß. Meine Sucht nach Abenteuer mußte befriedigt werden.

Ich dachte dann auch gar nicht weiters darüber lange nach, wie meine Mittelamerikafahrt zu organisieren war. Für mich war sie machbar und das war's dann.

So radelte ich los, hinaus aus dem Stadtmoloch Los Angeles hinein in die Freiheit der USA, immer nach Süden, entlang der herrlichen Küste Kaliforniens bis hinunter nach San Diego.

Auf dieser Strecke traf ich sehr viele nette Leute - Mountainbiker, Touristen und eben typische Amerikaner. Alle waren sie offen und freundlich, sie luden mich ein, bei ihnen zu übernachten und mit ihnen zu essen. Ich habe ja schon viele Länder gesehen, und ich muß sagen, bezüglich Hilfsbereitschaft und spontaner Anteilnahme Fremden gegenüber sind Amerikaner kaum zu schlagen.

Sie waren begeistert, daß ich mit dem Bike um die Welt fuhr. Bei vielen hatte ich das Gefühl, daß ich durch meine Reise einen Teil ihrer Träume erfüllte, und deshalb werden Abenteurer ja meist auch verehrt.

So war es auch mit Barry, einem fanatischen Biker. Wir trafen uns auf einem Bikeway in der Nähe von Chula Vista, und ganz selbstverständlich wurde ich eingeladen bei ihm zu übernachten. Er wohnte mit seiner Frau und den Kindern in einem wunderschönen

Gebiet direkt am Meer. Er hatte sein Wohnzimmer umgebaut, um all seine verschiedenen, teuren Mountainbikes unterbringen zu können. Ein anderes Zimmer diente als Werkstatt und das Auto war zu einem Biketransporter umgerüstet worden.

Einen Tag verbrachte ich mit Barry und seinen Freunden in den Hügeln hinter Chula Vista. Wir fuhren herrliche Strecken und Mountainbike-Trails. Es war, als kannten wir uns schon sehr lange, als hätten wir auch schon Touren zusammen unternommen. In der Tat waren wir uns in Gedanken und Ansichten sehr ähnlich. An einem Tag kochte er das Abendessen und am nächsten Tag zeigte ich meine Kochkünste.

Barry hatte einige Zeit in Mittelamerika verbracht und riet mir von meiner Tour durch diese Länder unbedingt ab. Ich blieb jedoch bei meinem Entschluß und fuhr am nächsten Tag bei Tijuana über die Grenze nach Mexiko. Nun hieß es, meine spanischen Sprachkenntnisse zusammenzukratzen.

Beim Grenzübergang erwartete ich eine gewisse Ordnung, doch dem war nicht so. Ich schwamm im Strom unzähliger Autos und plötzlich war ich auf der anderen Seite, ohne daß die Amerikaner meine Ausreise kontrollierten. Auch die mexikanischen Zöllner winkten mich einfach durch.

In meinem Reiseführer stand, daß man sich den mexikanischen Einreisestempel notfalls auch erst bei der Überfahrt mit dem Schiff von der Halbinsel Baja California auf das Festland holen könne. Also ließ ich es auf diesen Notfall ankommen.

Traumhalbinsel Baja California

Es war schon immer ein Traum von mir, diesen 1700 Kilometer langen Finger Mexikos, die Baja California, mit dem Rad abzufahren. Auf der Äqua-Tour hatte ich jetzt die Chance.

Doch der Start war nicht leicht, denn die enge Straße von Tijuana nach Ensenada war wegen Regen naß und glitschig und voller Lastwagen, Busse und Autos. Kurzerhand wechselte ich auf die gebührenpflichtige, weniger befahrene Autobahn. Natürlich gab

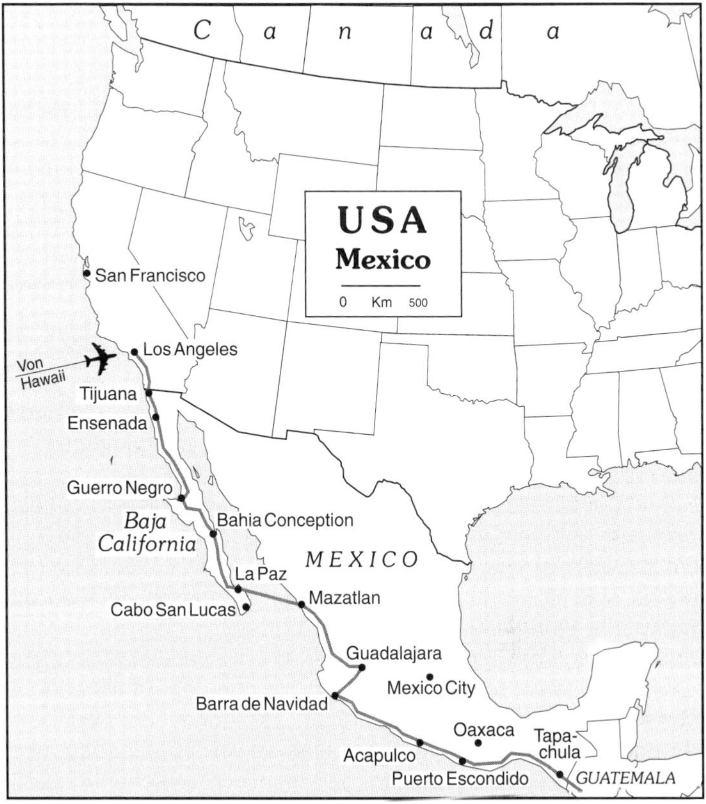

Canada

USA
Mexico

0   Km   500

San Francisco

Los Angeles

Von
Hawaii

Tijuana

Ensenada

Guerro Negro

Baja
California

Bahia Conception

MEXICO

La Paz

Cabo San Lucas

Mazatlan

Guadalajara

Mexico City

Barra de Navidad

Oaxaca   Tapa-
chula

Acapulco

Puerto Escondido   GUATEMALA

es ein Fahrverbot für Fahrräder, doch darum kümmerte sich kein Mensch. Selbst die mexikanischen Polizisten rasten in ihren Streifenwagen an mir vorbei, ohne auch nur den Kopf zu wenden. Die Baja California ist wüstenhaft, es gibt große Kakteenwälder, einsame Strände doch sehr wenig Menschen. Die kleinen Orte liegen weit auseinander. Ich wollte ganz bis zur Südspitze radeln, bis nach Cabo San Lucas, um von dort mit dem Fährschiff aufs Festland nach Puerto Vallarta überzusetzen.

Bis dorthin war das noch ein langer Weg, die Baja war erst „angekratzt". Noch war ich im Grenzgebiet, und man hatte mich mehrfach gewarnt, hier müsse ich vorsichtig sein, es sei gefährlich! Es würde viel gestohlen, es gäbe Überfälle, Drogen- und Menschenschmuggel in die USA. Die Amerikaner haben seit langem einen hohen und fast unüberwindlichen Metallzaun an ihrer Grenze hochgezogen, den sogenannten „Tortilla-Vorhang", um damit den Ansturm armer Mexikaner auf ihr Land abzuwehren. Schätzungsweise 300.000 Mexikaner versuchen alljährlich, illegal in die USA einzureisen, und sehr viele schaffen es auch, man schätzt die Zahl der illegalen Mexikaner in den USA auf 10-15 Millionen. Doch ich denke, daß Zäune und Mauern eigentlich nur ein Zeichen der Schwäche sind, bis jetzt haben sie nur selten den gewünschte Effekt erfüllt. Die Chinesische Mauer und die Berliner Mauer sind dafür die besten Beispiele - egal ob sie nun gebaut wurden um Menschen am Verlassen ihres Landes zu hindern oder illegal Einreisende abzuwehren. Mauern sollten ab-, nicht aufgebaut werden. Ich finde es auch seltsam, daß man jetzt zwischen Kanada, den USA und Mexiko eine Freihandelszone für Waren und Güter (NAFTA) beschlossen hat , andererseits jedoch nach wie vor auf Metallmauern setzt, um die Menschen fernzuhalten.

Ich fuhr jetzt auf einer der beliebtesten Urlaubsstraßen des amerikanischen Kontinentes, der MEX 1. Der kalte Winter in Kanada und den USA trägt dazu bei, daß Tausende ab Dezember in die wärmeren Gebiete Mexikos flüchten. Die Baja ist ideales Outdoor-Land, es gibt herrliche Buchten und einsame Strände, und ihre herbe Schönheit gibt einem wirklich das Gefühl, in einem Paradies für Dauerurlauber zu sein. Dabei ist kaum glaubhaft, mit wieviel

Gischt an der Pazifikküste von Los Angeles nach Mexiko

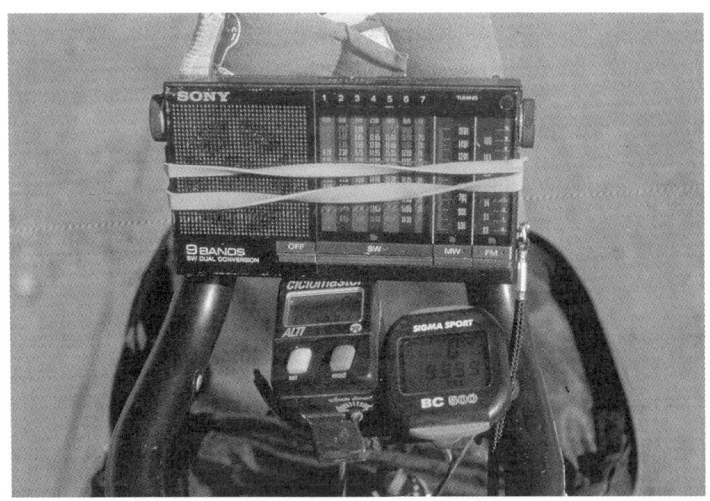

Der Weltempfänger am Lenker

Dingen und mit welchem Aufwand die Leute aus dem reichen Norden nach Süden fahren. Ihre komfortablen Camp- und Wohnmobile haben die Größe von Möbelwagen, sind hoch beladen mit Booten, Kanus und Mountainbikes, mit Empfangsschüsseln für Satellitenfernsehen und manche ziehen auch noch ein Personenauto hinterher.

Die Winterflüchtlinge fahren die ganze Baja runter, zu großen „Trailer Parks" an Stränden und Buchten, nach Mulege, Loreto, La Paz, San José del Cabo oder Cabo San Lucas. Diese Art des Reisens ist für die Amerikaner ein selbstverständlicher Teil ihrer Freiheit. Moderne Zugvögel.

Nach monatelangem Zelten in freier Natur fand ich es sehr schwer, mich in diesen „vorprogrammierten" Zeltplätzen wohl zu fühlen und ich habe mein Zelt nur dann in diesen Trailer Parks aufgestellt, wenn ich ein Gespräch mit anderen Reisenden suchte.

Sonst habe ich meistens zwischen Kakteen und Steinen übernachtet. Holz war fast immer vorhanden um meine Mahlzeiten zu kochen, und Nahrungsmittel und Wasser kaufte bzw. brachte ich aus den kleinen Dörfern mit, die es in zwar großen, doch regelmäßigen Abständen entlang der MEX 1 gibt. Die Frauen in den kleinen Geschäften - den „tiendas" - waren überrascht, einen Radfahrer zu sehen, doch war die Aufregung bei weitem nicht so groß wie in Asien oder Afrika. Hier gab es wahrscheinlich schon etliche Radfahrer, die von den USA oder von Kanada den Winter in Mexiko vor brachten.

Mein Traum wurde wahr. Es war herrlich, in diesem Gebiet mit dem Rad unterwegs zu sein. Die Strecke ging nicht eben dahin, manchmal gab es kurze, aber steile Hügel zu bewältigen, dann wieder längere Gefällstrecken.

Während der Fahrt hinunter in den Süden erinnerte ich mich an die Worte, die mir Barry erzählte. Die Baja, so meinte er, sei ein wunderbares Gebiet, um sich als Radfahrer auf die mexikanischen Straßenverhältnisse einzustellen. Drüben auf dem Festland sei der Verkehr dann schon viel gefährlicher.

Doch gleichgültig, ob man im Landesinnern oder auf der Baja fährt, die mexikanischen Autofahrer haben für Radfahrer nur wenig Verständnis, und auch nicht die meisten Autofahrer aus den USA oder

Kanada, denn viele rasten mit ihren breiten Wohnmobilen mit absolut minimalem Abstand an mir vorbei. Es war gerade noch auszuhalten.

Ich kurbelte dahin, die Hügel hoch und Hügel runter, manchmal erreichte ich Geschwindigkeiten von 70 km/h und dabei pfiff mir der Wind gewaltig um die Ohren. Es war herrlich, diese Freiheit zu spüren.

Ein Wohnmobil aus Oregon überholte mich und die Insassen winkten und jubelten mir eifrig zu. Die Straße führte einen Hügel hinunter und ich machte ziemlich Druck, um auf der anderen Seite mit relativ wenig Energieaufwand wieder hochzukommen.

Plötzlich tat es einen fürchterlichen Knall. Meine Vorderradtaschen wurden in hohem Bogen auf die Straße geschleudert. Der obere Teil des Gepäckträgers flog den Taschen nach und ich hatte alle Mühe, einen Sturz zu vermeiden.

Ich bremste so schnell ich konnte, stieg ab, wischte mir den Schweiß von der Stirn, legte meine Hände auf die schlotternden Knie und versuchte zu verstehen, was da eigentlich passiert war.

Der angebliche „CroMoly"-Träger war total durchgerostet und war an den Schweißstellen gebrochen. Durch die Geschwindigkeit und durch den Druck der Taschen wurde er wie ein Schleudersitz auf die Straße katapultiert. Ich hatte niemanden zu beschuldigen außer vielleicht mich selbst, da ich ihn nicht öfters kontrolliert hatte. Ich war glücklich, daß mir nichts passiert war. Es hätte viel schlimmer ausgehen können.

Die Leute im Wohnmobil hatten meine „Fahrkünste" im Rückspiegel gesehen und blieben stehen, um mir zu helfen. Wir verstärkten das abgerissene Stück und befestigten es mit dünnen Stahlbändern zurück an den Rahmen, sicherten die gesamte Konstruktion nochmals und so befindet sich der Träger auch noch heute am Rad - stärker als je zuvor.

Solch eine Geschichte ist relativ schnell erzählt und auch schnell geschrieben, doch sie sitzt mir noch heute in den Knochen, derartige Erfahrungen sind während einer Reise schon unangenehme Erlebnisse.

Während meiner Fahrt durch die Baja California bereitete ich mich auch schon mal auf die Straßen auf dem Festland vor. Von Leuten, denen ich begegnete, hörte ich die wildesten Geschichten: korrupte Poizisten, betrunkene oder gedopte Fernfahrer, Überfälle und was es sonst noch alles gab. Auto-Machos der schlimmsten Art. Ich habe gelernt, nur das zu beurteilen, was ich selbst gesehen und erlebt habe. Also ließ ich die Sache auf mich zukommen und stieg weiter in die Pedale, um nach Süden zu gelangen.

In der Nähe von Guerrero Negro wollte ich Wale beobachten, die sich hier im Meer zusammenfinden. Doch war ich mindestens um sechs Wochen zu früh dran. Also fuhr ich weiter.

Nun wechselte die Straße quer über die Halbinsel von der Ost- zur Westküste nach Santa Rosalia, und von dort führt sie entlang der Küste über Mulege bis nach Loreto.

Es war einige Tage vor Weihnachten, und am „Playa Coyote" an der Bahia Concepcion ergab sich die Möglichkeit, die Festtage zu verbringen. Doch welch ein Unterschied zu den Weihnachtstagen in der Zentralafrikanischen Republik!

Wir waren Radfahrer aus vier verschiedenen Ländern, die Flammen unseres Lagerfeuers loderten neben den Zelten und spiegelten sich im ruhigen Meer. Vier Gleichgesinnte kochten ihr Weihnachtsessen und erzählten ihre Reiseerlebnisse. Anne, eine Engländerin, war auf dem Weg zurück nach Los Angeles. Ralf, ein Deutscher, war auch schon längere Zeit unterwegs, doch wußte er nicht so richtig, wo er eigentlich hinfahren wollte. Martin, ein Schweizer, war nur für einige Wochen auf die Baja gekommen. Wir verstanden uns alle sehr gut und verbrachten zwei Tage zusammen, bevor sich unsere Wege wieder trennten.

In Mulege hatte ich erfahren, daß die Fähre von Cabo San Lucas nach Puerto Vallarta eingestellt worden war. Warum, war mir egal, jetzt hatte ich nur noch eine Möglichkeit auf das Festland zu gelangen: mit der Fähre von La Paz nach Mazatlan. Nach La Paz waren es noch etwa 500 Kilometer, und diese schaffte ich in vier Tagen.

Nach der 2300 km langen Fahrt von Los Angeles bis La Paz war ich froh, ein weiteres Stück der Äqua-Tour ohne größere Probleme hinter mir zu haben. Während des letzten Monats hatte ich keine längeren Rastphasen eingelegt und ich war mit meinem Reiseplan

Auf Baja California gibt es zahllose Kakteenwälder

Mexikanerin beim Tortilla backen

zufrieden. Die Kilometer wie auch die Reisetage waren wie geplant gut gelaufen, d.h., meinen vorgenommenen Tagesschnitt von etwa 100 Kilometer hatte ich gut eingehalten. Auf der Baja California zwischen Rosarito und La Paz hatte ich sogar einen Tagesschnitt von 170 km (meinen absoluten Äquatour-Tagesrekord von 195 km fuhr ich jedoch in Java, und ich denke, bei einem Totalgewicht von 100 kg - body, bags and bike - sind 195 km eine gute Leistung)! Ich konnte mir also einige Tage in La Paz gönnen. Ich verstaute mein Bike in einem Hotel der Billigklasse und erledigte die wichtigen Dinge. Zuerst ging ich zur Immigration und ließ mir meinen fehlenden Einreisestempel für Mexiko in den Paß drücken. Dann besorgte ich mir ein Ticket für die 16 Stunden dauernde Fahrt hinüber nach Mazatlan wusch meine Kleider, füllte einige Seiten in meinem Tagebuch, bummelte (ohne Rad) durch La Paz und traf bei dieser Gelegenheit einen äußerst interessanten Biker.

Er war erst fünf Monate unterwegs und ihm war bereits seine gesamte Kameraausrüstung gestohlen worden. Sein Bike wurde ihm in San Francisco geklaut, dazu kam noch ein komplizierter Knöchelbruch an seinem Bein. Jetzt war er auf der Suche nach einem Radkollegen und fand in mir ein Opfer.

Unsere gemeinsame Reise dauerte genau 2 Tage. So schnell wie wir uns getroffen und geeint hatten, die Fahrt durch Mexiko zusammen anzutreten, so schnell trennten wir uns auch wieder. Es war besser, alleine weiterzufahren. Warum auch nicht, beide kamen wir ja bis hierher alleine, und für mich wäre es viel zu kompliziert geworden, mit diesem seltsamen Radnomaden unterwegs zu sein. Sein Reisestil war anders als meiner. Er hatte Angst, im Freien zu übernachten. Ich wußte auch, daß ich alleine viel besser zurechtkommen würde. Zum Abschluß unserer gemeinsamen Reise, die eigentlich noch gar nicht angefangen hatte, fuhren wir mit unseren Bikes in einem absoluten „Sauwetter" die 16 km zum Hafen von La Paz zur Fähre nach Mazatlan.

Langsam verschwand die Halbinsel im Abendlicht, die Fähre war jetzt schon weit im Golf von California. Ich dachte noch einmal über die schönen Landschaftsbilder nach, die ich auf Baja California gesehen hatte. Für mich war wirklich ein Traum in Erfüllung gegangen.

Die Ankunft war für 8 Uhr morgens angesagt. Und dann ging meine Tour bereits wieder auf den Äquator zu, denn Mazatlan liegt gerade am Wendekreis des Krebses.

Verkehrschaos Mexiko

Von allen Ländern, die ich während der Äqua-Tour durchfuhr, werden mir Mexiko, Nigeria und Indonesien noch besonders lange in Erinnerung bleiben. Als Radfahrer kann ich erschreckende Parallelen ziehen. Alle drei Länder weisen sehr hohe Bevölkerungszahlen auf, haben wuchernde, immer schneller wachsende Großstädte und ein absolut chaotisches Verkehrssystem mit einem schlecht ausgebauten Straßennetz. Sie gehören zu den großen Erdölproduzenten der Welt, sie haben korrupte Wirtschafts- oder politische Systeme, Drogenprobleme und eine hohe Armut unter der Landbevölkerung.

Für mich war das Radfahren in diesen Ländern dementsprechend schwierig. Der unglaublich niedrige Preis des Benzins an den Zapfsäulen in diesen Ländern hat dazu beigetragen, daß der motorisierte Verkehr mit einem niedrigen Kostenaufwand betrieben werden kann. Umweltschutz und Umweltbewußtsein sind in diesen Ländern Fremdwörter, die wirtschaftlichen und sozialen Bedingungen erfordern eine bestimmte Aggressivität, die sich dann sehr oft auf die Straße verlagert.

Ganz besonders aggressiv und gefährlich fand ich die Situation in Mexiko. Als Radfahrer hatte ich wirklich keine Chance, mich gegen diese Macho-Typen auf Rädern durchzusetzen. Die „Toyota-Cowboys" in ihren „4-wheel-drives" waren mir bestimmt überlegen, doch sie hätten mich als Radfahrer gut respektieren können. Doch leider mußte ich nur zu oft feststellen, daß die Autofahrer in Mexiko ihre Autos als „Verlängerung" ihrer inneren Aggressionen ansehen.

Immer wieder fuhren die Fahrer bis auf 30 cm an meine Taschen heran, rauschten mit schrillstem Gehupe so nahe an mir vorbei, als wollten sie sehen, ob ich nicht doch mit meinem Bike von der

Straße springen würde. Bei derartigen „Begegnungen" hatte ich immer Angst, daß die Fahrer betrunken waren. Trunkenheit am Steuer scheint in Mexiko wohl nicht gesetzeswidrig zu sein, oder zumindest ist die Chance sehr hoch, nicht erwischt zu werden. Doch gerade dieser Punkt ist die Ursache zum Übel. Fahrerflucht, Raserei und Unfälle sind sehr oft die Folgen.

Während meiner Fahrt kam ich immer wieder an Unglücksstellen vorbei. Sie sehen sehr makaber aus. Oft läßt man das Auto oder Wagenteile davon an der Unfallstelle liegen und schmückt den Platz mit Papierblumen, Rosenkränzen oder sonstigen Gegenständen, die die Verunglückten getragen oder geliebt haben. Dies können Bilder, Schuhe, Flaschen oder was auch sonst immer sein. Für jede Person, die bei dem Unfall getötet wurde, wird auch ein Kreuz aufgestellt, meist mit einigen Kerzen. An einer Stelle zählte ich 27 Kreuze, und der Platz, an dem dieser wohl schreckliche Unfall passiert war, sah aus wie ein Marktplatz voller Geschenke, mit Kerzen, Blumen und Blechteilen des Busses. Zusammen mit den vielen Kreuzen sollten sie als Warnung für andere Verkehrsteilnehmer dienen. Ich jedoch hatte den Eindruck, als wollte hier ein „Straßencowboy" einen neuen „Kreuzrekord" aufzustellen.

Mir wurde auch erzählt, daß in den mexikanischen Bussen bei einer Geschwindigkeit von über 90 km/h ein Tonsignal, das mit einer Rotlichtwarnanlage verbunden ist, im Bus losgeht, um Fahrer und Passagiere darauf aufmerksam zu machen, daß die erlaubte Geschwindigkeit überschritten ist. Ich kann aber nicht sagen, ob da was Wahres dran ist.

Nach meiner Ankunft und sofortigen Abfahrt von Mazatlan entschloß ich mich, die Küstenstraße, die MEX 200, bis hinab nach Tapachula an der Grenze von Guatemala zu fahren. Ein fast ewig erscheinender „Schlauch", oder, besser ausgedrückt, eine Strecke von etwa 2500 km!

Diese Strecke ist teilweise wunderschön mit herrlichen Aussichten auf Küste und Berge. Wichtig war für mich, weit abseits von Stadthektik zu fahren. Ich wollte von den Industriegebieten am Golf von Mexiko, den Großstädten und der Hauptstadt Mexiko City mit ihren 20 Millionen Einwohnern nichts wissen.

Radfahren war für mich schon immer zuerst ein Erlebnis mit der Natur. Manchmal kann ich es natürlich nicht vermeiden, durch Städte und Industriegebiete fahren zu müssen, wobei Radfahren in den Großstädten der Dritten Welt meist stressig und gefährlich ist. In Großstädten fühle ich mich immer Gefahren ausgeliefert, an die ich mich zwar gewöhnen kann, doch lieber versuche ich sie zu vermeiden.

Guadalajara mit seinen drei Millionen Einwohnern ist im Vergleich zu Mexiko City eine Kleinstadt. Ich hatte meine Post an das Büro von American Express in Guadalajara senden lassen. Nach einem kurzen Telefongespräch von Tepic aus erfuhr ich, daß einige Briefe zum Abholen bereitlagen.

Bei meiner Ankunft in Guadalajara stellte ich jedoch fest, daß das Büro die Anschrift gewechselt hatte und meine Post beim Umzug irgendwo liegengeblieben war. Niemand vermochte mir Auskunft zu geben und niemand war daran interessiert, meine Briefe zu finden. Ich war wütend. Die lange Anfahrt mit dem Bike war umsonst, obwohl mir während des Telefongesprächs versichert wurde, daß Post für mich da wäre. Ich war mir sicher, nie wieder den AMEX-Briefdienst zu benützen.

Enttäuscht fuhr ich von Guadalajara wieder Richtung Pazifik, um wieder auf die MEX 200 zu gelangen. Der Umweg von 250 Kilometer und der Frust auf Mexikos Straßen hatten sich echt nicht gelohnt. Bei Barra de Navidad stieß ich wieder auf die MEX 200. Dann ging es immer am Meer entlang nach Acapulco. Diese Strecke ist bezaubernd. Immer wieder gibt es herrliche Aussichten auf die Küste, auf Buchten und Berge, auf steil abfallende Felsen, an die Wellen mit unglaublicher Wucht dagegenprallen. Die Luft riecht nach Salz und Meer, und die kleinen Fischerdörfer entlang der Küste wurden für mich zu wichtigen Kontaktpunkten.

Eine Radreise durch Mexiko kann ein tolles Erlebnis sein, doch nicht der Verkehr, denn der ist auf vielen Straßen ein wahres Chaos. Aus der Sicht eines Radfahrers sind die Straßen sehr schlecht gebaut. Streckenweise ist die Straße 20 cm höher als der Seitenstreifen! Also muß man gleich zu Beginn entscheiden, ob man im Schotter neben der Straße fährt, kämpft, flucht und schwitzt, oder

ob man auf dem rauhen Asphalt bleibt und dafür bei jedem Über-
holmanöver die Angst im Nacken hat.

Ich entschied mich je nach Verkehrslage für den Asphalt oder den
Schotter daneben. Ich lernte, mit dieser Situation umzugehen. Es
war für meine Psyche wichtig zu verstehen, daß ich mich unter-
ordnen mußte. Wer ich war, was mein Ziel und die Äqua-Tour war,
dies war den „Straßencowboys" egal. Für sie war ich ein wertlo-
ser Radfahrer, der sich den mexikanischen Verkehrsbedingungen
anzupassen hatte, wenn er überleben wollte. Es wäre ein schwerer Fehler gewesen, auf „stur" zu schalten.

Erst später, als ich einige andere Radfahrer getroffen hatte und
mich mit ihnen unterhielt, wurde mir bewußt, das meine Radfahrt
durch Mexiko eine Superleistung war. Nicht wegen den 4500
Kilometern im Sattel, sondern eher deshalb, weil ich es gewagt
hatte, auf diesen Straßen und in diesem Verkehr zu fahren. Kanadier
und Amerikaner erzählten mir, daß ihnen das Radreisen in Mexiko
viel zu gefährlich war und sie aufgeladen hätten.

Doch trotz dieser schwierigen Situation war meine Fahrt durch
Mexiko von schönen Erlebnissen begleitet. Ich hatte viele Be-
gegnungen mit freundlichen Leuten, es gab hervorragende Gerichte
in den kleinen Straßenrestaurants, bunte Fiestas und tolle Musik.
Egal wie negativ einige Erlebnisse waren, an diese schönen
Erinnerungen werde ich immer zurückdenken.

Die Touristenstadt Acapulco mit all ihren großen Hotelkästen und
Bars, ihrem Massentourismus und Betrieb hatte auch für mich ein
Bett, denn ich begnügte mich mit einer billigen Unterkunft. Als Weltumradler geht es mir in solchen Städten nicht um den Luxus und
das Angebot, sondern eher darum, den Tourismus zu beobachten
und mitzuerleben, wie dieser Tourismus die Leute verändert, wie
er die Einheimischen prägt und wie sehr wir alle dieser Entwicklung
hinterherlaufen, ohne uns darüber Gedanken zu machen, wie negativ uns diese touristische Entwicklung in der Zukunft treffen wird.
Ich saß am Strand des kleinen Badeorts Puerto Escondido und
war von Acapulco noch ganz schockiert. Meine Blicke schweiften
hinaus über die Bucht und ich beobachtete die Pelikane, die von
den Fischern gefüttert wurden. Mir ging durch den Kopf, daß es in

jeder Entwicklung, also auch im Tourismus, positive und negative Seiten gibt. Acapulco und Puerto Escondido leben wie hunderte anderer Städte vom Tourismus, ähnlich wie viele Gemeinden bei uns in Südtirol. Die Bergbauern wollen und können nicht mehr von den Wiesen und den Kühen alleine leben. Also werden aus den Wiesen Skipisten gemacht. Der Skifahrer im Winter bringt viel mehr Geld als der Bauer mit den Kühen im Sommer verdienen kann, also hat man bei uns den Schwerpunkt des Verdienstes von der Kuh auf den Skifahrer verlegt. Und so ähnlich ist es wohl auch in Mexiko. Dort hat man den Verdienstschwerpunkt „Fischfang" auf „Touristenfang" verlegt und es funktioniert. Egal, was bei uns der Skispaß und der Skipaß kostet, egal ob die Kuh verreckt oder was das Hotel kostet und auch ganz gleich ob die Fische in den Meeren der Welt ersticken.

So ändern sich die Zeiten, so kann es aber nicht weitergehen. Irgendwann müssen wir wieder anfangen vernünftig zu denken bevor wir alles kaputt machen, denn sonst wird nicht nur die Natur sich rächen. Auch wir Menschen werden zueinander immer aggressiver werden, weil wir uns von der Natur und den Mitmenschen bedroht fühlen. Ich will meinen Finger jedoch nicht auf andere richten und warten, bis sie den Anfang machen. Ich kann selbst den Anfang machen!

Ein Handschlag auf meine Schulter reißt mich aus meinen Gedanken.

„Hey you, wanna buy shit?"

Ich blickte dem Typen kurz ins Gesicht. Er war ungefähr 15 Jahre alt, zerfetzte Jeans, barfuß, dunkle Brille mit giftgrüner Fassung, Kaugummi, Baseballmütze. Am liebsten hätte ich ihm die Antwort gegeben die er auch am besten verstanden hätte: „Fuck off!" Aber ich war höflich, ich drehte meinen Kopf wieder Richtung Bucht und schaute den Fischern zu.

Der Junge ließ nicht locker. Er legte seine Hand wieder auf meine Schulter.

„Hey friend, look me, I have everything: crack, shit, koks."

Ich stand auf und lief einige Meter weiter. Der Typ kommt mir nach. Der wird mir nicht lange nachlaufen, dachte ich. Zeit ist Geld, Geld braucht er, und wenn er es von mir nicht bekommt, wird er sein

Angebot wohl jemandem anders unterbreiten. Die Drogenmafia hat natürlich auch in Mexiko ideale Verhältnisse, um den Stoff von Südamerika hier durchzuschleusen, selbst in kleinen Dörfern gibt es manchmal alles, was man als Drogenabhängiger braucht. Schon Kinder im Alter von sieben Jahren bieten den Stoff an.

Am Abend traf ich in Puerto Escondido noch zwei Amerikaner, Stan und Barbara, die auch mit den Bikes unterwegs waren. Sie kamen gerade aus Yucatan und waren auf dem Weg hoch nach Boston. Ich freute mich, wieder mal mit anderen Bikern sprechen zu können, und obwohl mir die beiden keine Informationen bezüglich Guatemala geben konnten, hörte ich einiges von ihnen über Mittelamerika. Stan hatte als Arzt in Nicaragua gearbeitet. Auf meine Fragen bezüglich Nicaraguas hatte er nur eine Antwort: „No comment."

Ich trat wieder in die Pedale. Ich war jetzt noch ca. 700 Kilometer von der Grenze Guatemalas entfernt. Die Straße führte am Golfe von Tehuantepec entlang und die gesamte Strecke schien ziemlich eben zu sein. Ich rechnete mit meiner Ankunft an der Grenze nach ungefähr sechs Tagen.

Hinter Acapulco war der Verkehr schwächer geworden und dadurch wurde mir die Fahrt leichter gemacht. Das mexikanische Verkehrschaos schien endgültig hinter mir zu liegen. Seit meiner Ankunft in Los Angeles war ich über 5600 Kilometer gefahren, und ich war schon sehr gespannt, was nicht alles in Guatemala auf mich warten würde.

Im Kugelhagel der Guerilleros

Die Einreiseprozedur am Grenzübergang von Mexiko nach Guatemala dauerte nur 5 Minuten. Es standen einige uniformierte Leute herum. Ich wußte nicht, ob es Soldaten, Grenzbeamte oder Zöllner waren. Im Grunde war es mir auch egal, sie hatten MP's um die Schultern geschlungen und waren sehr höflich. Sie lachten, als sie mich mit dem Bike kommen sahen.

Ich lachte zurück, legte meinen Paß auf den Tisch. Der Stempel

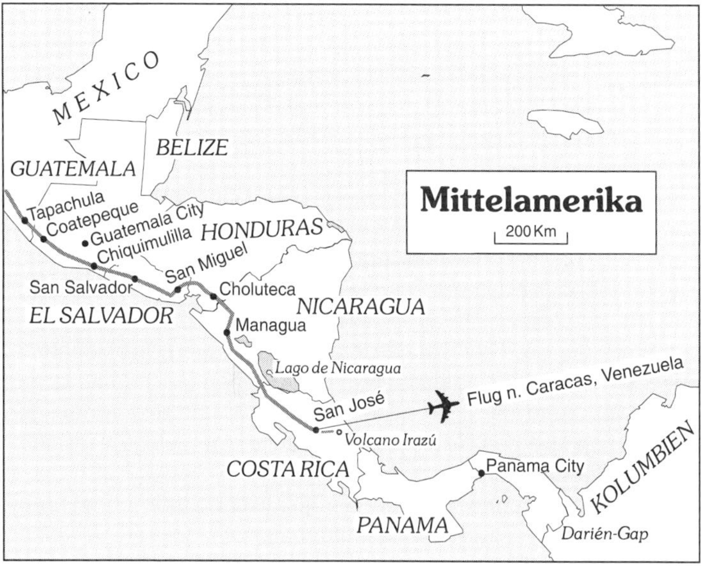

Mittelamerika

200 Km

MEXICO

BELIZE

GUATEMALA

Tapachula
Coatepeque
Guatemala City
Chiquimulilla
HONDURAS
San Miguel
San Salvador
Choluteca
EL SALVADOR
NICARAGUA
Managua

Lago de Nicaragua

San José
Flug n. Caracas, Venezuela
Volcano Irazú
COSTA RICA
Panama City
KOLUMBIEN
PANAMA
Darién-Gap

wurde reingeknallt und kein Mensch wollte in meine Taschen sehen. Die Soldaten forderten mich auf, einfach weiterzufahren. Niemand stellte weitere Fragen nach dem woher, wohin oder dem Zweck meiner Einreise nach Guatemala. Für ein Land, in dem seit 1961 größtenteils Bürgerkrieg herrscht, erschien mir dies fast zu einfach.

Ich radelte auf einer ziemlich lausigen Asphaltstraße weiter. Alles war so schnell gegangen, daß ich nach 300 Meter nochmals stehen blieb, tief durchatmete und an einer Straßenbude ein aus Tamarinden zubereitetes Getränk probierte. Es schmeckte so gut, daß ich mir gleich noch ein zweites leistete.

Die Frau, die mit ihrer Tochter die Straßenbude bewirtschaftete, erklärte mir, daß ich aufpassen und auf keinen Fall nachts fahren solle. Diebe und Banditen wären unterwegs, und erst vor einigen Tagen hätte es einen Guerilla-Überfall auf einige Soldaten im nächsten Dorf gegeben.

Solche Hinweise und Tips von Einheimischen sah ich während meiner Reise immer als wichtige Information an, doch sie versetzen mich nie in Panik, denn ändern konnte ich ja sowieso nichts.

Ich fuhr dann weiter bis in das nächste Dorf und traf dort einen älteren Mann, der mich gleich in sein Haus mitnahm.

„Bitte bleiben Sie hier und fahren Sie heute nicht mehr weiter, die Situation ist zur Zeit nicht sehr gut. Es gibt einige Rebellen in der Gegend, die man nicht ausfindig machen kann. Sie versetzen die Region seit Tagen in Panik. Tagsüber ist es besser, da besteht weniger Gefahr. Während der Nacht würde ich Ihnen jedoch nicht raten mit ihrem Rad zu fahren."

Ich hatte gar keine Absicht, in der Nacht zu fahren und außerdem dachte ich, daß sich hier die Einheimischen aber besorgt um Fremde in ihrem Land kümmern. Doch ich würde dies ja auch tun, wenn ich einen Afrikaner mit einem vollbepackten Rad in einer ähnlichen Situation bei uns sehen würde.

Ich übernachtete also bei meinem Gastgeber und bei seiner Familie und fuhr am nächsten Tag weiter. Ich glaube, er war froh, daß ich sein Angebot annahm, und er war auch beruhigt, daß ich jetzt in einen neuen Tag hineinfuhr und eine bessere Chance hatte.

Mir selbst erschien das Gebiet zwischen der Grenze und dem Dorf

Coatepeque ziemlich friedlich, ich konnte die Aufregung der Leute nicht verstehen.

Ich war etwa eine Stunde unterwegs und fuhr durch tropische Waldgebiete, als ich von einer Kolonne Militärfahrzeugen überholt wurde. Die Soldaten in ihren Tarnanzügen winkten mir zu und klatschten vor Freude, als sie mich auf dem Rad sahen.

Die Kolonne fuhr auf eine Brücke zu. Es waren ca. 12 Lkws und einige Jeeps. Ich wollte nicht zusammen mit ihnen bergab fahren, hielt also mein Bike an und wartete, bis sie alle an mir vorbei waren. Nach dem letzten Jeep ließ ich dann mein Bike abwärts rauschen. Die Brücke am Bach war so eng, daß sich die Fahrzeuge stauten. Auch ich hielt mein Fahrrad an und wartete wieder, bis sie alle auf der anderen Seite waren.

Urplötzlich knallten Schüsse auf die Soldaten und die Fahrzeuge nieder. Es war furchtbar. Die Soldaten schossen zurück, und einer sprang aus seinem Jeep, schnappte mich und mein Fahrrad und deutete mir an, mich hinter das Gebüsch zu schmeißen. Ich lag im Kugelhagel.

Einige der Schüsse bohrten sich nur wenige Meter von mir entfernt in den Boden. Jetzt erst wurde mir bewußt, was hier eigentlich ablief. Ich war in einen Überfall einer Guerillagruppe auf die Soldaten geraten. Ich hatte ähnliche Geschichten während anderen Reisen auch schon erlebt. Schüsse, Pistolen und starre Blicke über Gewehrläufe waren mir nichts Neues. Doch bezogen sich diese Erlebnisse fast immer direkt auf mich und waren ziemlich schnell vorüber. Hier jedoch bahnte sich ein längerer Kampf an. Die Guerillagruppe hatte wohl Informationen erhalten, daß die Soldaten hier durchkämen und so bereiteten sie sich während der Nacht auf diesen Überfall vor.

Die Brücke über den Bach war dafür natürlich ein idealer Platz. Auf beiden Seiten des Baches stieg die Straße steil an und so gab es keine Möglichkeit, die Militärfahrzeuge zu wenden oder in bessere Stellungen zu bringen. Den Soldaten blieb nichts anderes übrig als selbst anzugreifen, für sie war dies in dieser Position die beste Verteidigung.

Daß meine Anwesenheit den Soldaten nicht gerade lieb war, konnte ich mir denken. Ich lag noch immer am Boden hinter dem Gebüsch und hoffte inständig, daß die Kugeln alle an mir vorbeiflogen, denn ich konnte mich weiters nicht schützen. Ich hatte nichts außer meinem Bike und den Taschen sowie ein Gebüsch vor mir. Mit trieb es den Angstschweiß auf die Stirn.

Um mich hinter einen Baum zu retten, war der Schußwechsel noch viel zu nahe. Ich hatte Angst, bei einer Flucht hinter einen Baum von einer Kugel getroffen zu werden. Also harrte ich weiter aus. Es war furchtbar, da die Soldaten ein ziemliches Geschrei machten und ich mir selbst über die Lage kein Bild machen konnte. Ich preßte meinem Körper an den Boden, so flach wie nur irgendwie möglich, und so lag ich auf der Erde Guatemalas, verwickelt in eine Schießerei um Leben und Tod. Ich konnte nichts weiter tun außer denken, und ich dachte, daß der eigentliche Grund des 30-jährigen Bürgerkriegs in Guatemala mit dieser Schießerei auch nicht gelöst werden würde. Ich fühlte mich wie ein Gefangener meiner eigenen Freiheit. Meine Reise rund um den Äquator wurde plötzlich zum „Glücksspiel". Mit etwas Glück passiert dir nichts, haste „Pech", ist alles in einem einzigen Augenblick vorüber - „Russisches Roulette" im Dschungel von Guatemala.

Ich hielt es nicht mehr länger aus, tatenlos am Boden zu liegen und der Schießerei zuhören zu müssen. Ich wollte zumindest meine Position so verändern, daß ich sehen konnte, von wo die Schüsse kamen. Meine leuchtende Fahrradbekleidung, die mir bis jetzt den Verkehr vom Leib gehalten hatte, wurde jetzt zur leuchtenden Zielscheibe. Ich riß mir das Radtrikot vom Körper, sprang auf und rannte auf Teufel komm raus bis zum nächst dickeren Baum. Dort warf ich mich auf den Boden und fühlte mich sofort viel sicherer. Durch Blätter und Äste hindurch konnte ich jetzt die Lage überblicken. Die Soldaten hatten einige Meter gutgemacht, und seit ich mich hinter dem Baum verschanzt hatte, schlugen die Kugeln bei mir auch nicht mehr so dicht ein. Die Guerilleros mußten auf dem Rückzug sein.

Eine halbe Stunde später wurde zwar immer noch geschossen, doch hatte sich der Kampf jetzt ziemlich tief in den Dschungel verlegt. Die Soldaten hatten Unterstützung angefordert und bald schwirrten einige Hubschrauber über dem feuchtheißen Dschungelgebiet.

Ich holte mein Bike und sprach mit den Soldaten über den Überfall. Mit ihren verrußten Gesichtern, den aufgekrempelten Ärmeln und ihren Gewehren und Pistolen in der Hand nahmen sie die Sache ziemlich locker. Einige saßen auf den Fahrzeugen, rauchten ihre stinkenden Zigaretten und unterhielten sich. Andere wühlten in Werkzeugkisten, um die Gefechtsschäden an den Fahrzeugen zu reparieren.

Einige waren nämlich mit Volltreffern außer Gefecht gesetzt worden. Die waren ein Fall für den militärischen Abschleppdienst. An fast allen anderen waren die Reifen zerfetzt worden, Glasscheiben lagen in kleinen Stücken auf der Straße.

Die Soldaten forderten mich auf, das Gebiet so schnell wie möglich zu verlassen, und ich wollte mich hier auch gar nicht länger aufhalten. Ich schob mein Bike also an den beschädigten Autos vorbei, über die Brücke und radelte die Steigung hoch. In der Nähe stand ein Haus. Einige Leute, die sich in dem Haus verschanzt hatten, riefen mir zu, ich solle schnell zu ihnen hereinkommen und Schutz suchen. Es sei ein fürchterlicher Kampf im Gange. Ich wollte weiterfahren. Da kommt ein Mann wie rasend auf mich zu, zerrt mich vom Rad, wirft sich davor und bittet mich inständig, doch nicht weiter zu fahren, denn es sei ein schrecklicher Kampf im Gange. Wenn er gewußt hätte, daß ich soeben diesen Kampf überlebt hatte, wäre er sicherlich ruhiger geworden, doch er hat meine Erzählung entweder nicht verstanden oder mir nicht geglaubt.

Während meiner Fahrt durch Guatemala dachte ich noch öfters über dieses Abenteuer nach. Sowas prägt. Es war reiner Zufall, daß ich zu diesem Zeitpunkt genau dort ankam. Ich glaube allerdings, daß es auch so kommen mußte, denn es gibt für jeden Menschen auf dieser Erde eine Art Wanderroute, auf der sich sein Leben abspielt. Für mich ist diese Route bereits abgesteckt, und ich werde während meinen Reisen vielleicht noch ein paarmal in einen solchen Schlamassel geraten, ohne es zu wollen natürlich. Es wird vielleicht auch eine derartige Situation sein, die meinem Leben unvermittelt ein Ende setzen wird. Eigentlich ein schöner Tod für einen Abenteurer.

Ich glaube auch nicht, daß sich solche und ähnliche gefährlichen

Situationen, in die man als Reisender geraten kann, weltweit bessern werden. Dies kann ja gar nicht sein. Mit den zunehmenden Problemen der Arbeitslosigkeit und der Bevölkerungsexplosion verschärfen sich die sozialen Konflikte, die Kriminalität wird zunehmen. Jeder Mensch wird versuchen, auf seine eigene Art das Leben in den Griff zu bekommen. Entweder mit Arbeit oder mit Gewalt.

Das Reisen selbst wird immer schwieriger werden. Um Aggressionen zu verhindern, muß man dann entweder zu Hause bleiben oder man verbringt seine Reisezeit in risikoarmen Gebieten, z.B. in menschenfeindlichen Gebieten wie Wüsten, Schnee- und Eisregionen, Hochgebirge usw. Die andere Alternative ist, auf „volles Risiko” zu gehen und die Reisezeit im Chaos der Welt zu verbringen. Bei einer geschätzten Zahl von weltweit über 470 Millionen Touristen im Jahr 1992 besteht da ein enormer Markt für Taschendiebe, Halunken und Betrüger, und der Durchnittstourist wird diesem Ansturm der Aggressionen nicht gewachsen sein.

Während ich diesen Gedanken nachhing, fuhr ich auf der Panamericana-Straße durch herrliche Landschaften. Die Leute waren sehr nett und hilfsbereit. Ich war angenehm überrascht, denn Guatemala hatte durch die bitteren Kämpfe und die Realität dieses schlimmen Krieges viele Männer, Frauen und Kinder verloren. Dennoch hatten sie immer einen freundlichen Gruß und ein Lachen für mich übrig, doch ihre Warnungen konnte ich langsam nicht mehr hören.

Nur zwei Tage nach dem Anschlag geriet ich wieder in eine ähnliche Situation. Diesmal wurde ich schon einige Kilometer vorher von Polizisten angehalten. Ich war gerade bei der Dorfausfahrt von Chiquimulilla, als die Straße gesperrt wurde.

Also fuhr ich zurück in das Dorf, leistete mir ein Frühstück und blätterte durch die Zeitung. Aus dieser Zeitung habe ich auch erfahren, was zwei Tage zuvor bei „meinem” Anschlag passiert war. Die Bilanz war erschreckend: die Schießerei zwischen den Soldaten und der Guerillagruppe endete mit fünf Toten und sechs Verletzten. Ich hatte keine große Lust mehr, während meiner Fahrt durch Guatemala von einem Schußwechsel zum anderen zu fahren und entschloß mich daher, so schnell wie möglich dieses Land zu verlassen. Für die Strecke von 300 Kilometer war ich fünf Tage unterwegs gewesen, von Guatemala hatte ich nicht allzuviel gesehen, doch mehr erlebt als mir lieb war. Ich dachte über folgendes nach: wenn ich in fünf Tagen soviel erlebt habe, was haben dann die Leute in den 30 Jahren Bürgerkrieg nicht alles erlebt, durchgemacht und erlitten?

Die Revolution entläßt ihre Kinder

Mit etwa 21.000 km² ist El Salvador das kleinste Land Mittelamerikas. Geplagt seit Jahren von einem Bürgerkrieg der von 1979 bis 1992 etwa 80.000 Menschenleben gefordert hat. Ich kam gerade zum Zeitpunkt der Versöhnung (16. Febr. 92) zwischen den beiden Parteien ARENA und der Guerillaorganisation FLMN im Land an. Die Guerilla-Kämpfer mußten ihre Waffen abgeben. Anschließend bekamen sie eine Plastiktüte mit Verpflegung und konnten in ihre Heimatdörfer zurückmarschieren. Nach jahrelangen Kämpfen standen sie nun vor einer neuen Zukunft mit nichts als dieser Plastiktüte in der Hand.
Ich fuhr weiter auf der Hauptstraße, die das Land von Guatemala bis nach Honduras durchzieht. San Miguel im Süden war die Hochburg der Guerillaaktivisten. Ich machte diesen Abstecher dorthin, um ein paar Eindrücke von der Revolution mitzubekommen.
Die Straße nach San Miguel war sehr schlecht und von Spuren der Kämpfe gezeichnet. Die Hütten und Dörfer waren entweder verbrannt, zerstört oder verlassen. Teils qualmten sogar noch einige Häuser. Autowracks und zerschossene Militärfahrzeuge lagen am Straßenrand. Meine Phantasie malte sich aus, welch fürchterliche Kämpfe hier getobt hatten.
Bei meiner Ankunft in San Miguel war ich schockiert, denn viele Gebäude der Stadt waren während der Großoffensive der Guerillas im Jahr 1989 komplett zerstört oder schwer beschädigt worden.
Ich suchte ein Hotel, denn um draußen im Freien zu übernachten war es mir in der Hochburg der Guerillas zu gefährlich. Es gab zwar eines, doch dies war sehr teuer, und um etwas anderes zu

finden, brauchte ich die Mithilfe der Einheimischen. Kinder boten sich sofort an, mein Bike zu schieben und eine andere Bleibe zu finden. Die Buben im Alter von sechs bis acht Jahren führten mich in eine enge Gasse, etwas abseits der Kirche im Zentrum der Stadt. An einem großen Eisentor mit Einschußlöchern klopften sie mit Steinen an das Tor. Nach einigen Minuten kam jemand. Ohne daß es aufgemacht wurde, entstand ein Dialog zwischen den Buben und dem Mann auf der anderen Seite des Stahltors.

Für einen Touristen, so meinte er, habe er immer Platz, es käme ja sonst niemand. Er öffnete eine kleine Holztüre neben dem Stahltor und forderte mich auf einzutreten.

Die Buben drängten auch mit hinein. Im Innenhof sah es aus, als wäre hier noch vor einer Stunde eine Schlacht über die Bühne gegangen. Ein Auto mit ausländischem Nummernschild war von einer Bombe zerfetzt worden. Die Klimaanlagen waren aus den Wänden gerissen worden und stattdessen waren die Fenster mit Karton abgedichtet. Eine Wand lag in Trümmern am Boden, umgeben von einem übel riechenden Misthaufen.

„Welcome to my Hotel", sagte der Alte in gutem Englisch. „Was hat Sie bewegt, mit dem Fahrrad nach San Miguel zu kommen? Gibt es denn in dieser verrückten Welt keine besseren Plätze als San Miguel?"

Mit einer Handbewegung forderte er die Buben auf zu verschwinden. Zu mir gewandt sagte er, ich solle es mir nur bequem machen. Es gäbe zwar kein fließendes Wasser, das Licht würde auch nicht funktionieren und das Essen müßte ich mir in einem der Restaurants besorgen, es wäre leider alles noch im „Umbruch."

Ich wollte es ja nicht sagen, aber „Abbruch" wäre bestimmt das bessere Wort gewesen.

„Ich will nicht unbedingt ein Zimmer", sagte ich, „aber ein sicheres Plätzchen hinter einem Stahltor wäre mir schon lieber als eine Bank im Park vor der Kirche von San Miguel."

„Da würden Sie am nächsten Morgen auch ausgeraubt aufwachen", erwiderte er. „Sie können hier ruhig schlafen, und für 2 US$ sind Sie gut bedient. Machen Sie es sich bequem, entweder hier unter diesem Dach oder in einem Zimmer mit Kartonfenster, wie Sie es möchten. Platzmangel gibt es keinen."

Ich entschloß mich für meine Hängematte unter dem Dach im Hof. Es war gegen 18 Uhr und ich wollte noch etwas essen. Also sperrte ich mein Rad ab und ging in das Stadtzentrum, in der Annahme, noch ein Restaurant zu finden. Überrascht mußte ich feststellen, daß alles dicht und zu war. Ich spazierte noch weiter, in der Hoffnung, doch noch ein Lokal zu finden, um meinem Magenknurren ein Ende zu bereiten.

Erst gegen 19 Uhr fand ich noch tatsächlich ein kleines Lokal. Ich trat ein und sah einen anderen Touristen an einem Tisch sitzen. Wir kamen ins Gespräch und plauderten über die verschiedensten Dinge. Es war angenehm, mit jemandem sprechen zu können. Mike, der aus Michigan stammte, war alleine mit dem Rucksack und per Bus unterwegs. Er hatte eine kleine Unterkunft gefunden, wo er schon seit einigen Tagen wohnte.

Zum Abschluß des Abends tranken wir noch ein Bier und machten uns dann auf den Rückweg. Es war stockfinster. Als ich meine Bruchbude erreicht hatte, klopfte ich wie die Buben mit Steinen an das Tor, doch es rührte sich nichts und niemand. Ich klopfte lauter, doch es rührte sich immer noch nichts. In einem Anfall der Verzweiflung fing ich an, mit Füßen und Fäusten auf das Tor einzuschlagen in der Hoffnung, daß mich endlich jemand hören würde - doch nichts.

Ich ging etwas weiter und versuchte es an der Holztüre, durch welche ich bei meiner Ankunft durchgeschleust worden war. Wieder nichts.

Mein Gott, es war doch erst 21 Uhr, und kein Licht, keine Musik, kein Motorengeräusch. Es war, als würde niemand in dieser Stadt leben.

Ein Holzfenster neben der Türe saß ziemlich locker in der Mauer. Also das muß jetzt wohl sein, dachte ich. Mit einem Ruck hatte ich den Rahmen in der Hand und gleichzeitig fiel ein Schuß. Ich warf mich zu Boden. Aus dem Loch, in dem der Fensterrahmen gesessen hatte, hörte ich jemanden fragen: „Sind Sie der Tourist?" Ich erkannte die Stimme. Es war der Alte.

„Es tut mir leid, ich wollte Sie nicht erschrecken, aber hier in San Miguel gab es Zeiten, da mußte man zuerst schießen und dann Fragen stellen...! Stehen Sie auf, ich mache Ihnen die Türe auf!"

Ich schleppte den Fensterrahmen mit und warf ihn auf den stinkenden Müllberg im Innenhof.

„Es tut mir wirklich leid, daß ich Sie..." fing er wieder an.

„Ja ja, ist ja schon gut", unterbrach ich ihn.

Er ging zu einem rostigen Kühlschrank und zauberte zwei eiskalte Bierflaschen hervor. Wir saßen bis spät in die Nacht und er begann zu erzählen. In den letzten Jahren des Bürgerkriegs hatte er so viel gesehen, erlebt und erlitten und so wenig erzählen können, daß er jetzt alles auf einmal sagen wollte.

„Seitdem sie mir bei der Großoffensive 1989 das Hotel zerstörten, habe ich kaum mehr mit Ausländern gesprochen. Sie sind einfach weggeblieben, denn hier in dieser Region hat es nicht nur einen Bürgerkrieg gegeben, hier war auch der Teufel los."

Er erzählte mir von den „Todesschwadronen", die angebliche Regierungsgegner kaltblütig ermordeten. Männer und Kinder standen auf diesen Todeslisten. Er konnte seine Tränen nicht verbergen. Er erzählte mir auch von der fürchterlichen Nacht, als sein Hotel angegriffen wurde. Wer sich retten konnte floh, die anderen wurden während des Angriffs erschossen, erstochen und mit Buschmessern zerhackt.

Er deutete auf den Boden und erzählte mir von Menschen, die sich in ihrem eigenen Blut wälzten. Ich hörte ihm zu, doch in meinen Gedanken war ich bereits auf der Flucht von dieser Hochburg der Grausamkeiten.

Um ein Uhr morgens standen nicht wenige leere Bierflaschen auf dem Tisch. Ich war müde und gab meinem Gastgeber zu verstehen, daß ich mich in meine Hängematte legen würde um zu schlafen. Als ich aufstand berührte ich versehentlich das Tischbein mit meinem Fuß. Alle Flaschen auf dem Tisch fielen mit einem Wahnsinnsgeklirre auf den Boden. Nach all den Gruselgeschichten, die mir der Alte erzählt hatte, dachte ich sofort an einen Überfall.

Ich legte mich in meine Hängematte. Es war so still nach dem Krach der Flaschen und es fiel mir auf, daß irgend etwas fehlte. Diese Stille war ich gar nicht gewohnt. Plötzlich viel mir ein, daß in jedem anderen Land bei einem derartigen Krach um ein Uhr morgens zumindest Hunde ein lautes Bellkonzert angefangen hätten. Hier bellte kein einziger.

„Gibt es hier keine Hunde", fragte ich anderntags den Alten.
„Hunde gibt es schon lange keine mehr, die wurden im Laufe der
Zeit alle vergiftet, erschossen oder erschlagen, damit die Banditen
und Todesschwadronen nicht von bellenden Hunden auf ihren
Streifzügen verraten wurden. Erst in letzter Zeit habe ich wieder
einige Hunde hier in der Stadt gesehen."
Ich hatte plötzlich das Gefühl, in einem Land unterwegs zu sein,
das nach außen so friedlich aussah, doch in den Köpfen der Leute
lebten die wildesten Erinnerungen weiter, und die können diese
auch nicht so schnell vergessen.
Der Name „El Salvador" heißt übersetzt „der Retter" oder „der
Erlöser", und jetzt wäre es wirklich an der Zeit, daß dieser Erlöser
sich endlich in den Herzen der Leute ansiedelt, ihnen wieder neue
Kraft und Stärke gibt, denn die Bevölkerung in diesem kleinen,
aber wunderschönen Land hat unter Krieg und Naturkatastrophen
schon so viel leiden und durchmachen müssen.
Von San Miguel bis zur Grenze nach Honduras waren es etwa 50
Kilometer und ich wollte diese Strecke bis noch hinein nach
Honduras in einem Tag schaffen. Es war machbar, denn die Straße
zur Grenze war gut, der Wind war auch optimal, ich hatte nur
Schwierigkeiten mit all den Spuren der Gewalt, die ich überall sah.
Leute in Armut, Menschen mit Krücken, mit zerbrochenen Lebens-
vorstellungen. Ein Volk, welches wahrscheinlich gar nicht mehr
richtig weiß, was es heißt, glücklich zu sein, das aber dennoch versteht, aus dem, was ihm geblieben ist, das Beste zu machen.
Betrachtet man das Land und die Vulkane, die sich ja um das Gebiet von San Miguel häufen, dann könnte man fast glauben, daß
die Hitze aus dem Inneren der Erde auch auf die Politik des Landes
übertragen wurde.

Nicaragua: Make Bikes not Bombs

Einige Stunden nach meiner Abfahrt von San Miguel erreichte ich
die Grenze zu Honduras und nach einer problemlosen Einreise
pedalte ich gleich weiter nach Choluteca.

Honduras überraschte mich mit einer neuen Variante von Unruhe. Diesmal war es kein Bürgerkrieg und kein Erdbeben und schon gar kein Vulkanausbruch, es war ein versuchter Militärputsch, der sich aber nicht durchsetzen konnte. Alles blieb beim alten und die Armut im Land veränderte sich nicht. Die einzige Aufregung, die der Putschversuch mit sich brachte, war eine Verbesserung der hygienischen Bedingungen. Jede Familie erhielt einen Zuschuß vom Staat, um neue Plumpsklos zu bauen. Dies war als Sicherheitsmaßnahme gegen die Cholera gedacht, die zum Zeitpunkt meiner Reise in Süd und Mittelamerika auftrat.

Meine Reise durch Mittelamerika war bis hierher aufregend und abenteuerlich. Ich war sehr froh, daß ich mit dem Bike und dem Material bisher überhaupt keine Probleme hatte. Die Shimano Deore XT II Gruppe hatte schon über 28.000 Kilometer auf dem „Buckel" und es lief alles „wie geschmiert". Der Kettler-Rahmen, die Karrimor-Taschen, die Panaracer-Reifen und die Roeckl-Handschuhe - alles problemlos. All diese Produkte, die ja einen wesentlichen Beitrag zum Gelingen meiner Weltumrundung leisten mußten, haben auch genau das getan. Die Hersteller können es sich wahrscheinlich nicht vorstellen, welchen Strapazen ihre Produkte ausgesetzt waren. Ich war stolz, mit diesen Firmenprodukten unterwegs zu sein und welche Vorteile der Syntace-Lenker während einer derartigen Reise mit sich brachte, ist sowieso ein Kapitel für sich.

Die Behörden des Grenzpostens von Nicaragua hatten alle Hände voll zu tun. Eine große Anzahl von Leuten wollte entweder nach Nicaragua ein- oder ausreisen. Ich durchschaute es nicht, wer nun eigentlich kam oder ging, die Hektik war einfach zu groß, um eine Logik aus diesem menschlichen Ameisenhaufen zu ziehen.

Eines habe ich allerdings sofort verstanden: daß ich nochmals zurück zum Grenzposten in Honduras mußte, denn in Nicaragua wollte man die Einreisegebühr von 25 US$ in bar haben. Da Geldwechseln an der Grenze verboten war, mußte ich nochmals nach Honduras zurück. Der Kurs dort war jedoch „unter aller Sau", worüber in mir Ärger hochstieg. Dann gings wieder zum Nicaragua-Grenzposten, und gegen die Dollars wurde dann mein Paß gestempelt.

Je länger ich mich in Mittelamerika aufhielt, desto größer wurde meine Abneigung nicht nur gegen die Bürokratie und die Grenzen, sondern auch gegen die Politiker in diesen Ländern. Ich kann nicht verstehen, daß sie keine Lösung finden, um den Leuten eine vernünftige menschliche Existenz zu bieten. Die Naturkatastrophen, wie Erdbeben und Vulkanausbrüche, haben in Mittelamerika schon zahllose Menschen das Leben gekostet, und das sinnlose systematische „Schlachten" der Bevölkerung scheint kein Ende zu nehmen. Wie oft bin ich zwischen Mexiko und Nicaragua an zerstörten und verbrannten Häusern vorbeigefahren! Wie oft habe ich Leute auf der Flucht gesehen, Leute, die mit nicht mehr als dem nackten Leben davongekommen waren. In den Dörfern waren Mauern und Wände mit politischen Sprüchen und Parolen vollgepinselt, und nach all der Zerstörung und dem Elend an dem ich täglich vorüberradelte, hatte ich nur noch ein Bedürfnis: so schnell wie möglich mit dem Bike Nicaragua verlassen.

Ich war in Managua und betrachtete das Stadtzentrum, das von einem schrecklichen Erdbeben Weihnachten 1972 flachgerüttelt wurde. Hätte ein solches Erdbeben eine Stadt in Europa oder den USA zerstört, wäre 20 Jahre später von der Katastrophe sicher kaum mehr etwas zu sehen gewesen.

Hier in Managua sah es jedoch aus, als hätte das Erdbeben erst vor einigen Monaten die Stadt zum Rumpelhaufen reduziert. Die völlig zerstörten Hochhäuser sahen aus wie Rohbauten, teilweise lebten die Leute nur im unteren Stock. Wände und Fenster waren „gone with the wind" und es war ständige „Frischluftzufuhr" garantiert. Es war ein trauriger Anblick, Häuser wie Theaterkullissen. Ich starrte vor mich hin und konnte es gar nicht glauben, daß es hier in der Hauptstadt eine derartige Armut und solche Überlebenskämpfe gab. Zwischen den zerstörten Gebäuden spielten Kinder das Spiel aller Kinder auf der ganzen Welt, Räuber und Gendarm, doch nicht mit Plastikspielzeug, nein, sondern mit echten, verrosteten Gewehren und Pistolen, mit denen sie aufgewachsen waren. Der elfjährige Bürgerkrieg hatte seine Spuren hinterlassen. Mit was sollten die Kinder aber auch spielen? Sie kannten ja nur Soldaten, Banditen und Guerillagruppen.

Ein Junge mit einem BMX-Rad radelte auf mich zu und blieb vor mir stehen. Er sah recht clever aus und er hatte ein wunderschönes Gesicht und funkelnde Augen. Er begutachtete mein bepacktes Fahrrad und wollte wissen, wo ich herkäme. Als ich ihm erzählte, daß ich mit dem Bike rund um die Welt fahre, schaute er mich an und meinte, ich könne ihn ja mitnehmen, denn er wolle nicht mehr hier leben. Er wüßte, daß es Kindern in anderen Ländern der Erde viel besser gehe als den Kindern hierzulande.

Ich erklärte ihm, daß es nicht möglich sei, ihn mitzunehmen. Doch meine abwehrenden Worte erweckten jetzt erst recht sein Interesse in seinem kleinen Kopf.

„Ich will es aber probieren, meine Eltern werden sicher nichts dagegen haben", meinte er, „im Gegenteil, sie wären froh, wenn mich jemand mitnehmen würde!"

Seine überzeugende Art war für mich schon fast beängstigend und unheimlich. Ich versuchte noch einmal, ihm die Sache auszureden.

„Ein kleiner Bub wie du kann doch keine 100 Kilometer am Tag mit dem Rad fahren, dies wäre doch viel zu anstrengend. Außerdem brauchst du einen Reisepaß und eine Genehmigung..."

Unser Gespräch dauerte so lange, bis ich am Ende meines Wortschatzes angekommen war. Ich sah ihn an, er hatte große Tränen in seinen leuchtenden Augen.

„Und wenn du mich einfach so als Freund mitnehmen würdest?"

Ich spürte, daß auch meine Augen feucht wurden und sich in meinem Hals ein Kloß bildete.

„Ich sag dir was: wir bleiben Freunde, aber du mußt hier bleiben und ich muß weiterfahren, okay?"

Ich schenkte ihm eine Postkarte mit meinem Bild und dem Bike darauf. Er hielt sie lange Zeit in seinen Händen, dann drehte er sich um, nahm das verrostete Gewehr von seiner Schulter und überreichte es mir.

„Als Andenken an unsere Freundschaft!"

Er setzte sich auf sein Fahrrad und fuhr davon, durch die zerstörten Gebäude von Managua, bis ich ihn aus den Augen verlor. Und ich hielt noch immer das verrostete Gewehr in meinen Händen, ich als Vegetarier, Buddhist und Pazifist mit einem Schießeisen im Zentrum von Managua. Abscheulich, dachte ich. Wieviele Menschen hatten durch dieses Gewehr schon ihr Leben verloren?

Ich warf es auf den Boden und fuhr durch die Stadt auf der Suche nach einem Zimmer. Es war nicht leicht, für einige Tage ein billiges Zimmer zu bekommen, denn die Leute in Managua hatten andere Probleme, als sich um Touristen zu kümmern.

In einem schmutzigen Stadtviertel mit offener Kanalisation fand ich eine Unterkunft. Die Wände waren verschmiert, die Fenster und Türen mit überdimensionalen Schlössern und Eisenstangen gesichert. Als Zusatzschloß für mein Fahrrad nahm ich eine Eisenstange vom Fenster und kettete das Bike an den Bettrahmen.

Für zwei Nächte und einen Tag war es in diesem Loch auszuhalten, dann wollte ich wieder weiterziehen, denn Managua hatte außer extrem teurem Essen und vielen traurigen Ansichten wenig zu bieten.

Ich fuhr stadtauswärts und bemerkte ein Geschäft mit dem Namen „Make Bikes not Bombs". Ich blieb stehen und staunte nicht schlecht, als ich vor dem Laden einen Amerikaner bei der Arbeit sah. Wir kamen sofort ins Gespräch und er erklärte mir, daß die Leute hier in Nicaragua in ihrem Leben so ziemlich schon alles durchgemacht hatten, was durchzumachen möglich ist: Krieg, Erdbeben, Vulkanausbrüche, Arbeits- und Gesetzeslosigkeit, Betrügereien, Mord und Totschlag.

„Es wird Zeit, daß diese Menschen hier endlich einmal etwas Vernünftiges zu sehen bekommen."

Er nahm einen selbstgeschweißten Fahrradrahmen in seine Hände und sagte:

„ Make Bikes, not Bombs! Wir leben in einer verrückten Welt. Die Leute hier glauben, daß die schlimmsten Zeiten vorbei sind. Doch selbst wenn sie sich nach diesem Bürgerkrieg erholt haben, dann kommt der nächste Vulkanausbruch oder das nächste Erdbeben. Und selbst wenn die Kriege und die Naturkatastrophen ausbleiben sollten, werden die Massen des Landes nie viel mehr als Bananen und Bohnen zum Essen haben. Manche Länder und Völker sind zur Armut geradezu prädestiniert und werden es wohl auch ewig bleiben..."

Traumland Costa Rica

Die Bezeichnung „Bananenrepublik" ist für viele Bewohner eines Landes eine Beleidigung. Nicht so in Costa Rica, denn das Land ist wirklich eine Bananenrepublik! Während der Fahrt durch das Land war ich erstaunt, in welchem Ausmaß der Anbau von Bananen betrieben wird.

Costa Rica war schon immer ein Bananen- und Kaffee-Exportland, in den letzten Jahren kam der Tourismus hinzu, das Land ist ein Mitbewerber im Kampf um den ausländischen „Devisenkuchen".

„Costa Rica" heißt „Reiche Küste", es ist ein schönes Reiseland, und im Gegensatz zu seinen Nachbarstaaten erfreut es sich politischer und wirtschaftlicher Stabilität. Eine Ausnahme, denn alle meine bisherigen über zwanzig Äquatour-Länder waren mehr oder weniger von Wirtschaftskrisen befallen. Selbst in Ländern wie Australien oder den USA „kriselte" es mächtig. Dort war die Krise allerdings nicht so augenfällig, da der materielle Besitz der Leute die sozialen Probleme überdeckte. Die Veränderungen in diesen beiden Ländern zeichnete sich mehr im Verhalten der Menschen ab, denn die Hilfsbereitschaft unter den Leuten, die Offenheit und die Fröhlichkeit hatten sich im Vergleich zu anderen Reisen, die ich durch diese beiden Länder in früheren Jahren unternommen hatte, sehr verändert.

Bei meiner Reise durch Costa Rica bemerkte ich so etwas ähnliches wie einen „Radlerfrühling", denn die psychische Belastung, die ich während meiner Reise von Mexiko bis hierher spürte, war wie weggeblasen. Die Leute in Costa Rica waren nett und das Radfahren machte wieder Spaß. Ich fühlte eine andere Mentalität und eine ganz andere Ausstrahlung der Leute.

Seit meiner Abfahrt von Los Angeles bis hierher in die Hauptstadt nach San José war ich über 7500 Kilometer gefahren und ich war sehr glücklich, diesen schweren Abschnitt lebend überstanden zu haben. Es ist sehr leicht, über einen 7500-Kilometer-Abschnitt zu schreiben oder zu erzählen, egal wie gut man die Erlebnisse in Worten ausdrücken kann, doch ich glaube ganz ehrlich, daß es niemanden gibt, der eine Fahrt von Los Angeles bis San José mit dem Bike zu diesen turbulenten Zeiten meiner Reise wirklich wiedergeben kann.

Meine Fahrt durch diese Gebiete der Welt war ein Erlebnis auf Leben und Tod. Die Gedanken, welche sich zu diesem Zeitpunkt in meinem Kopf abspielten, kann ich und brauch' ich auch niemanden zu erklären. Es war ein persönliches Abenteuer, welches ich überstanden habe und ich würde niemanden etwas ähnliches wünschen.

Ich schreibe in diesem Buch gerne darüber, doch eher in gelinderter Form, denn das Buch soll anderen Mut machen mit dem Fahrrad in die Welt hinauszuziehen, um die Welt, so wie sie wirklich ist, zu erleben. Um sich selbst kennenzulernen und zu verstehen, daß das Abenteuer mit sich selbst während jeder Reise im Vordergrund stehen soll. Ich habe keine einzige Reise unternommen um mich mit der Natur zu messen oder zu versuchen, die Natur zu besiegen. Für jeden Abenteurer lautet das oberste Gesetz, gemeinsam mit der Natur das Ziel zu erreichen.

Die Zeiten sind vorbei, wo man „gutgläubig" oder „blauäugig" durch die Welt fahren kann. Der Überlebenskampf hat unglaubliche Formen angenommen. Doch ist nicht jeder „Brüller" oder „Schreihals" auch gleich ein „Killer". Ich habe mich nur ganz selten wirklich bedroht gefühlt. Viele Situationen lassen sich vermeiden, indem man schon lange vor der Reise entscheidet, was man tun würde, wenn man in diese oder jene Situation geraten würde. Durch diese Überlegungen vor der Reise gibt man sich eine bessere Chance, die Reise erfolgreich zu beenden. Hat man dann auch noch die Möglichkeit, durch Menschen- und Sprachkenntnisse sowie Verständnis für die jeweilige Situation den Verstand und nicht die Panik walten zu lassen, dann kann man sich viele unangenehme Situationen vom Leibe halten.

Obwohl ich mental die Reise durch Mittelamerika mit meiner Ankunft in San José nahezu abgeschlossen hatte, ging die Äqua-Tour ja noch weiter. Zunächst gönnte ich mir jedoch einige Rasttage. Nach einer sehr anstrengenden und gefährlichen Fahrt hatte ich das Bedürfnis möglichst wenig zu tun, das Bike in die Ecke zu stellen und es für einige Tage auch dort stehen zu lassen.

Ich bummelte durch San José, spazierte durch die Straßen und kümmerte mich um den letzten Teil der Reise durch Südamerika. Ich war mir noch nicht sicher, ob ich durch den Darién Gap nach Kolumbien fahren oder besser ein günstiges Flugangebot in Anspruch nehmen sollte. Ich hatte noch einige Tage Zeit, diesen Entschluß zu fassen und wollte vorher noch mehr Informationen bezüglich des Darién Gap sammeln.

Die meisten Reisebücher, die ich in Costa Rica in die Hände bekam, beschrieben diesen Abschnitt der Panamericana entweder überhaupt nicht, weil es nämlich zwischen Panama und Kolumbien noch keine Straße gibt, oder die Bücher erklären nur die Strecke von Panama-Stadt bis Yaviza wo der sumpfige Darién Gap beginnt. Von Yaviza nach Turbo in Kolumbien wurde die Strecke in einem Reisebuch jedoch auch als „machbar" bezeichnet.

In Costa Rica traf ich nach langer Zeit wieder einmal einen Radfahrer, und dieser schilderte mir seinen abenteuerlichen Weg durch den Darién Gap von Kolumbien rauf, er hatte diesen Abschnitt gerade gemeistert.

Ich war fasziniert von seinen Erzählungen bezüglich dieser Strecke. Die Strapazen und die Herausforderung waren enorm und so auch der Preis für die Überquerungen der Flüsse und Sümpfe die man in diesem Gebiet in Kauf nehmen mußte.

„Du kannst mit etwa 500 US$ nur für den Transport des Bikes rechnen", meinte Chris, der Darién Gap-Radler, „die Männer mit ihren Booten sind mit allen Wässerchen gewaschen. Die werden dir die Kohle bestimmt abzwacken, so oder so. Wenn du es in Angriff nehmen willst, dann wirst du sicher ein sehr abenteuerliches Erlebnis haben."

Je länger er mir davon erzählte, desto neugieriger wurde ich. Ich lud ihn zum Abendessen ein und er erzählte mir noch mehr von diesem verdammten Darién Gap. Gegen 22 Uhr war ich überzeugt, daß ich den „Gap" mit dem Bike in Angriff nehmen würde.

Als wir uns verabschiedeten, sagte Chris: „Noch einen Tip für Südamerika - paß auf deine Taschen auf! Mir haben sie die Dinger zweimal gestohlen, jetzt habe ich nur noch Plastiktüten an meinen Gepäckträgern..."

Meinen Abreisetermin für Panama City plante ich für die nächsten

Tage. Jetzt war ich ganz begeistert. Das Abenteuer meines Lebens war jetzt nicht nur die Äqua-Tour, sondern auch den Darién Gap mit dem Bike zu schaffen!

Vergeblich suchte ich nach gutem Kartenmaterial in San José. Der Darién Gap war für viele Verkäufer in den Buchhandlungen ein Fremdwort. Nach mehreren Versuchen gab ich es auf und gab mich damit zufrieden, die Karten vielleicht in Panama-City kaufen zu können.

Am Abend vor meiner Abfahrt ging ich von meinem Hotel in das bekannte und beliebte Restaurant „Vishnu". Es ist ein vegetarisches Restaurant mit vielen guten Gerichten zu recht günstigen Preisen. Es war gegen 20 Uhr und ich war allein unterwegs, als ich an der Kathedrale vorbei ging. Plötzlich spürte ich ein unbeschreibliches Gefühl in meinem Körper. Ich blieb stehen. Die Straßenlichter gingen aus, ein dumpfes Geräusch erfüllte die Luft, meine Beine bewegten sich ohne daß ich es wollte. Es war komisch, schrecklich und furchterregend zur gleichen Zeit. Ein starkes Erdbeben! Ich war in der Nähe eines Parkplatzes und stellte mich auf einen freien Autoparkplatz, weg von der Kathedrale, weg von den Mauern der Gebäude. Keine Panik, dachte ich mir, schau um dich herum, ob die Mauern einstürzen.

Meine Beine bewegten sich noch immer, obwohl ich jetzt still stehen wollte. Ich hatte Angst, doch war ich machtlos. Hysterische Frauen rannten mit schreienden Kindern durch die Nacht. Es war ein schreckliches Gefühl. Im nächsten Augenblick rasten Autos, Taxis und Busse mit schrillem Gehupe durch die Stadt. Alle versuchten, so schnell wie möglich der Stadt zu entfliehen. Ich stand noch immer wie gelähmt auf meinem Parkplatz. Das Beben wurde sanfter und plötzlich war alles wieder so, als wäre nichts gewesen. Die Straßen waren menschenleer. Ich wartete, um zu sehen, ob es ein Nachbeben geben würde oder ob das Beben erst ein Vorbote eines noch stärkeren Bebens war. Auf dem Parkplatz fühlte ich mich sicher, die Mauern der Gebäude waren weit weg. Falls sich der Boden öffnen würde, was bei starken Beben oft der Fall ist, hätte ich mir auch noch eine Chance ausgerechnet.

Es blieb Gott sei Dank bei dem einmaligen „Rüttler".

Ich ging zurück zum Hotel und stellte fest, daß die Leute ziemlich

Straßenszene in Nicaragua

Blick in den Vulkan Irazú in Costa Rica

„cool" geblieben waren. Es herrschte keine Panik, keine Hektik. Im Gegenteil, der Nachtwächter spielte Schach mit einem Gast und aus irgendeinem Transistorgerät dröhnte ein feuriges Lied, gesungen von einer temperamentvollen Frauenstimme.

Als ich in das Hotel eintrat, schauten die beiden Schachspieler gar nicht hoch, wer gekommen war. Also war das Erdbeben nur noch Stoff für die Presse am nächsten Tag. Die meistgelesene Tageszeitung, „La Republica", brachte das Beben den Lesern nochmals auf den Frühstückstisch. *„Pánico despues de los templores - da sich das Epizentrum des Bebens in einer Tiefe von 7,5 Kilometern befand, ist die Stadt mit Glück einer größeren Katastrophe entkommen..."*

Am nächsten Tag fuhr ich von San José zum höchsten Punkt der gesamten Äqua-Tour, auf den 3432 m hohen Vulkan Irazú. Es war eine schwere Strecke, doch lohnte sich jeder Tropfen Schweiß. Der Blick in den einst aktiven Krater und die herrliche Aussicht weit hinunter in die Stadt San José waren ein hervorragender Abschluß meiner Fahrt durch Costa Rica.

Jetzt ging es auf die letzten Kilometer zur Grenze nach Panama, um von dort die Strecke durch den Darién Gap in Angriff zu nehmen. Doch wie schon so oft kam es ganz anders als gedacht. Obwohl mir in San José versichert wurde, daß ich kein Visum für Panama bräuchte, war ich natürlich sehr enttäuscht, als ich nach der langen Fahrt an der Grenze keine Einreisegenehmigung nach Panama erhielt. Ich versuchte es mit allen möglichen und unmöglichen Methoden, doch die Zöllner blieben hart.

Ausgeträumt war der Traum vom Darién Gap.

Ich hätte die Grenzüberfahrt nochmals mit einem Bus oder Lkw versuchen können, doch über die verweigerte Einreise ärgerte ich mich so, daß ich nicht mehr wollte. Also fuhr ich über die Küstenstraße zurück nach San José und verbrachte einige herrliche Tage an der südlichen Küste Costa Ricas.

Bei meiner Rückkehr nach San José entschloß ich mich für einen Flug nach Venezuela, um von dort die letzten 4000 Kilometer der Äqua-Tour in Angriff zu nehmen.

Venezuela: La Gran Sabana

Als Kind hatte ich schon immer von Venezuela geträumt. Ein exotischer Name in der weiten Ferne. Venezuela das Land am anderen Ende der Welt.

Jetzt stehe ich mit beiden Beinen auf venezolanischer Erde. Ich fahre mir mit den Händen durch die Haare und schüttele den Kopf. Daß ich je mit einem Bike in Caracas stehen würde, daß hätte ich mir nie gedacht.

Der Zoll am Flughafen von Caracas war unkompliziert und ich war kurz nach der Landung auf dem Weg in die Stadt. Gleich nachdem ich den Flughafen verlassen hatte und den Schildern nach Caracas folgte, kam ich jedoch zu einer Absperrung.

Panzerfahrzeuge, Militär, Menschenmassen, Fahnen und Tränengas - mein Gott, es geht schon wieder los!

Die Polizei sorgte dafür, daß niemand die Absperrung übertrat. Einige 100 Meter von meinem Standort entfernt wurde geschossen und demonstriert. Ich hatte keine Lust, mich schon wieder durch ein politisches Chaos bewegen zu müssen. Ich war verzweifelt und setzte mich in eine Kneipe, bestellte einen starken Espresso und sah mir das „militärische Straßentheater" an. Ich nahm mein Tuch und wickelte es um Kopf und Gesicht. Meine Augen juckten und ich befürchtete, daß das Tränengas und der Rauch von den Schießereien bis zu dem Kaffeehaus vordringen könnte. Die Straßenschlacht passierte nur zwei Straßenkreuzungen weiter.

Nachdem ich den Espresso getrunken hatte stand ich auf und stampfte in einem Wutanfall die leeren Coca Cola Dosen in den sandigen Boden vor dem Lokal. Ich nahm mein Fahrrad, drehte es in die andere Richtung und fuhr erst gar nicht nach Caracas rein, sondern strampelte zunächst einmal entlang der Küste nach Osten in Richtung Higuerote.

Ich mußte mich befreien von den Eindrücken und den Bildern der Militärs, der Soldaten, Zöllner und Polizisten, die ich schon seit Mexiko immer wieder erlebt hatte und die mich verfolgten. Ich wollte hinaus in die Freiheit der Natur, in den Dschungel oder in die Wüste, es war mir egal wohin, wichtig war für mich der langersehnte „Tapetenwechsel", weg von Uniformen und den Menschen, die darin steckten. In fast allen Ländern, die ich während dieser Reise durchfuhr, waren entweder Militärregierungen an der Macht oder den Zivilregierungen stand starkes Militär zur Seite. Nach all den schrecklichen Bildern, Erfahrungen und Eindrücken während der Fahrt durch Mittelamerika wollte ich jetzt in Südamerika etwas Neues und Positives sehen.

Die gesamte Strecke, die ich von Dakar bis nach Venezuela hinter mir hatte, führte zum Großteil durch die dichtestbesiedelten Länder Afrikas, Asiens und Mittelamerikas. Doch jetzt sollte mein Weg durch die weiten, einsamen Südgebiete Venezuelas gehen, „La Gran Sabana", und anschließend in die dichten und gleichfalls dünnbesiedelten Wälder des brasilianischen Amazonasgebietes. Dieser letzte Abschnitt meiner Weltumrundung war für mich mit der Erfüllung eines langersehnten Wunsches verbunden. Ich hatte soviel erlebt und soviel gesehen, daß ich die letzten 5000 Kilometer von Caracas bis nach Recife in Brasilien genießen wollte. Während den tagelangen Fahrten würde ich viel Zeit haben, über meine Zukunftspläne nachzudenken, während der anstrengenden Fahrt durch Mittelamerika kam ich weniger dazu. Der Verkehr durch die Sabana und das Amazonas-Dschungelgebiet war bestimmt erträglich.

Ich wußte relativ wenig, was ich zu erwarten hatte und wie ich mich auf die einzelnen Streckenabschnitte einstellen sollte, ich wollte alles einfach auf mich zukommen lassen.

Ich drückte also kräftig in die Pedale. Das Fernziel in Brasilien hieß Manaus am Amazonas. Manaus war für mich schon immer ein Bezugsort im Amazonasgebiet, wo ich meine Dschungel-Vorstellungen ausleben und austräumen konnte. Doch bis dahin war es noch weit.

Es war schön, sich auf einer Asphaltstraße einfach treiben zu lassen, durch eine einmalig schöne Landschaft. Entlang der Strecke gab es viele kleine Dörfer oder einzelne „Haziendas" (Bauernhöfe), die manchmal auch ein Restaurant betrieben. Lebensmittel kaufte ich meistens in den kleinen Dörfern ein, die reichten dann aus, um für einige Tage wieder „unterzutauchen". Ich entwickelte mich in Venezuela zu einem wirklichen „Radnomaden".

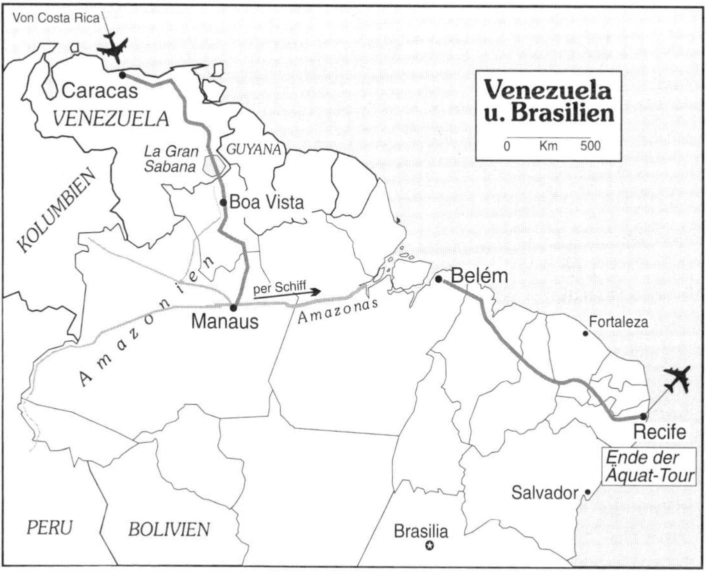

Von Costa Rica

Caracas
VENEZUELA

La Gran
Sabana   GUYANA

KOLUMBIEN

Boa Vista

Venezuela
u. Brasilien
0   Km   500

per Schiff
Manaus   Amazonas   Belém

Amazonien

Amazonas   Fortaleza

PERU   BOLIVIEN   Brasilia

Salvador

Recife
Ende der
Äquat-Tour

Mein Transporter war beladen mit all den Sachen, die ich zum Überleben brauchte. Ich hatte ja eigentlich alles bei mir, denn während längeren Reisen sehe ich mein Gepäck am Bike immer als eine konzentrierte Form meines Haushaltes an. Während der zweijährigen Reise mußte ich ja von was leben, und dazu braucht es einen gewissen Aufwand. Entweder ich habe genügend Geld dabei, um mir jeden Tag den Luxus eines Restaurants und eines Hotelzimmers leisten zu können, oder ich schleppe beides selbst mit, in Form von Zelt, Matte, Schlafsack und Kochausrüstung. Für mich sind diese Ausrüstungsteile ein sehr wichtiger Teil meiner Reisen, da ich gerne unabhängig bin, es abenteuerlich hergeht und ich einfach auch nicht das Geld habe, während 22 Monaten jeden Tag ein Hotel oder ein Restaurant aufzusuchen.

Hier in der Gran Sabana war ich doppelt froh über meine Ausrüstung, zumal die Landschaft viel zu schön war, um dieses Nomadenleben nicht genießen zu können. Selbst wenn die tropischen Regengüsse die Flüsse in eine braune Suppe verwandelten oder der Wind die ganze Nacht mit unglaublicher Hartnäckigkeit am Zelt rüttelte. Meist war es dann beim feuerroten Sonnenaufgang wieder so schön, daß ich die unangenehme Seite der Nacht gerne in Kauf genommen habe.

Ich war schlicht und einfach in meinem Element. Die Natur, die weite offene Landschaft mit dem Gefühl der Freiheit, die Nächte am Lagerfeuer und manchmal die ungewöhnlichen Geräusche der Tiere in der stockfinsteren Nacht. Entweder ein Schnaufen ganz nah an den Fahrradtaschen (die ich meistens draußen am Fahrrad hängen ließ), oder das Geschrei einiger Tiere, die sich zankten. „Back to the roots" würden die Amerikaner dieses Nomadenleben nennen.

Wie schön fand ich diese einsamen Abende. Ich brauchte keine Neonlichter und Videos. Ich war wunschlos glücklich in den Armen der Natur, gestreichelt vom Wind und sicherlich auch öfters verflucht von den Ameisen, wenn ich ihnen die ganze Nacht mit meinem Zeltboden ihren Ausgang versperrte.

Doch irgendwann nach ungefähr 1700 Kilometer südlich von Caracas hörte diese Landschaft auf und die Sabana ging über in ein eher dichtes Waldgebiet. Dann erreichte ich den Grenzübergang

Beim „Kilometer 0" in die Gran Sabana, Venezuela

Frisches Früchteangebot

von Venezuela nach Brasilien. Plötzlich war Schluß mit den sauberen Asphaltstraßen, die Venezuela einst mit „Petro-Dollars" gebaut hatte.

Am Grenzposten vor einem Restaurant begann eine Wellblechpiste, die tief in die Dschungel Südamerikas hineinführte, bis hinunter zu „meinem Dschungeldorf" Manaus.

Es ging vorbei an den Reservaten der verschiedensten Stämme, auch vorbei an jener Tafel, in der die Namen jener 27 Arbeiter eingraviert sind, die beim Bau dieser Straße durch das Amazonasgebiet von feindlich gesonnenen Einheimischen mit Giftpfeilen erschossen wurden.

Ich kam auch vorbei an den Posten der Soldaten, die natürlich auch wieder einmal anwesend waren. Die Funktion dieser Soldaten läßt sich in solchen Ländern immer sehr schlecht ermitteln. Ich war mir nie sicher, ob die Soldaten zum Beschützen, Beschießen oder Bescheißen anwesend waren. Auf jeden Fall gab es sie und ich mußte wieder einige Zeit diskutieren, bis ich die Erlaubnis hatte, mit dem Fahrrad durch ein Indianer-Reservat zu fahren. Es wurde mir empfohlen, aus Sicherheitsgründen während der Durchfahrt des Reservats nicht stehen zu bleiben. Die Einheimischen hätten es nicht gerne etc.

Ich hatte jedoch während der gesamten Fahrt der 140 Kilometer durch das Reservat nur eine kleine Gruppe Einheimischer gesehen, die mich einluden, bei ihnen zu übernachten, da ich sie kurz vor Sonnenuntergang getroffen hatte. Allerdings hatten sie Gewehre und Jeans an, also von wegen Vorsicht, Gewalt und Giftpfeile in den Rücken keine Spur.

Es war eine herrliche Fahrt und ich werde mich noch lange an dieses Ereignis erinnern.

Amazonas und Kulturschock Manaus

Von der Grenze zwischen Venezuela und Brasilien waren es rund 1000 Kilometer bis nach Manaus. Seit dem Beginn der Reise in Dakar hatte ich nun bereits über 30.000 Kilometer mit dem Bike

zurückgelegt und in meinen Gedanken entwickelte sich eine Gleich-
gültigkeit gegenüber der Reise, denn die Strecke war sehr mono-
ton und der Tagesablauf gestaltete sich äußerst schwierig.

Die vielen Brücken, die über die Sumpfgebiete und Flüsse führten, waren teilweise stark beschädigt und bedingt durch die fehlenden Bretter, Latten und Balken mußte ich an vielen Überführun-
gen absteigen und das Rad schieben.

Das Gebiet erinnerte mich an Sumatra, denn auch dort regnete es
fast täglich so wie hier und dementsprechend verwandelte sich die
sonst staubig-sandige Piste in eine rote, zähe Schlammasse.

An manchen Tagen war das Weiterkommen so anstrengend, daß
ich mich wunderte, ob ich diese extreme Herausforderung noch
als Radfahren bezeichnen sollte.

Mit meinen Gedanken wanderte ich zurück in das ferngelegene
Südtirol und dachte an die herrlichen Forststraßen und Wege, die
sich in den Dolomiten und den Bergen meiner Heimat zum Moun-
tainbiking anbieten. Schneebedeckte Berge, sprudelnde Bäche
und schattige Wälder, Almhütten, Blumen und der Duft frischgemäh-
ter Wiesen. Leute, die in ihren Trachten auf steilen Berghängen
ihr Land bewirtschaften.

Während der gesamten Reise entlang des Äquators verspürte ich
nie das Gefühl, welches man als Heimweh bezeichnet, doch jetzt
war es soweit. Es war das erste Mal während der Tour, daß ich
lieber an zu Hause dachte als mich mit dieser „beschissenen
Situation" hier im Amazonasurwald zu befassen.

Ich warf mein Bike an den Straßenrand, setzte mich daneben hin,
fluchte und schimpfte laut und war wütend mit mir selbst.

Mit jedem Fluch rückte ich der Verzweiflung näher. Ich konnte den
Schlamm, den Dreck und die Hitze nicht mehr ertragen. Mein von
Schweiß überströmter Körper und der ewig nasse synthetische
Einsatz meiner Radhose, der wundgescheuerte Hintern, die ver-
schwitzten miefig riechenden Kleider in meinen Panniers, all dies
und mehr brachte meine Radreise zu einem Halt.

Die Natur kann so brutal, so erbarmungslos und so unberechenbar
sein.

Irgendwann, nachdem ich mich ausgetobt hatte, entschloß ich
mich, mit mir, meiner Reise und der Natur im Dschungel des

Amazonasgebiets wieder Frieden zu schließen. Ich schob das Bike zu einer Lichtung, baute mein Zelt auf und machte ein Lagerfeuer. Die damit einkehrende Ruhe tat mir gut, dadurch bekam ich etwas Abstand zu dem „Streß im Fahrraddreß".

Unweit vom Lagerplatz war auch ein Bachbett mit sauberem Wasser. Ich warf meine verschwitzten Bekleidungsstücke auf den Boden und stand splitternackt am Ufer. Es war ein angenehmes Gefühl, die durchschwitzten Bekleidungsstücke nicht mehr auf der Haut zu spüren, und nackt zu sein erhielt in dieser Situation eine neue Bedeutung. Inmitten des größten Urwaldes der Erde den Wind und die Sonne am nackten Körper zu spüren war im wahrsten Sinn des Wortes ein „hautnahes" Erlebnis. Noch näher, noch direkter konnte ich jetzt die Natur gar nicht mehr erleben und mir wurde bewußt, wie „wenig" ich eigentlich brauchte, um mich wieder menschlich zu fühlen. Die Zutaten, um mit der Natur auf der gleichen Welle zu stehen, waren ja alle vorhanden und das Erlebnis „Natur pur" - Sonne, Luft, Wasser und Feuer - war nebenbei auch die normalste Sache der Welt.

Allerdings war ich als Biker von der Steinzeit schon zu weit entfernt, um mein Feuer wie „Fred Flintstone" zu entfachen. Um mein Feuer anzuzünden brauchte ich Zündstoff und war froh, aus einer materialistischen Gesellschaft bis in den Dschungel des Amazonas vorgedrungen zu sein, denn jetzt ohne Streichhölzer oder einem Feuerzeug dazustehen wäre ein Armutszeugnis meiner Reiseplanung gewesen.

Ach ja, stimmt! Da war ja auch noch mein Hi-Tech Mountainbike mit 21 Gängen, Hyperglide, Bremstechnik vom Feinsten und eine Videokamera und ein 9 Band Weltempfänger, Fahrradcomputer und eine ewig pipsende Uhr, wenn die Batterien sich dem Ende neigten. Und das wichtigste überhaupt - die Kreditkarte, um wieder aus der „Scheiße" zu kommen. Und all das, nackt im Dschungel mit der Kreditkarte in der Hand. Es sah fast so aus wie der Werbespot schlechthin für ein Geldinstitut.

Es ist schön zu wissen, daß mir diese Dinge alle zur Vertugung standen, wenn ich sie brauchte, doch jetzt wollte ich einfach Mensch sein und ich war stolz zu wissen, daß ich auch splitternackt im Dschungel von Südamerika überleben konnte.

In einer Plastiktüte in den Fahrradtaschen hatte ich noch eine komplette Garnitur trockener Bekleidungsstücke, die ich nach meiner Körperpflege und dem Waschen meiner Kleider anzog. Somit hatte ich mich wieder „abgestresst" und verbrachte den Nachmittag mit einem kleinen Rundgang im Dschungel. Es gab so viel zu sehen, was ich beim Radfahren von der Straße aus nie sehen konnte.

Gewaltig hohe Bäume und farbenfrohe Blüten bildeten ein unüberschaubares Meer von Pflanzen und Insekten, bedroht oder begünstigt von hoch über den Bäumen aufgetürmten Gewitterwolken. Die Regenzeit war noch nicht richtig angebrochen, doch mit ein bißchen Phantasie konnte ich mir ein Bild machen, in welchem Ausmaß die Fluten den Urwald überschwemmen das Gebiet anschließend in einen üppigen Lebensraum für Pflanzen und Tiere verwandeln würden.

Am Abend lag ich in meinem Zelt und lauschte in die zirpende, summende, tönende Nacht. Der Mond war schon hell genug, um den Dschungel in ein magisches Licht zu tauchen. Ein derartiges Naturschauspiel gab mir wieder Mut und Zuversicht, den nächsten Tag mit neuer Motivation zu beginnen, denn jetzt folgte eine Phase, in welcher ich das Licht des Vollmondes benützte, um die Nacht zum Tag zu machen.

In Gebieten wo es wenig Verkehr gab, habe ich die schönsten Bike-Erlebnisse immer während Vollmondnächten gehabt. Es ist für mich schon seit vielen Jahren die logischste Sache der Welt, während diesen Nächten mit dem Rad unterwegs zu sein. Ob in der Sahara, im Dschungel, in Australien oder in Eis und Schnee. Für mich ist Radfahren bei Vollmond etwas spezielles, denn die Natur sieht dann wirklich ganz, ganz anders aus.

Wer es versuchen will, wird staunen was man sieht. Eine Tour bei Vollmond hat nichts mit „Mondsucht" zu tun, es ist eher ein Vergnügen und bringt Einsichten in eine andere Welt. Gleichzeitig möchte ich jedoch erwähnen, daß man schon ein „bißchen verrückt" sein muß, um diesen Kitzel zu probieren. Kennt man jedoch seine eigenen Grenzen und Ängste, dann nichts wie rauf auf's Rad und raus in den Vollmond...

Ich war jetzt nur noch einige Tage von Manaus entfernt und die Reise war bis jetzt ohne große Ereignisse verlaufen. Mit jedem Kilometer in Richtung Manaus verstärkte sich der Verkehr. Bei Kilometer 20 vor der Stadt gab es wieder größere „Haziendas" und an der Piste wurde kräftig gebaggert. Straßenbaufahrzeuge, Planierraupen und riesige Straßenwalzen stampften eine breite Schneise in den Dschungel.

Jetzt konnte es nicht mehr weit bis zu meinem Ziel sein. Der Weg wurde immer breiter und plötzlich war es dann soweit: aus der staubigen Piste wurde eine schwarze Fahrbahn. Lichtmasten und Ampeln sowie ein Wirrwarr von Schildern und Reklametafeln kündigten die Einfahrt nach Manaus an. Mit jedem Tritt an der Kurbel näherte ich mich dem Zentrum.

Doch was war aus dem „Dorf" Manaus geworden? Eine Amazonasmetropole mit mehrstöckigen Gebäuden, und ein Verkehrschaos wie ich es seit San José nicht mehr gesehen hatte. Ausgeträumt der Traum vom Amazonaskaff, ich befand mich in der Millionenstadt Manaus, da wo sich die beiden Flüsse Rio Negro und der Amazonas treffen. Mein erster Kontakt auch mit einer Großstadt in Brasilien, nach meiner 2400 km langen Fahrt von Caracas bis nach hierher. Einerseits war ich froh, diesen Abschnitt gut und ohne Probleme überstanden zu haben, andererseits wiederum tat es mir leid, vom eigentlichen Amazonasgebiet so wenig gesehen zu haben, denn ich bewegte mich mit dem Bike ja immer nur auf der Piste nach Süden. Es wäre auch gar nicht möglich gewesen, eine andere Route als diese zu nehmen.

In Manaus erlitt ich dann gleich bei meiner Ankunft einen Kulturschock. Irgendwie bin ich mit meinem Traum von Manaus stehengeblieben und habe einfach nicht daran gedacht, daß sich das Dschungelkaff in wenigen Jahren zum wichtigsten Zentrum im Amazonasgebiet gemausert hatte. Mit Flugverbindungen zu internationalen Städten, ein Umsatzparadies für den Handel, Umsteigehafen für Tourismus, Umschlagplatz für Drogen. Das sind die treibenden Faktoren in den prall gefüllten Geschäften.

Zu Manaus gehören auch die Straßen mit ihren Straßenkindern, laute Musik und Supermärkte nach brasilianischer Art. Ein Treiben in allen Farben und Tönen.

Es war wirklich schwer für mich, in dieser Großstadthektik zurechtzukommen. Ich war ja wochenlang im Dschungel unterwegs gewesen und Städte waren für mich selten die beste Motivation. So war auch Manaus für mich nicht mehr als ein Umsteigeplatz zu einem neuen Ziel.

Da ich von der Schönheit des größten Dschungels der Welt und dem Leben der Leute dort während meiner Tour nicht viel mitbekommen hatte, entschloß ich mich, den nächsten Teil der Reise von Manaus bis nach Belém per Amazonasschiff zu unternehmen. Ich hatte das Bedürfnis, mit den Brasilianern, den Leuten meines letzten Reiselandes, zumindest für einen kurzen Zeitraum zusammen zu sein. Dies ist für einen Radfahrer meistens sehr schwierig, da man ja während des ganzen Tages mit sich - oder mit einem Radlpartner - allein ist. Ergibt sich dann unterwegs die Möglichkeit für ein Gespräch, ist es meistens so, daß man immer mehr Fragen beantwortet als man selbst beantwortet bekommt.

Deshalb entschloß mich für einen Platz auf dem Schiff von Manaus nach Belém. Der Kapitän hatte nichts dagegen, daß ich den Platz für meine Hängematte gleich in Anspruch nahm, obwohl das Schiff erst in vier Tagen Manaus verließ. Somit hatte ich auch noch die Möglichkeit, für einige Tage die Stadt besichtigen zu können, ohne ein Hotelzimmer bezahlen zu müssen. Während des Tages durfte ich die Kabine des Kapitäns benützen um meine Ausrüstung an einem sicheren Platz unterzubringen.

Mit dem Kapitän, Flavio Torana, ein gebürtiger Sizilianer, verstand ich mich mit meinem Italienisch ausgezeichnet. Er war sehr nett und hilfsbereit und mir gefiel seine Großzügigkeit. Seine Art war sehr direkt und er hat auch gleich verstanden, daß ich das Bike nicht gerne unbeaufsichtigt tagsüber auf dem Schiff herumstehen lassen wollte.

„Weißt du", meinte er, „ich bin Sizilianer und ich lebe in Brasilien. Aber diese Leute hier sind alles Diebe. Du mußt auf deine Sachen sehr acht geben, sonst werden sie dir alles stehlen. Hier in Brasilien ist das Leben nicht so wie bei uns in Sizilien. Brasilien ist ein gutes Land, aber es gibt zuviel Mafia hier."

Er wird es schon wissen, dachte ich mir, denn er hat ja einen Teil seines Lebens hier gelebt.

„Wenn du willst, kannst du am Abend in meiner Kabine kochen. Ich habe eine komplette Küche in meiner Kabine. Meine Familie ist hier in Manaus, also brauche ich die Kabine nur, wenn ich unterwegs bin."

Er hörte nicht mehr auf zu erzählen, sein ganzer Lebenslauf war dran. Ich jedenfalls nahm dankbar sein Angebot an.

„Du kannst auch so ein bißchen aufpassen, daß der Nachtwächter seine Arbeit richtig tut und nicht einschläft", meinte Flavio.

„Also eine Art Nachtwächter für den Nachtwächter?"

Er lachte, drehte sich um und sagte: „Ciao, Ciao, wir sehen uns!"

Als ich am nächsten Nachmittag von meinem Stadtbummel zurückkam, war Flavio auf dem Schiff und unterhielt sich mit drei Afrikanern. Bei meiner Ankunft war er sichtlich erleichtert.

„Du sprichst doch Englisch. Kannst du mal für mich übersetzen?"

Die drei kamen aus Nigeria erzählten mir eine lange Geschichte, wie sie von Lagos über Rio nach Manaus gelangten und jetzt eine Möglichkeit suchten, kostenlos nach Belém zu gelangen.

Während mir dies erzählt wurde, machte Flavio eine Handbewegung mit der Bedeutung, daß er gleich zurückkommen würde.

Ich stand mit den Schwarzen da und hörte ihnen zu. Ich war fasziniert, mit welcher Überzeugung sie mir ihre Lügen erzählten. Einem der Nigerianer sei das Geld geklaut worden und jetzt könnten nur zwei ihre Fahrkarte nach Belém bezahlen.

Flavio kam zurück und wollte wissen, was nun war. Ich glaube, daß er sich seiner eigenen Situation als junger Kerl in Sizilien sehr gut erinnern konnte, denn er hatte Mitgefühl für die Typen.

„Okay", sagte Flavio, „einen nehme ich kostenlos bis Belém mit." Er nahm ihn bei der Hand und führte ihn zur anderen Seite des Decks. Dort drückte er ihm einen großen Besen in die Hand und sagte: „ You, clean and shine boat, okay!"

Francis hielt den Besen in der Hand und kam strahlend zu mir zurück, und obwohl ich mit den drei Typen weiter nichts zu tun haben wollte, wurde ich aus sprachlichen Gründen immer wieder in ihre Konversationen hineingezogen. Es entwickelten sich einige interessante Diskussionen um afrikanische Politik und Kolonialismus.

Es war nun kurz vor der Abfahrt des Schiffs und das Deck war voller Menschen, Hängematten, Kartons, Plastiktüten, Kisten und Möbelstücke. Jeder zweite Passagier hatte ein Kassettenradio mit seiner eigenen Musikauswahl mitgebracht. Somit war das perfekte Chaos bereits vorprogrammiert.

Zum Zeitpunkt der Abfahrt gab es dann noch irgendwo an Deck eine wilde Messerstecherei, jemand wurde mit Verletzungen wieder abgeladen und in einem Auto wegtransportiert.

Doch als dann das Schiff mit seinen 190 Passagieren endlich den Hafen von Manaus verlassen hatte (und beim Ablegen den Landesteg rammte und ziemlich zerstörte), trat endlich das brasilianische Lebensgefühl zwischen den Passagieren an Deck ein.

Für mich war diese Fahrt ein unvergeßliches Erlebnis. Mir wurde bewußt, wie langweilig und eintönig meine Bikestrecke von der venezolanischen Grenze bis nach Manaus gewesen war und mit dem Leben und Treiben der Brasilianer auf dem Schiff nicht zu vergleichen war. Der Wirbel um das Essen am Boot, das theatralische Auftreten mancher brasilianischen Schönheiten, die erhitzten Diskussionen und die vielen Pannen unterwegs, die Gesichter der Kinder und die Geduld der Mütter und die vielen kleinen Dörfern entlang des Amazonas - das alles paßte irgendwie zusammen. Sogar die drei Nigerianer fügten sich bestens in dieses brasilianische Kaleidoskop mit ein.

Ich bewunderte die Einstellung der Leute zueinander. Während der gesamten Äqua-Tour habe ich kaum ein Land kennengelernt, in welchem die verschiedensten Rassen so gut miteinander harmonierten wie in Brasilien - und trotzdem sich gegenseitig erschießen, vertreiben und ermorden. Ich will in diesem Buch nicht auf die schrecklichen Geschichten unter der Bevölkerung Brasiliens eingehen. Doch wissen wir alle über die Grausamkeiten an den Straßenkindern und die Vertreibung und Ermordung der Amazonas-Indianer.

Es stimmte mich sehr traurig zu sehen, daß die Passagiere während der Fahrt nach Belém an den kleinen Dörfern ihre alten T-Shirts und Kleidungsstücke vom Schiff aus in den Fluß warfen um die Indianer, die entlang des Flusses lebten, mit ihren Einbäumen auf den Fluß zu locken. Nicht um ihnen etwas zu schenken. Sie warfen das Zeug in das Wasser um zu sehen, ob sie es erreichten, bevor es unterging.

Eine Fahrt durch das Amazonasgebiet kann eigentlich nur ein Erlebnis sein, wenn man mit einem Boot, Schiff oder Kanu unterwegs ist. Während der Fahrt von Manaus nach Belém habe ich mehr vom Dschungel, den Leuten und dem Leben entlang des Flusses gesehen, als während all den Tagen, die ich mich allein von der Grenze bis nach Manaus quälte. Ich kam zu der Erkenntnis, daß ein Bike oder ein Fahrrad das unlogischste Transportgerät ist, um das Amazonasgebiet kennenzulernen. Und so war ich froh, daß ich mich entschlossen hatte, von Manaus nach Belém mit dem Boot zu reisen.

Gerne möchte ich auch wieder einmal in das Amazonasgebiet zurückkehren. Dann aber, wie gesagt, nicht mit dem Rad, sondern eher mit einem Kanu. Ich hätte einfach mehr Bewegungsfreiheit und ich würde bestimmt viel mehr erleben und sehen.

Bei unserer Ankunft in Belém brach unter den Passagieren die übliche Hektik aus. Jeder versuchte, sein Zeug so schnell wie möglich vom Boot an Land zu bekommen und im Gewühle und dem Chaos hatte ich wirklich Streß mit meiner Ausrüstung. Auch die drei Afrikaner hatten alle Hände voll zu tun, denn sie packten kräftig zu und halfen den Leuten.

Alle Passagiere standen in Reih und Glied beim Hafenausgang und warteten auf die Zöllner, die jeden Passagier, den Paß und das Gepäck kontrollierten. David, der kleinste der Nigerianer stand neben mir und wir unterhielten uns über Afrika. Der Zöllner, der unsere Reihe „bearbeitete", kam immer näher auf uns zu. Er schaute sich Davids Reisepaß an. Ich stand hinter David und konnte die Situation gut beobachten.

Der Zöllner forderte David auf, seinen Koffer zu öffnen. Neben einigen T-Shirts und Jeans waren auch Kekse, Nüsse, Schuhe und Tücher im Koffer. Der Zöllner griff in den Koffer und wühlte wie eigentlich nur Zöllner wühlen können. Er fischte ein Päckchen weißes Pulver aus dem Koffer, hielt es hoch und fragte: „Was ist da drinnen?"

„Staubzucker", sagte David.

Am Amazonas in Brasilien

Noch 17 km bis Recife, dann ist die Äqua-Tour beendet!

„Staubzucker? Machen Sie das Päckchen auf!"

David nahm das Päckchen, öffnete es und gab es dem Zöllner. Der nahm ein wenig von dem Pulver und legte es auf seine Zunge. Den Blick des Zöllners werde ich nie vergessen!

Er sagte: „Tatsächlich, Zucker!" und damit warf er David das Päckchen in die Hände.

David steckte den „Zucker" wieder zwischen seine T-Shirts und zog den Reißverschluß des Koffers zu. Wir gingen gemeinsam durch das Ausgangstor und standen in Belém. Ich wünschte den drei Nigerianern eine schöne Reise.

Etwas war für mich allerdings noch nicht ganz geklärt. Ich konnte es nicht glauben, daß David wirklich nur Staubzucker in seinem Koffer neben den Socken und seinen Unterhosen aus Manaus nach Belém schleppte. Nigerianer sind viel zu „clever" für solchen Unsinn.

Ich nahm David am Arm und zog ihn etwas näher. Halblaut sagte ich zu ihm: „Und ich wünsch' dir ein süßes Staubzuckergeschäft!" Er lachte so ehrlich und so verlogen schön wie nur Afrikaner lachen können.

„Da, am Verschluß des Päckchens, das war tatsächlich Staubzucker", meinte David, „doch unterhalb war natürlich der reine Stoff aus Kolumbien."

„Hast du keine Angst, daß sie dich nicht einmal erwischen könnten?"

„Natürlich habe ich Angst. Aber was für Chancen habe ich zu Hause. Als Kurier verdiene ich viel Geld. Garantien habe ich weder zu Hause in Nigeria noch hier in meiner Welt der kleinen Banditen. Weißt du, es gibt ein Sprichwort: 'Gott hilft denen, die sich selbst helfen', und genau das tue ich."

Manaus ist einer der wichtigen Umschlagplätze für die Drogenmafia. Die Stadt hat natürliche und geografische Vorzüge, um den Stoff von Kolumbien, Peru und Bolivien umzuschlagen. Drogen und Drogenhandel haben in Südamerika einen ganz anderen Stellenwert als bei uns. Wird das Thema Drogen und Drogenhandel im Westen immer mit einem schmutzigen Geschäft verglichen, so ist der Anbau und der Handel mit dem Stoff für Leute in diesem Teil der Welt nichts anderes als bei uns der Handel mit irgendwelchen Dingen oder Waren. Einem Kokabauern ist es egal, was mit seiner Ernte passiert, wer das Zeug in den Dschungelküchen zu Rauschgift weiterverarbeitet oder wer sich den Stoff schlußendlich reinzieht oder reindrückt. Tatsache ist, daß sie für den Koka-Anbau von den Drogenbossen dreimal mehr Geld erhalten, als ihnen die Regierung für Zitrusfrüchte, Vanilleschoten oder Pfefferkörner zu zahlen bereit ist.

Deshalb kann man es ihnen ja gar nicht übel nehmen, wenn sie das anbauen, woran sie mehr Geld verdienen.

Endspurt nach Recife

In Belém übernachtete ich in einem alten Hotel. Der Besitzer zeigte mir ein Zimmer und ich fand es sehr schön, mit hohen, verschnörkelten Holztüren und Fensterläden aus portugiesischen Kolonialzeiten. Die Gestaltung des Innenhofes war jedoch nicht gerade sehr einfallsreich: zerrissene Korbstühle und ungepflegte Pflanzen, sowie einige Wäscheleinen, die kreuz und quer durch den Hof liefen waren jedoch vorhanden. Für mich war das ja nicht sehr wichtig, da ich nur einige Tage in Belém bleiben wollte. Ich fand die Stadt sehr interessant und unternahm einige Stadtrundgänge. Dabei stieß ich unweit des Hotels auf eine Kaffeebar, wo es besonders guten Espresso gab.

Ich saß in einer Ecke und der Lampenschirm hing tief über dem Tisch. Ich schrieb gerade die Ereignisse der letzten Tage in mein Tagebuch als ich plötzlich zwei Hände unter der Beleuchtung sah, die 100-Dollarscheine auf den Tisch blätterten. Ich zählte mit, ohne zu wissen, wem das Geld und die Hände gehörten. Bei 5000 US$ hörten die Hände auf die Scheine zu zählen. Vor mir lag ein Haufen Geld.

Mit der linken Hand schob ich die Tischbeleuchtung aus meinen Augen und sah einen Mann mit Schnurrbart, als Kopfbedeckung trug er einen Cowboyhut und am Gürtel hatte er eine Pistole hängen. Pistolen und Cowboyhüte sind ja nun keine aufregenden Bilder auf dem amerikanischen Kontinent. Aber das Geld und der Platz, wo es geschah, das war doch ziemlich aufregend.

Der Typ sah mir in die Augen und fragte: „You need money?"

„I don't know anyone who doesn't."

Seine kalten blauen Augen funkelten wie Sterne im gedämpften Licht der Lampe. „Kann ich mich setzen?"

Er wartete nicht bis ich ja oder nein sagte. Er setzte sich einfach nieder und legte gleichzeitig ein Pornoheft auf den Tisch.

„Wir suchen Leute für unsere Arbeit im Dschungel."

Die Kellnerin kam vorbei und er bestellte einen Fruchtsaft.

„Wir zahlen gutes Geld! Wir bieten Drogen, Nutten, einen falschen Paß und ein Konto auf einer Schweizer Bank. Als Gegenleistung kommst du drei Monate mit in den Dschungel und arbeitest mit uns. Was du tun mußt für unsere Leistungen steht in diesem Heft."

Die Kellnerin kam mit dem Fruchtsaft und schob den Geldhaufen mit einer Hand aus dem Weg. Der Typ nahm die fünfzig Hunderter schüttelte sie durch wie Spielkarten, wickelte ein Gummiband herum und steckte sie in seine Westentasche.

Er drückte mir das Heft in die Hand und sagte nochmals: „In diesem Pornoheft steht alles drinnen was du wissen mußt. Wenn es dich interessiert, sehen wir uns morgen. Same time, same place, same people. Ach ja, die 5000 Dollar sind eine Anzahlung für deine Zusage, falls dich unser Angebot interessiert. Cash in die Hand, morgen!"

Er drehte sich um und genau so schnell wie er gekommen war, war er auch wieder weg.

Ein seltsames Gefühl und eine Flut von Gedanken rasten durch meinen Körper und Kopf. Warum gerade ich, wieso gerade hier in dieser Kneipe, soll ich bleiben oder soll ich gehen, soll ich dieses Pornoheft öffnen oder soll ich alles einfach liegen und stehen lassen und schnell zur Tür raus?

Ich nahm das Heft, öffnete es und las die Bedingungen. Im Prinzip war es nur eine Bestätigung dessen, was er mir schon mündlich erzählt hatte. Mit einigen Erweiterungen. Zum Beispiel, daß ich beim Transport der Drogen eingesetzt werden könnte und daß ich mich für drei Monate verpflichten müßte. Bezahlt würde nach jeder Auftragserfüllung.

Ich sollte also Drogerkurier spielen. Ich bezahlte mein Getränk, ließ das Heft auf dem Tisch liegen und ging in die Straßen von Belém. Dort, zwischen den Leuten und im Verkehr, fühlte ich mich wohler.

Dann ging ich zurück zum Hotel und legte mich auf das Bett. Ich dachte darüber nach, wie schwer es wohl sein muß für jemanden, einem derartigen Angebot nicht widerstehen zu können. Es ist wirklich ein Teufelskreis.

Bilder vergangener Zeiten und Erinnerungen waren für mich jetzt wichtige Punkte, um dieses Angebot realistisch zu sehen. Meine Gedanken gingen zurück zu jenen Jahren, in denen man als Rucksackreisender über das Drogenproblem sehr schlecht informiert war, da es eine neue Szene war und die Leute wenig Erfahrung damit hatten. Presley, Morrison, Hendrix, Joplin sind einige der großen Namen, deren Tod man mit Drogen in Verbindung bringt. Was mich aber viel mehr berührte, war der Tod meiner Bekannten, die den Drogen zum Opfer fielen. Schreckliche Szenen, die ich auf früheren Reisen erlebte. Diese Bilder steckten auch nach vielen Jahren noch immer in meinem Kopf. Ein junger Bekannter aus Asien, ein Chinese aus Singapur, der bereits als Kind kämpfen mußte um zu überleben, hatte es bis nach Europa geschafft, hier als Koch gearbeitet und sich mit dem Drogenverkauf eine Stange Geld verdient. Als ich ihn an seinem Arbeitsplatz besuchte, war mir klar, daß sein „Zug" schon längst „abgefahren" war.

Ich versuchte ihn zu überreden, dieses Geschäft sein zu lassen, doch es war nutzlos. Die Sucht nach Geld und Drogen hatten ihn voll im Griff. Sein letzter Kartengruß erreichte mich aus Argentinien. „Ich hoffe es geht dir besser als mir, denn ich habe das Ende meiner Straße erreicht."

Ein trauriger Abschiedsgruß eines 26-jährigen Bekannten.

Ein anderes Bild werde ich gleichfalls nie vergessen, denn es war zu grausam. Ein unbekannter Süchtiger, der zwar alleine sterben mußte, aber dennoch mit jemandem seine letzte Stunde verbringen wollte. Dafür suchte er sich meinen Zeltplatz am Strand von Kerala aus.

Für mich bestand gar nie ein Zweifel, daß ich bestimmt der falsche Mann für diese angebotene Arbeit war. Mein Leben und meine Freiheit waren mir immer mehr wert als alles andere.

Am nächsten Tag um 17 Uhr war ich natürlich schon wieder 120 Kilometer von Belém entfernt und hatte meine Hängematte zwischen zwei Bäumen aufgespannt. Daneben flackerte ein Holzfeuer, ich kochte mir eine Gemüsesuppe.

Etwas später beobachtete ich eine Schar Papageien, die sich nicht entschließen konnten, auf welchem Baum sie die Nacht verbringen wollten. Es wurde gezankt und gestritten, geschrien und geflattert bis es finster wurde, erst dann kehrte Ruhe ein.

Meine Reise in Richtung Recife wurde jetzt für mich die letzte Herausforderung. Ich wurde innerlich sehr unruhig. Es war die Vorfreude, die ich in mir feststellte. Ich konnte es gar nicht glauben, daß ich mich mit jedem Tag meinem Ziel um 120 Kilometer näherte. Während den letzten 10 Tagen meiner Erdumrundung gab es für mich nicht mehr viel zu sehen, ich wollte jetzt die Tour zu Ende bringen.

Es gab zwar noch einige interessante Dörfer und ich bemerkte einen großen Unterschied zwischen den Menschen des Amazonasgebiets und den Leuten im Staat Pernambuco, doch das war es dann auch schon.

Die Distanzen zwischen den Dörfern wurden immer geringer und Straßenbeleuchtungen und Asphaltstraßen waren die ersten Zeichen, daß ich mich nach 22 Monaten und 35.400 Kilometern meinem Ziel Recife näherte.

Doch jetzt, da die Äqua-Tour zu Ende ging, wollte ich gar nicht mehr aufhören zu pedalen. Ich war so gut drauf, daß ich an manchen Tagen sogar 150 bis 160 Kilometer machte. Die Tour rollte perfekt dahin. Und jetzt würde alles gleich aus sein. Ich wollte es einfach nicht glauben.

Ich stoppte an einem Verkehrsschild mit der Aufschrift „17 km". Ich machte ein Foto und sah in weiter Ferne die Hochhäuser von Recife.

Ein Gefühl der Besinnlichkeit, Fröhlichkeit, Glück und Trauer - das alles stieg auf einmal in mir hoch. Es war vorbei.

Ich fuhr durch die Stadt, und bevor ich mich um etwas anderes kümmerte, fuhr ich zum Strand von Recife, schnallte die Packtaschen ab und legte mich mit dem Bike in die Wellen des Atlantischen Ozeans.

Der Kreis der Erdumrundung hatte sich für mich damit geschlossen, denn ich begann meine Reise in Dakar im gleichen Atlantischen Ozean mit einem ähnlichen Bad.

Ich hatte mir somit einen Traum erfüllt und viele Leute haben - bewußt oder unbewußt - mitgeholfen, daß ich meinen Traum realisieren konnte. Ich habe auch ein bißchen für diejenigen ihren Traum erfüllt, für die eine derartige Umrundung der Erde ein Wunsch ist, aber immer ein Traum bleiben wird.

Von Recife flog ich mit der Alitalia nach Mailand. Als das Flugzeug über dem Senegal schwebte, dachte ich darüber nach, daß ich da unten vor 22 Monaten mit meinem Bike aus dem Flughafen von Dakar fuhr.

Von Mailand, wo mich schon Renate und meine Freunde erwarteten, war es dann nicht mehr weit bis nach Sarnthein in Südtirol.

Äqua-Tour - Nachbetrachtungen

Retour von der Tour kommt man ins Nachdenken. Hier einige Gedankensplitter, Erkenntnisse, An- und Einsichten (nicht nur) von der Äqua-Tour.

Gedanken übers Denken

Für mich ist das Fahrrad nicht nur ein Transportgerät, mit dem man bestimmte Strecken zurücklegt. Unmittelbarer wie mit dem Bike kann man ja kaum reisen.

Ist man 660 Tage auf Äqua-Tour, hat man im Grunde 660 Tage lang nichts anderes zu tun, als sein Ziel zu erreichen. Dann sitzt du auf diesem Fahrrad und trittst in die Kurbel, Tag für Tag, Woche für Woche. Du hast alles gemacht, um optimal radfahren zu können. Aber irgendwann hast du einfach nichts mehr zu tun, weil fast alles automatisch abläuft; du weißt, wie alles funktioniert.

Dann fängt der Denkprozeß an. Du weißt, heute kann ich auf guter Straße 120 km machen. Da hat man auf dem Fahrrad natürlich sehr viel Zeit, und dann überlegst du dir ein Thema, über das du nachdenken willst.

Mit was man sich beschäftigt? Mit all den kleinen Sachen, an die man im Alltag keine Gedanken verschwendet, weil man immer Wichtigeres zu tun oder nie Zeit dafür hatte. Was mir nicht immer alles durch den Kopf ging! Was mache ich nach der Reise, wie „vermarkte" ich sie, werde ich Vorträge halten, Artikel und ein Buch schreiben usw.

Oder ganz banal: wieviel Kurbelumdrehungen sind es wohl bis zu diesem Baum da vorne, wo feierte ich die letzten fünf Jahreswechsel, wo war ich dieser Tage vor 10, 20 Jahren usw. Auf dem Fahrrad habe ich mir auch schon die schönsten Sachen ausgemalt, wie eine lustige Runde unter Freunden usw.

Man ist ja immer auf der Suche nach sich selbst, ein Leben lang. Über die Gedanken und Probleme eines Weltradlers, der den ganzen Tag nur mit sich selbst „denkspricht", könnte man weitere Bücher schreiben.

Johnny Bagus

Natürlich gibt es unterwegs auch öfters Stunden, in denen man meint, es geht nicht mehr. Nicht wegen der körperlichen Belastung - der Körper regeneriert sich ja schnell - sondern mehr von der Psyche her.

Am meisten hatte ich damit zu kämpfen, daß ich ständig mit Menschen konfrontiert wurde, mit denen ich mich nicht verständigen konnte. Das übt Druck aus, denn man ist ja unterwegs sehr abhängig von den Leuten. Was machst du, wenn in einem Dorf in Sumatra 100 Leute um dich herumstehen und keiner von ihnen spricht Englisch?

Bevor es langweilig wird, fangen die Leute meist an zu lachen. Ich entwickle dann leicht eine Antipathie, weil ich denke, die lachen mich aus. Wenn das nun tagtäglich passiert, artet das in Streß aus. Und es gibt viele Leute, die damit nicht fertig werden, ihre Sachen zusammenpacken und wieder heimfahren. Oder, noch schlimmer, an Ort und Stelle durchdrehen und eine absolut blöde Situation für diejenigen schaffen, die später einmal nachkommen. Denn die Einheimischen werden den Europäer, der bei ihnen durchgedreht hat, bestimmt nicht so schnell vergessen.

In der Zwischenzeit habe ich gelernt, daß mich die Leute überhaupt nicht auslachen. Im Gegenteil, sie finden es lustig, daß man mit einem Fahrrad oder Bike unterwegs ist. Ich vergleiche dies in etwa so, als würde ich hier in Europa in einem kleinen Dorf einem Afrikaner begegnen, der mit einem Elefanten durch Europa zieht. Ich glaube, die meisten Leute würden da wohl auch lachen, oder nicht?

Wenn man jeden Tag einen Platz zum Übernachten und etwas zum Essen besorgen muß, kann das ganz schön auf die Nerven gehen. Und dann kommen da auch noch das x-te Mal Leute am Tag und fragen, wie du heißt. Ich sagte in Indonesien dann immer: „Johnny Bagus"- und dann lachten sie. „Bagus" heißt auf indonesisch „gut", und Johnny nennen sie jeden Europäer, der nach Indonesien kommt.

Aber wenn das den ganzen Tag so geht, platzt einem bald die Hutschnur.

Öl und die Folgen

Wenn man mit dem Fahrrad unterwegs ist, sind es die kleinen
Dinge des Lebens, die zählen. Ich denke dann nie über ein Auto,
ein Haus, über ein dickes Bankkonto nach - weil das einfach nicht
wichtig ist. An ein Auto denke ich erst zu Hause, wenn ich eines
brauche, um dieses oder jenes zu erledigen. Auf Reisen verfluche
ich es - weil es mein größter Gegner ist.
Die Welt ist doch verrückt geworden. Nehmen wir Indonesien oder
Venezuela, beides Länder der Dritten Welt, die irrsinnige Reserven
an Öl haben. Was passiert in diesen Ländern? Die haben so viele Petro-Dollars, daß sie schon gar nicht mehr wissen, wohin damit. Die Leute, die am richtigen Hebel sitzen, können das Geld so
dirigieren, daß es relativ eng beisammenbleibt, nämlich bei etwa
10 Prozent der Bevölkerung. Und die machen dann Geschäfte.
Die eröffnen Taxi-Firmen mit 200, 300 Taxis. Die importieren Autos
aus Japan, Kleinbusse, Busse und Lkws, damit sie ihre Güter hin-
und hertransportieren können.
Aber da die Oberen Zehntausend ja nicht per Auto durchs ganze
Land reisen, sondern fliegen, weil das schneller geht, vergammeln
die Straßen total. Die Straßen werden also schlechter, und die
Verkehrsdichte nimmt zu.
Wieviele Menschen sterben in Indonesien oder Mexiko tagtäglich
auf den Straßen! Und das nicht nur, weil die Leute so schlechte
Fahrer sind, sondern weil die Straßen so schlecht sind. Und weil
Autos importiert werden, die 150, 160 km/h fahren. Die rasen dann
dahin wie die Wilden, und wenn plötzlich eine Kurve kommt, hal-
ten das weder Fahrer noch Wagen aus. Als Radler ist man diesen
Rasern total ausgeliefert und man ist fast so rechtlos wie die Hühner,
die diese Irren auf den Straßen totfahren.

Kein Mitleid für den Mitmensch

Ich glaube, daß man in der Industriewelt anders vorgehen muß.
Man sollte z.B. die Japaner, die einen Großteil der Autos noch
Asien exportieren, zur Kasse bitten, ihnen sagen: wenn ihr wirklich diesen Leuten helfen wollt, dann bringt sie nicht um - schützt
sie! Baut ihnen von einem gewissen Anteil des Geldes, das ihr für

diese Autos bekommt, sichere Straßen.

Genauso glaube ich, daß es sehr wichtig wäre, in jede Führerscheinprüfung eine halbe Stunde Fahrradfahren einzubauen, damit der Autofahrer lernt, welche Todesgefahren von ihm auf seine radelnden Mitmenschen ausgehen. Nur wer selbst einmal von Autofahrern geschnitten worden ist, weiß, wie das ist. Ich selbst habe durch rücksichtslose Autofahrer schon drei Zähne eingebüßt, zwei in Indonesien und einen in Indien.

Wie so etwas passiert? Die fahren einfach zu nahe an dich heran, manchmal streifen sie dich absichtlich, weil sie wissen wollen, wie du reagierst. Oder es passieren eben Unfälle, und sie fahren dich über den Haufen, weil du als Radfahrer gar nichts zählst.

Überhaupt ist das Hierarchie-System in den Dritt-Welt-Ländern ganz brutal. Busse und Lkws haben das absolute Vorrecht, weil sie die größten sind. Die haben auch irrsinnig laute Hupen, und da drücken die schon 500 Meter vor dem Dorf drauf. Und plötzlich siehst du aus den Hütten die Leute rennen, wie sie ihre Hühner wegscheuchen, ihren an der Straßenseite zum Trocknen ausgelegten Reis abdecken, die Kinder schnappen und schon braust der Bus oder der Lkw volle Pulle durch das Dorf, daß der Staub wie hinter einer Rakete aufwirbelt und alles durch die Luft fliegt. Und wie oft kommt es vor, daß ein Kind oder ein alter Mensch sich nicht schnell genug in Sicherheit bringen kann. Der wird dann einfach umgenietet.

Die nächsten in der Verkehrs-Hierarchie sind die Kleinbusse, dann kommen die Pkws, doch alles was kleiner ist als ein Motorrad hat bei den Fahrern in diesen Ländern auf der Straße nichts verloren. Als Europäer geht es einem noch relativ gut, da die Leute dann mehr Respekt haben. Denn einen Europäer über den Haufen zu fahren ist bestimmt mit mehr Problemen verbunden als z.B. einen Landsmann.

Ich habe in Indien an einem Strand gesehen, wie ein Mann ertrunken ist. Als ich sah, daß er von den Wellen immer wieder an das Ufer getrieben wurde, er sich dort aufrichtete, nicht aber die Kraft hatte, von den Fluten wegzukommen, raste ich in die naheliegende Polizeistation, stürmte hinein und schilderte außer Atem meine Beobachtung.

Der Polizist sah mich gelassen an und sagte nur:
„Is that person a European or an Indian?"
„Ein Inder", sagte ich.
Der Polizist sah mich an und sagte nur mit einem leichten Wackeln seines Kopfes:
„God is there, it will be alright."

Eier gegen Brummis

Eine der schlimmsten Straßen, die ich je gefahren bin, ist die „MEX 200", das ist die Küstenstraße in Mexiko die bis runter zur Grenze von Guatemala führt. Die ist stellenweise wahnsinnig eng und besteht eigentlich nur aus einer dicken Schicht Asphalt auf Steinen, so daß die Seiten manchmal 20 cm tief abfallen.
Auf diesem schmalen Band fährst du also mit deinem Fahrrad, und plötzlich kommt einer von vorne auf dich zu, und gleichzeitig einer von hinten, und beide hupen dich an. Was machst du da? Du bremst, schnappst dein Fahrrad und knallst dich in die Büsche, bevor du wie ein Hund platt auf dem Asphalt endest.
Die meisten laden ihr Rad deshalb auf einen Lkw, weil es einfach lebensgefährlich ist, dort zu fahren. Und es macht auch keinen Spaß mehr. Ich glaube, in Mexiko - und nicht nur dort - leben die Männer ihre Aggressionen durch das Auto aus.
In Indonesien habe ich mir einmal einen Korb frischer Eier gekauft. Und ist dann einer von hinten zu nahe aufgefahren, habe ich einfach ein Ei genommen und es so über den Kopf nach hinten geworfen. „Platsch" und „ieetsch!" Da sind sie aber schnell auf die Bremse gestiegen! Eierspeis auf der Windschutzscheib', das war meine Rache.
Aber was sollte ich denn auch tun? Irgendwie mußte ich mich als Fahrradfahrer doch behaupten, sonst hätten die mich zum Krüppel gefahren. Prügel habe ich dabei noch nie bezogen.
Einmal ist mir einer jedoch nachgefahren, dem hatte ich in meinem Zorn den Seitenspiegel heruntergerissen, weil er mich beinahe umgefahren hatte. Das machen sie überhaupt gern: sie überholen dich und dann steigen sie auf die Bremse, daß du hinten aufknallen sollst.

Die One-man-show

Übernachtet habe ich im Busch oder Dschungel von Indonesien meistens im Zelt. In größeren Dörfern habe ich bei irgendwelchen Leuten geschlafen, oder ich habe mir ein Zimmer gemietet, weil ich die Leute einfach nicht mehr ertragen konnte.

Jedesmal wenn ich am Abend angefangen habe zu kochen sind 50, 60, 70 Leute um mich herumgestanden. Schon beim Zeltaufbau habe ich die ganzen Kinder im Zelt gehabt: „Oh, I like your house. Let me sleep in your house!"

Vielleicht liegt diese Kontaktfreude der anderen an mir auch daran, daß ich klein und rothaarig bin, einen Bart habe und mit dem Fahrrad unterwegs bin. Ich habe nie Schwierigkeiten, mit den Leuten in Kontakt zu kommen. Entweder so oder auf lustige Weise. Vor allem da, wo ich mich nicht verständigen konnte, da hab ich schon mal den Clown gemacht für die Kinder.

Aber das war das Schlimmste: wenn man anfängt, mit den Kindern zu spielen, dann laufen im Nu die ganzen Mütter und Väter zusammen und dann die Tanten und Onkel, die auch noch ihre Kinder mitbringen. Man wird zum lebenden „Kasper" und es ist sehr schwierig, dann noch ernst genommen zu werden, auch wenn man 35.000 km um die Welt radelt. Das ist schon harte Maloche.

In Sumatra traf ich einmal Schweizer, die zu Fuß unterwegs waren und sagten: „Wir verstehen nicht, wie du das machen kannst, so ganz allein und wie du das aushältst. Wir sind wenigstens zu zweit; wir können uns miteinander unterhalten, und wenn wir uns irgendwo zum Essen hinsetzen, dann ignorieren wir die Leute eben."

Ja, aber wenn man alleine ist, schauen einem die Leute beim Essen bis in den Magen runter.

Müsli, Reis und Nudeln

Man ernährt sich manchmal ja doch ziemlich einseitig unterwegs: Nudeln, Müsli, Reis in der Hauptsache. Diesmal habe ich einen Solarkocher dabeigehabt, eine Supersache! Das ist ein kleines Gerät mit einem Gebläse, das von einer Solarzelle gespeist wird. Das Gebläse facht eine Glut an, so daß man alles verbrennen kann: Kuhmist, Zweige, alles. Damit kann man also auch in einem kleinen Raum, im Zelt etwa, ein kleines Feuer machen, sogar mit feuchtem Material. Oft habe ich dieses Gebläse auch als Ventilator benützt. Dazu habe ich den Ofen einfach vorne auf meinem Gepäck festgebunden, mit der Solarzelle obenauf, und dann hat mir das Gebläse unterwegs frischen Wind ins Gesicht geblasen.

Was das Essen angeht: Ich habe immer soviel dabei, wie in die Vorderradtaschen hineingeht. Zucker oder Honig, dann braunen Reis, Haferflocken, Nudeln oder Spaghetti, dann Trockenfrüchte und Päckchensuppen zum Würzen oder als Soße.

Gewürze nehme ich selten mit. Auf dem Fahrrad ist man nicht so heikel, da muß man Realist bleiben. Und ich habe den Vorteil, daß ich Koch bin und aus sehr wenig sehr viel machen kann. Ist die Tasche voll, sind das etwa drei bis vier Kilo an Verpflegung.

Unterwegs kaufe ich dann noch frische Früchte, in den Tropen Bananen, Papayas, Ananas, was es dort eben gibt. Denn ich glaube, daß ein Mensch, der in den Tropen lebt, sich auch von tropischen Früchten ernähren soll. Auch daheim kaufe ich nur Früchte, die hier auch wachsen. Die frischen Sachen packe ich meistens in den Daypack und esse sie dann sehr schnell auf, damit sie durch die Hitze und das Rütteln nicht kaputtgehen. Manche Tage habe ich das Bedürfnis, nur frische Früchte zu essen; und dann gibt es immer wieder Tage, wo ich einfach nichts Frisches bekomme. Ergattert man dann einmal zwei Orangen, überlegt man sich sehr genau, ob man sie gleich ißt oder erst am Abend. Diese Gedanken werden dann plötzlich sehr wichtig. Drei Bananen und zwei Orangen, das ist meine Ration für die nächsten 200 km Wüstengebiet, wo es nichts gibt. Da plant man also anders.

Meistens kriegt man dann aber doch mehr als man essen kann: weil immer wieder Autos anhalten und einem Orangen an den Kopf knallen oder Brot aus dem Lkw-Fenster werfen. Obwohl der Straßenverkehr so gefährlich ist - es gibt auch viele nette Leute unterwegs! Die bremsen ihren ganzen Lastzug ab, um zu helfen, um dir einen Kaffee zu kochen. Die geben über CB-Funk weiter: „Hey du, 10 km weiter, warte mal, da kommt ein Radfahrer vorbei. Wenn du dem einen Kaffee kochst, dann kann er dir tolle Geschichten erzählen!"

Hi Tech - ja oder nein?

Die Technik, ja sie ist einfach nicht mehr aufzuhalten. Auf meiner Äqua-Tour hatte ich dabei: einen Word-Processor, eine Video-Kamera, zwei Foto-Kameras, eine Schreibmaschine, drei Fahrradcomputer - und zwei Uhren. Bei meiner ersten Reise von der Antarktis in die Arktis hatte nichts dergleichen dabei, die Bilder, die ich damals für die Radzeitschrift Tour machte („Solo zwischen den Polen"), fotografierte ich mit einer ganz einfachen Kamera, die ich für 85 Dollar in der Antarktis erstanden hatte.

Heutzutage haben die Leute Kameras mit Elektronik-Zoom und Elektronik-Belichtung; da braucht man nur noch aufs Knöpfchen zu drücken, und heraus kommen die tollsten Bilder (glaubt man). Für Radtouren durch die Tropen oder in der Wüste sind diese Kameras jedoch weniger tauglich. Viel Sand oder Feuchtigkeit genügen, und schon geht die gesamte Elektronik zum Teufel. Auf der jetzigen Reise hatte ich eine Pentax MX dabei.

Seit 15 Jahren bin ich mit verschiedenen Rädern unterwegs. Auf der IFMA habe ich mein erstes Fahrrad ausgestellt, auf dem ich von der Antarktis bis in die Arktis gefahren bin, daneben stand das Rad, mit dem ich jetzt um die Welt fuhr. Am ersten Rad die Original-Taschen, die ich noch selbst genäht hatte, am Äquatour-Bike der letzte Schrei von Karrimor. Da sieht man erst, was sich in den letzten 15 Jahren getan hat. Auch an der Bekleidung. Damals trug ich noch ganz normale T-Shirts, heute sind es Micro-Faser-Klamotten. Aber gerade das ist ja auch das Schöne, daß in diesem Zeitraum von 15 Jahren sichtbare technische Fortschritte gemacht worden sind, daß wirklich versucht wurde, den Radfahrern das Leben leichter und angenehmer zu machen, und ihnen nicht nur das Geld aus der Tasche zu ziehen. Obwohl es natürlich auch viel nutzloses Zeug gibt.

Die Leute gehen auch nicht mehr so auf Abenteuerreise wie früher. Früher sind sie mit 2,50 DM losgefahren. Ich habe vor 15 Jahren mein Auto verkauft, damit ich mir ein Fahrrad leisten konnte. Mindestens zwei Monate habe ich damals gebraucht, um zu kapieren, daß mein Fahrrad 700 Dollar kostete. Ich hatte noch nie ein Auto, das 700 Dollar wert gewesen wäre. Es war ein maßgefertigtes Tourenrad. Ich wußte gar nicht, daß es so etwas gibt.

Heute gehen die Leute ins Geschäft und sagen, sie wollen ein Rad haben, aber nicht eines für 1000 Mark, nein, es soll schon was Ordentliches sein!

Ich selbst fahre kein Super-High-Class-Mountainbike, schließlich stürze ich mich nicht mit 70 km/h eine Abfahrt hinunter. Nein, ich will mir selbst und den Leuten, die sich für meine Reisen interessieren, zeigen, daß sie gar kein Rad für 4000 Mark brauchen.

Ich habe die Äqua-Tour mit einem Kettler MTB von der Stange unternommen. Damit bin ich 35.000 Kilometer rund um die Welt gefahren und hatte unterwegs so gut wie keine technischen Probleme.

Was ich von guter Technik erwarte ist: daß ich damit ohne Probleme von München nach Salzburg fahren kann. Ob die Schaltung so oder so funktioniert, ist mir vollkommen egal. Ich suche mir einfach die aus, die mir am stabilsten erscheint.

Für mich ist all das High-Tech-Zeug notwendig, weil ich davon lebe. Meinen Beruf als Koch und Konditor habe ich ja 1988 an den Nagel gehängt. Doch selbst wenn man ein Fahrrad als das billigste Reisemittel wählt, um um die Welt zu kommen, sind als Reisekosten mindestens 20.000,- DM anzusetzen. Am Ende der Tour muß ich dann sehen, daß diese Investition wieder hereinkommt.

Die Leute fragen mich oft, was für ein Rad oder Bike sie kaufen sollen. Das muß jeder selbst entscheiden. Ich kann nur jedem empfehlen, sich ein Rad zu kaufen und damit zu fahren - damit man sein Leben wieder erlebt! Das allein ist wichtig! Wir leben in einer Zeit, in der radeln ein wunderschönes Mittel zur Selbstfindung ist. Schon oft ist jemand auf mich zugekommen und hat gesagt: „Ich gebe dir 25.000 Mark, die komplette Ausrüstung, was du willst, wenn du diese Reise mit mir machst! So etwas hat für mich keine Bedeutung. Wenn ich eine Reise mache, dann deshalb, weil ich gerne reise. Der finanzielle Aspekt ist zwar wichtig, aber zweitrangig. Die wahren Abenteurer reisen nicht wegen des Geldes, sondern weil sie Abenteuer erleben wollen. Sie benützen das Fahrrad, um das zu entdecken, wonach sie sich sehnen.

Wir leben in einer Gesellschaft und Zeit, wo die Technik alles für uns tut. Wir gebrauchen wenig Köpfchen, aber viele Knöpfchen.

Fliegen mit dem Bike

Laut IATA, der International Air Transport Association, gibt es kein offizielles Reglement für den Transport von Fahrrädern. Da müßten wir Radfahrer uns einmal zusammenschließen und in den Medien darauf hinweisen.

Bis jetzt sieht es nämlich so aus: man kauft sein Ticket, und wird dann wegen des Rades erst einmal zu irgendwelchen Verpackungs-Menschen am Flughafen geschickt. Die sagen: „Reden Sie doch mal mit dem Export-Manager, der kennt sich da besser aus." Natürlich weiß der über Fahrräder so wenig, daß man sich ärgern muß, warum der überhaupt Export Manager geworden ist. Das gibt dann ein ewiges hin und her, weil sich keiner zuständig fühlt. Meistens ist das Ganze dann im Grunde überhaupt kein Problem, weil man das Bike fast immer unverpackt aufgeben kann. Eine weltweit gültige Regelung zum Thema Transport in Flugzeugen wäre an der Zeit.

In Uganda waren unsere Räder einmal im Frachtraum eines Flugzeuges verschollen. Wir warteten und warteten, aber sie wurden einfach nicht ausgeladen. Als die Klappe dann schon wieder zuging, schnappte ich mir einen Motorrad-Polizisten, der zufällig vorbeikam, und düste mit dem noch einmal zurück. Auf dem Startfeld habe ich mich dann an einen Flügel der Maschine geklammert und gedroht, nicht loszulassen, bis ich meine Räder hatte. Schließlich meinte der Pilot: „Okay, du hast zwei Minuten, die Fahrräder da rauszuholen. Das war aber gar nicht so einfach, denn die Leiter war ja schon weg, und der Einstieg in den Frachtraum ist ziemlich weit oben. Ein Afrikaner hat mir dann eine „Räuberleiter" gemacht, und so konnte ich in den Laderaum klettern. Zwei weitere Afrikaner halfen mir, das ganze Gepäck, das auf unseren Rädern lag, wegzuziehen.

Mit den zusammengepackten Bikes auf dem Buckel hat mich der Polizist dann wieder auf seinem Motorrad über das Flugplatzgelände gezerrt. Auch das war gar nicht so ungefährlich, weil überall Leute mit Maschinenpistolen herumstanden. Kurz zuvor hatte es auf diesem Flughafen nämlich einen EL-AL-Überfall mit 12 oder 13 Toten gegeben. Ich hoffte die ganze Zeit, daß die mich nicht für einen Dieb hielten.

Radlpartner - solche und solche

In Mexiko - ich schrieb ja vorne schon davon - war ich kurz mit einem jungen Deutschen unterwegs. Das war so ein richtiger Super-Typ mit einem tollen Outfit. Als ich ihn traf, war er schon einige Monate unterwegs. Nun suchte er jemanden, mit dem er weiterfahren konnte. Eigentlich bin ich ja gerne alleine unterwegs, weil ich alleine viel besser zurechtkomme; aber da habe ich mir gedacht, okay, fahren wir halt mal zwei, drei Wochen zusammen.

Schon am dritten Tag ging es dann auseinander, weil ich mit seiner Art nicht zurechtgekommen bin. Er hatte eben nur eine gewisse Zeitspanne zur Verfügung für seine Reise; und da hat er sich nicht genug Zeit gelassen, war also ziemlich gestreßt unterwegs. Außerdem hat er völlig unüberlegt gehandelt, hat Sachen gemacht, die man als Abenteurer in der Welt einfach nicht bringen kann. Am Abend zum Beispiel sucht er sich einen Zeltplatz in einem Maisfeld, während ich schon längst einen besseren gefunden habe. Ich stelle dann mein Zelt auf, versorge mein Gepäck, mein Fahrrad, suche Holz zusammen und mache mir eine Tasse Tee.

Er macht das dann also genauso wie ich, und als wir da so sitzen und Tee trinken, kommen plötzlich drei Leute auf uns zu. Sagt er zu mir: „Was wollen die denn?" - Ich: „Wahrscheinlich arbeiten die hier auf den Feldern." - „Aber warum kommen die dann auf uns zu?" - „Weil der Weg eben an unseren Zelten vorbeigeht."

Er wird immer nervöser, und als sie vor uns stehen, springt er auf und sagt: „You have a problem?" Daraufhin sind die natürlich stehengeblieben und haben uns komisch angeschaut.

Also, das geht mir zu weit, das packe ich nicht. Es ist wirklich nicht meine Art, die Leute auch noch anzufeuern, mir Probleme zu machen.

Oder die Geschichte mit seinem Fahrrad. Das lief so: In San Francisco hatte er natürlich Angst, daß ihm das Rad geklaut wird. Da kam ein Chinese und sagte zu ihm: Für zwei Dollars kannst du dein Bike bei mir im Laden abstellen, da ist es sicher. Da meinte er, nein, das sei ihm zu teuer. Tja, am nächsten Tag war dann das Bike weg...

Und die Kamera wurde ihm gestohlen, als er sie kurz ablegte, um

sich irgendwo schnell einen Apfel zu klauen - also, das sind Sachen,
die macht man einfach nicht!
Ich hatte dann wirklich Angst, mit diesem Typen womöglich meine Klamotten zu verlieren. Diese Erfahrungen habe ich ja auch
schon gemacht, daß einem die Sachen leichter gestohlen werden
wenn man zu zweit ist. Wenn man kein gutes System hat, dann
glaubt nämlich meistens einer, daß der andere auf die Sachen
aufpaßt. Meistens paßt dann keiner auf. Ich habe mir angewöhnt
zu verstehen, daß es mit jedem Jahr mehr Touristen gibt und mit
jedem Jahr mehr Arbeitslose. Also beste Voraussetzungen für
Gauner, Diebe und Banditen.

Vom Lernen und von Leuten

Auf meiner gesamten Reise von 35.000 km durch 27 Länder und
vier Kontinente habe ich nicht einmal einen Schnürsenkel verloren. Die meisten Leute gehen von zu Hause schon mit der negativen Einstellung weg, daß ihnen jeder was klauen will. Diese
Gedanken kommen mir gar nicht, weil ich inzwischen gelernt habe, die Leute richtig einzuschätzen.
Da ich immer unterwegs bin, habe ich nicht viel Zeit, um die Leute
richtig kennenzulernen. Deshalb habe ich wohl eine besondere
Fähigkeit entwickelt, das Gute vom Schlechten viel schneller tren-
nen zu können. Das kann man sich angewöhnen, indem man die
Leute und ihre Lebensgewohnheiten gut beobachtet und seine
Schlüsse zieht. Wenn ich dabei nichts dazulerne, kann ich ja gleich
daheim zwischen meinem und dem Nachbarort hin- und herfah-
ren, bis ich müde bin. Das Abenteuer als solches muß für mich einen größeren Sinn haben, als nur Radfahren. Radfahren kann ich
hier auch.
Sicher gibt es bei den einzelnen Kulturvölkern Unterschiede in der
Bedeutung der Gesten. Alle Menschen bekommen so eine Art
„Grundausstattung" in die Wiege gelegt - an Ausstrahlung, Verstand, Moral usw. Will man seine eigenen Grundfähigkeiten weiter ausbilden und zu guten Zwecken nutzen, muß man bereit sein,
von anderen zu lernen. Nach dem Motto etwa: „Was machen die
richtig, das ich auch gerne machen möchte?"

Man wird also zum Beobachter. Streckt dir in einem Land zum Beispiel jemand zur Begrüßung die Zunge heraus, was dort soviel wie „Guten Tag" bedeutet, und du sagst aber: „Du mich auch!" und streckst ihm - bäh! - ebenfalls die Zunge heraus, dann lacht der trotzdem und freut sich darüber.
Wenn du dich ärgerst, ist das dein Problem, nicht seines.

Das Klima wird immer extremer

Auf der Äqua-Tour meinte ich bemerkt zu haben, daß heute die Sonne viel intensiver als früher brennt. In Indien habe ich mir bei Temperaturen von 52 Grad alles verbrannt, und diese Verbrennungen heilten bis Südamerika nicht richtig aus. Vor zehn, zwölf Jahren, als ich das erste Mal zur gleichen Zeit in Indien war, lagen die Höchsttemperaturen im gleichen Gebiet noch bei 44 Grad. Gut, vielleicht habe ich diesmal ausgesprochene Hundstage erwischt, aber 52 Grad Hitze gibt es auch in Indien sehr selten.
Das ist eine ganz trockene Hitze, und es bläst immer ein Wind dazu. Die Natur macht das wirklich sehr schön. Ist es wahnsinnig heiß, hat man immer auch gleichzeitig Wind, der einen kühlt. Oder es ist saukalt, dann kommen Sonnenstrahlen, die dich wärmen.
Wenn man die Zeit heute mit der vor etwa 20 Jahren vergleicht - da konnte man noch Sachen machen, die kann man sich heute gar nicht mehr erlauben. Heute kann man doch wegen des Ozonlochs nicht mehr ungestraft in die Sonne gehen; cremt man sich nicht ein, bekommt man Hautkrebs. Wahnsinn, wieviele Leute in Australien an Hautkrebs erkrankt sind!
Als ich im Himalaya den über 5000 Meter hohen Shingo-Paß überquerte, mußte ich mir ein Maultier kaufen, weil ich das Fahrrad nicht mehr schieben konnte. Auf einer Seite habe ich dem Maultier mein Rad draufgehängt, auf der anderen meine Taschen. Tja, und dann sind wir zu diesen eiskalten Bächen gekommen, die unter Schneebrücken durchführen. Wenn man da nicht weiß, wo man sich hinstellen muß, reißt einen das Wasser glatt weg.
Ich habe mich dann splitternackt ausgezogen, meinen Körper mit Margarine eingerieben das Maultier am Schwanz gepackt und ziemlich unsanft getreten - ab ging's durch den Bach!

Auf der anderen Seite war ich natürlich total durchgefroren; immerhin war das auf 4800 m Höhe. Die Sonne kommt da erst gegen Mittag zwischen den hohen Bergen hervor, scheint für zwei, drei Stunden und ist wieder weg. Da habe ich mich dann mit meinen eiskalten Füßen auf Steine gestellt, wo gerade die Sonne draufschien. Das ist wieder der Ausgleich der Natur - erst die brutale Kälte, und dann das bißchen Sonne, das dir wieder genug Wärme zum Weitermachen gibt.

Würmer suchen mit den Pygmäen

Wirklich „natürliches" Leben habe ich auf meiner Äqua-Tour eigentlich nur noch bei den Pygmäen gesehen. Da kommt man aus dem Staunen nicht heraus, wie diese Leute sich ernähren, wie umweltbewußt sie sich in ihrem Dschungel verhalten! Bevor die ein Tier mit dem Pfeil erlegen, schauen sie sich das ganz genau an. Schließlich leben sie davon; jedes Tier, das unnütz getötet wird, fehlt später. Geachtet wird vor allem auf das Alter: hat das Tier seine Leistung, seinen Sinn vollbracht - dann kommt es in den Kochtopf.

Die Pygmäen legen auch Fallen, die so klein sind, daß nur ganz bestimmte Tiere hineingeraten können. Oder sie holen sich Würmer aus den Palmen.

Ich bin einmal einen ganzen Tag mit im Kanu auf einem Dschungelfluß gefahren und habe dabei zugesehen. Die „richtigen" Palmen erkennt man daran, daß ihre unteren Blätter braun oder verwelkt sind. Entdeckt der Pygmäe so einen kranken Baum, gleitet er aus seinem Kanu, geht mit der Machete unter Wasser und „köpft" den Baum. Dann schneidet er die Blätter ab, halbiert den Stamm - und da sitzen dann die Würmer drin; sie sind etwa fingergroß und gelb. Ein Paar davon werden gleich roh gegessen, wie Pralinen, den Rest legt man zusammen mit einem Teil der Baummasse, durch die sich der Wurm gefressen hat, in einen Korb. Der Wurm lebt jetzt von der Masse, die fast so aussieht wie Sägespäne, gut acht Tage. Die Pygmäen suchen inzwischen weiter nach Würmern, und wenn sie ihren Korb voll haben, gehen sie damit zum Markt und verkaufen sie als Delikatesse.

Ich habe diese Würmer auch einmal probiert - und am nächsten Tag war ich so voller Energie, daß ich gar nicht mehr aufhören konnte, radzufahren! Da müssen unheimlich viele Proteine drinstecken!

Das Zeug zu schlucken kostet aber einige Überwindung. Zuerst muß man nämlich mit dem Zeigefinger und dem Daumen den Kopf der Würmer zerdrücken, und da kommt dann so eine gelbliche, eiterähnliche Masse heraus. Sieht echt aus wie Eiter. Und das hat auch noch einen ganz markanten Geruch. Schmecken tut es allerdings hervorragend. Die Pygmäen spießen die Köpfe auf harten Blättern auf und richten sie hübsch an - das ist ihre Art, um das Ganze appetitlich zu machen. Nouvelle Cuisine - großer Teller mit nichts drauf - das gibt es dort nicht.

Unterhalten kann man sich mit den Pygmäen kaum; sie sprechen weder Englisch noch Französisch. Die Einheimischen im Kongo und in den zentralafrikanischen Republiken nennen sie „die Wilden". Sie sind dunkelhäutig, sehr klein - unter ihnen kam ich mir mit meinen einsfünfundsechzig schon wie ein Riese vor.

Als ich ankam, fing ich an zu kochen. Doch wie kompliziert der weiße Mann seine Nudeln kocht! Einfach roh essen, das kommt doch auf das gleiche heraus. Oder ein Müsli mit Wasser anrühren - viel zu kompliziert für die Pygmäen. Weil sie sich selbst noch viel einfacher und schlichter ernähren. Die schießen sich zum Beispiel einen Affen, hängen sich den über die Schulter, und wenn sie hungrig sind, beißen sie sich eben ein Stück davon runter. Natürlich würzen und grillen sie das Tier vorher.

Ich habe ihnen von meinen Spaghetti angeboten, aber das hat ihnen nicht geschmeckt. Und außerdem wußten sie gar nicht so recht, wie sie die essen sollten.

Also das sind so Sachen, die mich faszinieren.

Afrikanische Kontraste

Etwa ein Drittel meiner Reisezeit und Gesamtstrecke verbrachte ich in Afrika. Was mich an Afrika so fasziniert, das sind die Kontraste. Das sind die Abenteuer, die ich suche. Auf der einen Seite geht es mit gefalteten Händen zu den Kirchen, mit Gesängen und

Glöckchen, und auf der anderen Seite wird alles zerschlagen und zerrissen und zerfetzt. Diese drastischen Unterschiede sieht man in Afrika überall. Wunderschöne Handarbeiten gibt es da, zierliche Schachfiguren aus Elfenbein etwa. Doch der Weg zwischen bestem handwerklichem Geschick und brutalem zwischenmenschlichem Verhalten ist oft sehr kurz.

Afrikanische Kinder rollen auch Bananenblätter zu einem Ball zusammen und spielen damit Fußball - wogegen die Kinder in Europa sagen würden: „Mit Blättern? Da kann ich doch keinen Ball draus machen - ein Ball ist aus Gummi!"

Diese Fähigkeit, aus dem Nichts etwas zu machen - das liebe ich an Afrika! Dazu gibt es einen guten Spruch: „Ich habe solange mit sowenig soviel getan, daß ich jetzt mit fast nichts alles für ewig tun kann."

Das große Problem Afrikas bzw. seiner Menschen ist deren Identitätsfindung, die in der Kolonialzeit weitgehend verloren gegangen ist. Die Inder haben den Sprung nach vorne schneller geschafft, sie kommen mit der jetzigen Situation besser zurecht als die Afrikaner.

Aber auch heute noch laufen da unglaubliche Sachen ab. In Afrika werden Auto- und auch schon Fahrradrennen veranstaltet, wo angeblich Top-Radprofis mit an den Start gehen. Aus den hintersten Dörfern laufen die Leute oft zwei Tage, um in Reihen an der Straße zu stehen. Dann beginnt das Rennen. Zuerst kommt lange nichts, dann ein riesiger Marlboro-Lkw, von dem aus schachtelweise Zigaretten unters Volk geworfen werden. Die Leute stehen dann da und rauchen drei Zigaretten auf einmal, weil es sie umsonst gibt. Ich möchte nicht wissen, wie viele auf diese Weise daran hängenbleiben und sie sich das Rauchen angewöhnen. Die Schachtel wird für umgerechnet 70 Pfennige verkauft - und schon haben die Afrikaner mit ihren späteren Raucherkranken ein Problem mehr, statt eines weniger.

Ähnlich ist das mit Asien, wo so viele Fahrradteile und Komponenten produziert werden. Daß man die Umwelt nun dort verschmutzt, indem man 100.000 Rahmen am Tag spritzt, das ist uns egal. Wir wollen diese Gifte nur nicht bei uns hier haben. Die Entsorgung der Giftstoffe beim Spritzen kostet viel Geld und schließlich würde der Endverbraucher wieder die Zusatzkosten tragen müssen. Über diese Aspekte müßte man mehr nachdenken.

Fährt man durch Afrika, taucht das Wort „Entwicklungshilfe" fast zwangsläufig in jedem Gespräch auf, das man mit jemanden über die Zukunft dieses geschlagenen Kontinents führt. Abgetragene Kleidungsstücke, die man nach Afrika oder sonstwohin schickt, sind für mich keine Entwicklungshilfe und auch keine Geschenke, es ist eher eine Art das Gewissen beruhigende Entsorgung.

Entwicklungshilfe bedeutet für mich, sich mit den Problemen der Menschen in der Dritten Welt vor Ort zu befassen und Lösungsvorschläge auszuarbeiten, die mit der dortigen Mentalität und Lebensweise konform gehen.

Und um überhaupt mitreden zu können, muß man meiner Ansicht nach aber erst einmal unter denselben Bedingungen gelebt haben. Ich selbst habe früher einmal achtzehn Monate in einem Dorf in Afrika verbracht. Mit den paar tausend Mark, die ich damals für meine Reise zur Verfügung hatte, konnte und wollte ich nicht das ganze Dorf unterhalten. Also setzte ich mich mit den Einheimischen zusammen, und wir überlegten gemeinsam, wie sie selbst Geld verdienen könnten. Wir fingen dann an, Halsketten zu basteln und Kuchen zu backen, die sie bei den nahen Fabriken an die Arbeiter verkauften. Die Dorfbewohner hatten schnell raus, daß sich so etwas lohnt. Rollen dagegen ganze Wagenladungen mit Spenden aus Europa an - warum sollten sie dann einen Finger krumm machen?

Von Menschen und Tieren

Für die meisten Einheimischen unterwegs war ich der reiche Europäer, der mit den Taschen voller Geld mit dem Fahrrad um die Welt fährt. Ich habe mehr als einmal meine Packtaschen ausgeräumt, um den Leuten zu zeigen, daß dem nicht so ist. Einen armen Europäer können sich die in der Dritten Welt gar nicht vorstellen.

Ich muß allerdings auch gleich dazusagen, daß ich weder für mich persönlich, noch für die Menschen in der Dritten Welt arm bin und auch gar nicht arm sein kann. Den selbst eine Reise mit dem Fahrrad erfordert einiges an Reisegeld.

Doch mit wie wenig müssen die Leute in den armen Ländern auskommen, sie können sich kaum ihr tägliches Essen kaufen, und wieviel leisten sie dabei! Wenn man sieht, was ein Rikscha-Fahrer in Indonesien zu sich nimmt, der den ganzen Tag mit einer überbeladenen Rikscha durch die Gegend kurvt, fragt man sich wirklich, wo dieser Mensch die Energie hernimmt. Hier könnten wir das nicht einmal einem Pferd zumuten, weil sonst sofort der Tierschutzverein auf der Matte stünde.

Interessant war, daß mich auf der Äqua-Tour manchmal Leute angesprochen haben: „Du warst doch vor zehn Jahren schon mal hier!" Die haben sich tatsächlich noch an mich erinnert. Und wieviele Briefe habe ich bekommen von Leuten, die ich unterwegs getroffen habe und die nun schrieben, daß sie sich nach unserer Begegnung auch Mountainbikes gekauft haben. Die Begegnung mit mir hat sie nachdenklich gemacht. Diese Tatsache finde ich immer sehr schön.

Ich werde nie versuchen, jemanden zu überzeugen, daß es besser ist Vegetarier zu sein (ich bin es seit 25 Jahren). Bin ich eingeladen, werde ich meinen Standpunkt vertreten, doch nie versuchen, andere Menschen zu überzeugen. Das muß jeder mit sich selbst ausmachen.

Doch wenn die Person darüber nachdenkt, wie unlogisch und gestört unser Verhalten den Tieren gegenüber ist, dann wird sowieso jeder selbst entscheiden können, warum er die Katze streichelt, den Hund an der Leine herumführt, das Rind, das Huhn und den Fisch aber abmurkst und sie dann mit der Entschuldigung „ich brauche Energie" verschlingt.

Vielleicht sind wir Menschen in der Entwicklung für eine bessere Verständigung mit unseren Tieren - die wir ja „lieben" - gegen eine Mauer gefahren und steckengeblieben. Vielleicht ist es uns auch egal, weil wir die letzten angsterfüllten Augenblicke im Leben des Tieres nicht verstehen und nicht sehen wollen. Ist es nicht unsere Aufgabe, die Tiere zu schützen, da sie ja eine wichtige Funktion im Ökosystem unserer Erde haben?

Eine Erinnerung

Als ich 1977 auf dem Eis der Antarktis stand und auf einen großen Müllberg aus Autowracks, Kühlschränken, Militärfahrzeugen
und 40 Fässern radioaktiven Materials eines Versuchs-Atomkraft-
werkes starrte, wurde mir bewußt, daß der Mensch kaum würdig
ist, diese Erde zu bewohnen. Ich war traurig, diesem Müllberg gegenüber zu stehen.

Als ich also dort davorstand und in die gelb-schwarzen Toten-
schädel auf den Fässern starrte und mir gar nicht bewußt war, welchen Gefahren ich mich aussetzte, ergriff mich so etwas wie die
Angst der Ungewißheit, und all dies am einsamsten Fleck der Erde,
der Antarktis.

Ich streifte meine Billiguhr von der Hand und warf sie in den
Sauhaufen, der im ewigen Eis eingefroren vor mir lag. Ich wußte,
daß ich in einigen Tagen diese weiße Hölle verlassen und meine
erste Reise mit dem Fahrrad von der Antarktis in die Arktis antreten würde. Ich wollte versuchen, für einen bestimmten Zeitraum
zeitlos unterwegs zu sein. Die einfachste Methode war es, meine
Uhr im Müll der Antarktis einzufrieren. Deshalb warf ich sie in hohem Bogen auf den Müllhaufen auf dem sechsten Kontinent.

In den siebzehn Jahren seit diesem Tag bin ich über 300.000
Kilometer mit verschiedenen Rädern unterwegs gewesen, davon
aber nur die ersten vier Jahre „zeitlos". Anschließend wurde mir
das Radfahren viel zu wichtig, um plan- und zeitlos durch die Welt
zu gondeln. Doch waren diese ersten vier Jahre für mich sehr wichtig. Heute sehe ich sie als eine Lehrzeit an, die mein Leben veränderte.

Das ganze Leben ist ein Lernprozeß, und im Gegensatz zu den
meisten Menschen habe ich viele Phasen meines Lebens mit dem
Fahrrad erfahren und erlebt. Aus dem, was ich gelernt und gesehen und erfahren habe, habe ich mein Leben gestaltet. Und mit
dem bin ich zufrieden. Es ist eine Kombination von Radfahren und
kreativem Denken. Man muß dazu sehr offen sein, man muß verschiedene Aspekte in verschiedenen Kulturen berücksichtigen und
man muß aufnahmefähig sein. Von den Indern habe ich in dieser
Hinsicht am meisten gelernt. Der beste Lernprozess ist die
Selbstüberzeugung von einer Sache.

Radfahren als Lebenscredo

Immer mehr Leute benützen das Fahrrad als Transportgerät für Reisen in die entlegensten Plätze der Erde. Die Abenteuer- und Bikereisen sind grenzenlos geworden. Ob auf dem Dach der Welt oder in den Dschungels Afrikas, in der Wüste Gobi oder im ewigen Eis von Grönland - Radfernreisen ist ein alter Trend in neuem Stil.

Es gibt bestimmt viele Bücher über das Radreisen, wie sie gemacht und geplant werden oder was man auf bestimmten Touren erleben kann (z.B. die „rad&bike"-Bücher von „Reise Know-How", besonders empfehlenswert der „Fahrrad-Weltführer", in dem ich auch einiges schrieb).

Ich möchte hier mit meinen paar wenigen, letzten Anregungen und Gedanken niemand belehren, weil ich so vieles selbst noch nicht weiß. Doch dachte ich mir, daß es vielleicht dem einen oder anderen Biker helfen würde, seine eigene Reise noch besser zu planen, wenn ich einige meiner Erfahrungen weitergebe. Mein Anliegen ist jedoch nicht die Technik oder was für Ersatzteile man mitnehmen sollte, heutzutage bekommt man schon fast in jedem Land hochwertige Ersatzteile für sein Fahrrad oder Bike. Mir geht es eher um etwas Einfacheres als die komplizierte Technik. Menschen sind schon vor vielen Jahren mit ganz einfachen Rädern um die Welt gefahren und sind ohne Hi-Tech ausgekommen. Doch auf grundlegende Wahrheiten und auf Basiswissen von der Natur konnten auch diese Radler nicht verzichten.

Die mentale Einstellung

Jede Reise, egal wohin sie führt und gleich mit welchem Transportgerät sie in Angriff genommen wird, erfordert die richtige Einstellung. Wer oder was bestimmt nun diese Einstellung zur Reise. Der Reisende selbst oder die Industrie? Reiseführer? Die Technik? Die Zielländer und die Menschen dort? Das Geld?

Die richtige Einstellung zur Sache ist wichtig, nicht, was einem andere erzählen, vormachen, raten. Man sollte sich mit den folgenden Fragen befassen:

Will ich diese Reise denn wirklich mit dem Rad unternehmen?

Kann ich mir und den anderen Leuten eine derartige Reise zumuten? Bin ich geistig und körperlich in der Lage, diese Reise
durchzuführen? Wie werde ich während der Reise schlafen und
essen. In der Natur oder im Hotel? Fahre ich alleine oder in einer
Gruppe? Was weiß ich über Land und Leute? Welche Bedingungen
werde ich in dem Land vorfinden? Was kann ich dort tun und was
nicht? Kann ich als Frau dort auch alleine Radfahren?
Dies sind nur einige Fragen, die man sich vorher stellen sollte, um
die richtige Einstellung zu bekommen.
Man soll auch keine Radreise dem Partner zuliebe antreten und
schon gar nicht, weil man nichts besseres zu tun hat und Radreisen
gerade „in" sind. Kommt der Wunsch für die Radreise nicht aus
der eigenen Körperschale und ist man nicht bereit, die Natur so
zu akzeptieren wie sie ist, wird es wahrscheinlich schon während
der ersten Tage oder Wochen Probleme geben. Dies ist jedoch
nicht schlimm, so weiß man wenigstens, daß man es einmal probiert hat, es aber nie wieder tun wird.
Eine gute Vorbereitung und eine gute Organisation sind wesentlich
für das Gelingen einer Reise. Ist man dann nach allen Überlegungen endlich losgefahren, dann läßt man das Abenteuer ohne
festgefahrene Vorstellungen einfach auf sich zukommen. So hat
man bestimmt die Möglichkeit, mit einem schönen Erlebnis und
guten Erinnerungen wieder stolz nach Hause zu kommen.

Das Wasser

Je nachdem in welchen Gebieten der Erde die Radtour durchgeführt wird, kann der Wasserverbrauch des Körpers enorm an-
steigen. Täglich zehn Liter ist in warmen bis heißen Zonen nicht
außergewöhnlich. Hat man schlecht vorgesorgt und der Körper
bekommt nicht genügend Nachschub, kann dieser Zustand zur
Müdigkeit sowie auch zu körperlichen Schäden führen. Es gibt genug Bücher, Broschüren, Zeitschriften und medizinische Texte, die
dem Radfahrer das wichtigste über seinen Wasserhaushalt erklären.
Meine Wasserversorgung während der Äqua-Tour war in keinem
Buch beschrieben und wenn ich alles richtig gemacht hätte (so wie

es in den Büchern steht), wäre ich wahrscheinlich unterwegs ver-
durstet, denn das Wasser, das mir zum Trinken zur Verfügung
stand, hätte bei den meisten Ärzten und Sportmedizinern mit einem Naserümpfen begonnen und mit einem Zusammenschlagen
der Hände über dem Kopf aufgehört. Spätestens dann, wenn die
Zunge am Gaumen festklebt oder der Wüstensand zwischen den
Zähnen knirscht, nimmt man jede Flüssigkeit zu sich, egal ob sie
braun oder trübe ist. Zum Filtern, Behandeln oder gar abkochen
hat man in den seltensten Fällen die Zeit oder kann so lange warten. In vielen Ländern ist das Leitungswasser genauso mit Chemie
behandelt wie bei uns und kann problemlos getrunken werden. Mit
der Zeit gewöhnt man sich an nicht sauberes Wasser, ein Restrisiko
wird immer bleiben.
Während der Äqua-Tour bin ich lange Strecken durch die heißesten
und feuchtesten Gebiete der Erde gefahren. 1000 Kilometer durch
die Simpsonwüste in Australien, durch Indien bei 52° C usw., und
ich habe während meinen 660 Reisetagen keinen einzigen Löffel
isotonischer Getränke zu mir genommen. Ich bin der Meinung, daß
mein Körper bei guter, ausgeglichener Ernährung ausreichend
Mineralstoffe und Vitamine bekommt und selbst bei täglichen 100
Kilometern ohne die vielgepriesenen Elektrolytgetränke auskommt.
Ich könnte das Zeug ja auch nicht kiloweise mit mir herumschlep-
pen. Ich habe stattdessen fast täglich 4 Hefetabletten (Vitamin B
Komplex) eingenommen und wenn immer möglich viel frisches
Obst gegessen.

Das Feuer

Ein Streichholz kann bei unsachgemäßer Behandlung zum wahren Zündstoff werden und viel Schaden, Leid und Qualen anrich-
ten. Andererseits kann man mit einem Streichholz aber auch viel
Gutes tun sowie Licht und Wärme erzeugen. Der wichtige Punkt
dabei ist, daß der Sinn des Feuers richtig einkalkuliert wird.
Während der Äqua-Tour und bei meinen anderen Fahrradreisen
habe ich in vielen Gebieten das Feuer als natürlichen Energiespen-
der zum Kochen, als Lichtquelle, zum Kleidertrocknen und als Wär-
mespender benützt.

Ich machte es mir zur Gewohnheit, den Leuten in jenen Gebieten, wo es keine oder nur sehr teure Alternativen zum offenen Holzfeuer gibt, zuzusehen, wie man ein Feuer in freier Natur entzündet, benützt und wieder auslöscht.

Papier zum Entzünden des Feuers ist in vielen Gebieten nicht vorhanden und auch gar nicht nötig, denn getrocknetes Gras oder kleine Äste tun es zum Starten auch. Ich war immer fasziniert, mit wie wenig Holz, Ästen, Kuhfladen oder Kameldung die Leute in der Dritten Welt auskommen, um ein nützliches Feuer zu entfachen. Ein „Sonnwendfeuer" mit hoch lodernden Flammen ist nicht nötig, um eine Suppe zu kochen.

Gekocht wird nicht in der Flamme, sondern eher mit der Glut. Die Flamme benützt man während dem Kochen als Lichtquelle. In den Tropen, wo es viele Insekten und Fliegen gibt, kann man durch die Zugabe von feuchten Blättern oder durch besprinkeln eines Astes mit Wasser Rauch erzeugen um sich so z.B. die Moskitos fernzuhalten. Außerdem vermeiden die meisten Tiere Feuerstellen, da diese für sie eine Gefahr darstellt. Nachdem das Feuer seinen Zweck erfüllt hat, sollte man sich stets versichern, daß es nach dem Verlassen auch wirklich gelöscht ist. Feuerverbote, z.B. in Nationalparks, sind unbedingt einzuhalten, will man nicht der Vor ursacher einer größeren Katastrophe werden.

Natur

Da ich mich als Radfahrer und Biker in der Natur bewege, ist es mir sehr wichtig, einen starken Bezug zur Natur zu entwickeln und die Vorteile und die Nachteile zu erkennen und zu akzeptieren. Gegen die Natur anzukämpfen wäre sinnlos.

Ich habe gelernt, möglichst die Tageshitze zu vermeiden und dafür auch eventuell während den Nachtstunden zu fahren. Und nicht gegen den Wind zu kämpfen, sondern eher zu warten, bis er nachgelassen hat. Ich habe aber auch gelernt, trotz verregneter Tage meine Tagesdistanz zu fahren. Ein Tag in der Natur soll auch ein natürlicher Tag sein.

Es gibt viele Möglichkeiten, die negativen Seiten der Natur im positiven Licht zu sehen. Dies ist für mich, der ich während meinen

Mein Kochkessel auf einem afrikanischen Feuer

Tagebücher eincs Fahrrad-Weltreisenden

Reisen meistens Monate oder sogar Jahre unterwegs bin, leichter zu akzeptieren als jemand, der nur den kurzen Urlaub mit dem Rad verbringt.

Der Mensch hat in der Natur schon so vieles kaputtgemacht, daß wir unseren Lebensraum nie wieder so haben werden, wie er einmal war. Wir können uns jetzt nur den Realitäten stellen und versuchen, das, was wir jetzt noch haben, zu schützen, zu bewahren und es nicht noch weiter zu zerstören.

Gefahren

Die wohl größte Gefahr bei jeder Fahrrad- oder Biketour sehe ich im alltäglichen Straßenverkehr. Unfälle, die entweder durch Rücksichtslosigkeit der Autofahrer oder durch Radfahrer selbst verursacht worden sind, sind die häufigsten Unglücksursachen. Dagegen ist die Möglichkeit, als Radfahrer von gefährlichem Großwild attackiert zu werden, minimal. Ich habe schon Elefanten, Büffel, Löwen und Tiger vom Fahrradsattel aus gesehen und teils sogar fotografiert (in Indien war ich einmal mit dem Rad fünf Tage im Jim Corbett Tiger Park unterwegs, und es ist mir nichts passiert - was jedoch absolut keine Garantie für den nächsten Radler dort sein soll!).

Sicherlich hat es auch schon Fälle gegeben, wo Radfahrer von wilden Tieren angefallen, verletzt oder getötet worden sind. Doch von Autos angefahren und getötet wurden mit Sicherheit viel mehr. Ich selbst bin schon etliche Male von motorisierten Verkehrsteilnehmern angefahren und verletzt worden. Doch bis jetzt hatte ich immer großes Glück. Mehr Glück als jene anderen fünf Radfahrer, die ich persönlich kannte, denn sie haben ihre Unfälle nicht überstanden.

Vielen Gefahren kann man ausweichen, andere wiederum vermeiden oder sogar komplett ausschalten, sofern man sie kennt und ernst nimmt. Doch eines sollte man nicht vergessen: die Zeiten, als ein Heinz Helfgen oder Stevens um die Welt radelten, haben sich drastisch und dramatisch geändert.

Der Verkehr, die Gewalt, Überfälle, Diebstahl und die weitergehende Verarmung in vielen Ländern werden in den kommenden Jahren das Radfahren sehr schwierig und unangenehm machen, und man wird seine Reiserouten noch genauer und sicherer planen müssen. Je eher man seine Reisepläne verwirklicht, desto länger kann man später davon zehren und erzählen, wie schön es „früher" einmal war...

Die Ausrüstung

Obwohl ich glaube, für meine Bikereisen einiges an Erfahrung gesammelt zu haben, stehe ich vor jeder Reise erneut vor dem gleichen Problem: welche Ausrüstung mitnehmen?

Ich habe zwar von allen meinen Reisen Expeditionslisten, die mir als Grundlage dienen, doch durch den schnellen Wandel der Technik sind etliche der Ausrüstungsgegenstände, z.B. von der Nilreise 1988 und auch schon von der Äqua-Tour, bereits „Schnee von gestern".

Doch die Basis bleibt für jede Reise, egal wohin, ziemlich gleich. Ob man nun einen Gaskocher, Wilderniskocher mit Solarzelle oder einen Benzinkocher mitnimmt, diese Entscheidung muß jeder, entsprechend seinen Reiseplänen und der Zielregion, selbst treffen. Das gleiche gilt für ein Zelt, Kleidung, Iso-Matte und für alle weiteren Ausrüstungsgegenstände.

Wie schon erwähnt, gehe ich davon aus, daß meine Ausrüstung für jede Reise eine konzentrierte Form meines Haushaltes sein muß. Meine Wohnung besteht aus sechs verschiedenen (kleinen) Räumen: Küche, Schlafzimmer, Wohnzimmer, Büro, Bad und Werkstatt. Meine Bedürfnisse als Mensch unterscheiden sich während einer Bike-Reise nicht wesentlich von meinen Bedürfnissen von zu Hause, meine Ausrüstung jedoch sehr wohl.

Somit reduziere ich also die Einrichtungsgegenstände oder Utensilien dieser 6 Zimmer auf 6 Packtaschen - so einfach ist das.

Fährt man mit einem MTB nicht gerade in die unzugänglichsten Gebieten der Erde, kann man einiges an Gewicht und Ersatzteilen sparen, da es in vielen Ländern Nachkaufmöglichkeiten gibt und bei einem guten Bike nicht allzuviel kaputtgehen dürfte.

Folgende Bestandteile habe ich unterwegs ausgetauscht: 3 x die Ketten, 4 x die Panaracer Reifen, 1 x das Ritzel, 2 x das Nabenlager.

Die Taschen, Karrimor-Kalahari, waren ausgezeichnet. Die Hand-schuhe der Fa. Roeckl waren sehr dauerhaft, ich brauchte für die gesamte Strecke nur 2 Paar.

Der Spaß

Radfernreisen sind natürlich nicht immer mit eitel Sonnenschein und Frohsinn verbunden. Manchmal kann das Radreisen unge-mein nerven und gefährlich sein, und gerade in derartigen Situa-tionen ist der Spaß beim Radfahren sehr weit von den einstigen Vorstellungen entfernt. In diesen Situationen denke ich an all die Leute, die jetzt am Fließband stehen und vieles in ihrem Leben geben würden, um auch die Freiheit, die Sonne und den Wind zu spüren. Dann fühle ich mich auf einmal wieder sehr privilegiert, mit meinem Bike ohne Zwänge und Pflichten unterwegs zu sein. Und außerdem mache ich mir klar, daß ich mir jede Reise selbst aus-suchte, weil ich Spaß am Radreisen habe. In diesem Sinne wün-sche ich auch jedem von euch viel Spaß beim Radreisen!

Tilmann Waldthalers Fahrrad-Expeditionen

1977 - 1981 55.000 km lange Tourenradreise von der Antarktis in die Arktis. Die Reise ging vom südlichsten Teil Neuseeland bis nach Spitzbergen/Norwegen

1982 - 1984 Tourenradreise vom Nordkap bis an den Golf von Guinea in Westafrika

1985 - 1986 Tourenradreise durch Europa

1986 - 1987 Mountainbike-Tour in den Alpengebieten

1987 - 1988 Mountainbike-Tour vom Nildelta in Ägypten bis zu den südlichsten Quellen des Nils in Burundi

1989 - 1990 Erster Teil der Äqua-Tour durch Afrika

1991 - 1992 Zweiter Teil der Äqua-Tour durch Asien, Australien und Amerika

Jan.- Mai 1994 West-Ost Durchquerung von Australien

Diavorträge in Überblendtechnik mit Tilmann Waldthaler

1. Die Äqua-Tour
Der Diavortrag zu diesem Buch

2. Südtirol aus der MTB-Perspektive
Eine Mountainbike-Tour mit Tilmann Waldthaler

3. The Great Australian Bike Ride
Drei Extrem-Biker durchqueren Australiens Wüsten und Steppen

Termine und Auskünfte erhält man bei Tilmann Waldthaler, Agratsberg 5, I - 9058 Sarnthein (Bz.), Tel. u. Fax: 0039 471 625227

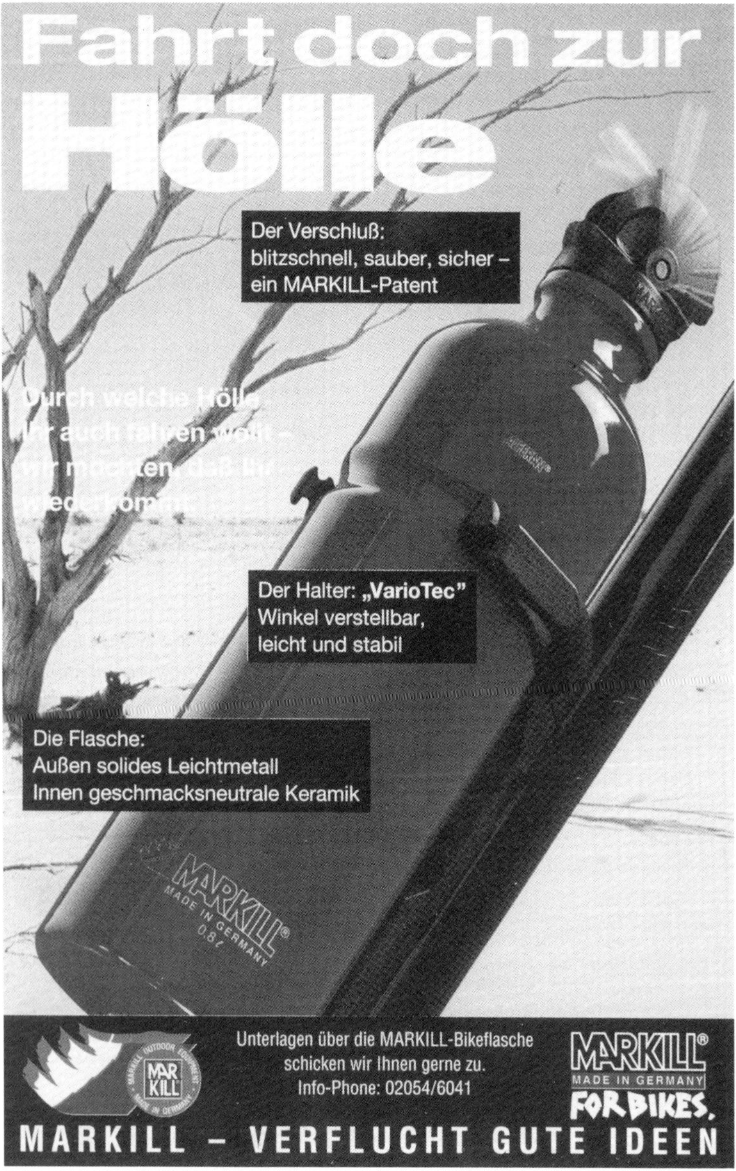

Fahrt doch zur
Hölle
Der Verschluß:
blitzschnell, sauber, sicher –
ein MARKILL-Patent
Durch welche Hölle
ihr auch fahren wollt –
wir möchten, daß ihr
wiederkommt.
Der Halter: „VarioTec"
Winkel verstellbar,
leicht und stabil
Die Flasche:
Außen solides Leichtmetall
Innen geschmacksneutrale Keramik
MARKILL
MADE IN GERMANY
0.8ℓ
Unterlagen über die MARKILL-Bikeflasche
schicken wir Ihnen gerne zu.
Info-Phone: 02054/6041
MARKILL®
MADE IN GERMANY
FOR BIKES.
MARKILL – VERFLUCHT GUTE IDEEN

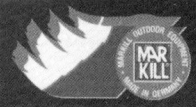

24.000 km!

Dies ist das Originalpaar ROECKL Bikehand-
schuhe, mit dem der Südtiroler Globe-Biker
Tilmann Waldthaler 1989 bis 1992 auf seiner
„Äqua-Tour" die Welt umrundet hat.
Eine gewaltige Herausforderung an Mensch
und Ausrüstung.
ROECKL Bikehandschuhe waren aktiv dabei.

Roeckl.athletiQ

REISE KNOW-HOW Bücher werden von Autoren geschrieben, die Freude am Reisen haben und viel persönliche Erfahrung einbringen. Sie helfen dem Leser, die eigene Reise bewußt zu gestalten und zu genießen. Wichtig ist uns, daß der Inhalt unserer Bücher nicht nur im reisepraktischen Teil „Hand und Fuß" hat, sondern daß er in angemessener Weise auf Land und Leute eingeht. Die Reihe **REISE KNOW-HOW** soll dazu beitragen, Menschen anderer Kulturkreise näher zu kommen, ihre Eigenarten, und ihre Probleme besser zu verstehen. Wir achten darauf, daß jeder einzelne Band gemeinsam gesetzten Qualitätsmerkmalen entspricht. Und um in einer Welt rascher Veränderungen laufend aktualisieren zu können, drucken wir bewußt kleine Auflagen.

SACHBÜCHER:

Die Sachbücher vermitteln KNOW-HOW rund ums Reisen: Wie bereite ich eine Motorrad- oder Fahrradtour vor? Welche goldenen Regeln helfen mir, unterwegs gesund zu bleiben? Wie komme ich zu besseren Reisefotos? Wie sollte eine TransSahara-Tour vorbereitet werden?
In der Sachbuchreihe von **REISE KNOW-HOW** geben erfahrene Vielreiser Antworten auf diese Fragen und helfen mit praktischen, auch für Laien verständlichen Anleitungen bei der Reiseplanung.

WELT

Motorradreisen
DM 34,80 ISBN 3-921497-20-5

Um-Welt-Reise
REISE STORY
DM 22,80 ISBN 3-9800975-4-4

Achtung Touristen
DM 16,80 ISBN 3-922376-32-0

Die Welt im Sucher
DM 24,80 ISBN 3-9800975-2-8

Wo es keinen Arzt gibt
DM 26,80 ISBN 3-922376-35-5

Fahrrad-Weltführer
DM 44,80 ISBN 3-9800975-8-7

Auto(fern)reisen
DM 34,80 ISBN 3-921497-17-5

Äqua-Tour
RAD & BIKE
DM 28,80 ISBN 3-929920-12-3

REISE STORY:

Reise-Erlebnisse für nachdenkliche Genießer bringen die Berichte der **REISE KNOW-HOW** Reise-Story. Sensibel und spannend führen sie durch die fremden Kulturbereiche und bieten zugleich wertvolle Sachinformationen. Sie sind eine Hilfe bei der Reiseplanung und ein Lesevergnügen für jeden Fernwehgeplagten.

STADTFÜHRER:

Die Bücher der Reihe **REISE KNOW-HOW CITY** führen in bewährter Qualität durch die Metropolen der Welt. Neben den ausführlichen praktischen Informationen über Hotels, Restaurants, Shopping und Kneipen findet der Leser auch alles Wissenswerte über Sehenswürdigkeiten, Kultur und „Subkultur" sowie Adressen und Termine, die besonders für Geschäftsreisende wichtig sind.

EUROPA

Portugal-Handbuch
DM 29,80 ISBN 3-923716-05-2

Mallorca
DM 29,80 ISBN 3-927554-17-0

Mallorca für Eltern und Kinder
DM 24,80 ISBN 3-927554-15-4

Madrid
DM 26,80 ISBN 3-89416-201-5

London
DM 26,80 ISBN 3-89416-199-X

Rom
DM 26,80 ISBN 3-89416-203-1

Berlin mit Potsdam
DM 26,80 ISBN 3-89416-202-3

Ungarn
DM 32,80 ISBN 3-89416-188-4

Paris
DM 26,80 ISBN 3-89416-200-7

Prag
DM 26,80 ISBN 3-89416-204-X

Warschau/Krakau
DM 26,80 ISBN 3-89416-209-0

München
DM 24,80 ISBN 3-89416-208-2

Frankfurt/Main
DM 24,80 ISBN 3-89416-207-4

Schweden-Handbuch
DM 36,80 ISBN 3-923716-10-9

Oxford
DM 26,80 ISBN 3-89416-211-2

Budapest
DM 26,80 ISBN 3-89416-212-0

EUROPA

Ostdeutschland individuell
DM 32,80 ISBN 3-921838-12-6

Ostseeküste/ Mecklenburg
DM 19,80 ISBN 3-89416-184-1

Freistaat Sachsen
DM 26,80 ISBN 3-89416-177-9

Rügen/Usedom
DM 19,80 ISBN 3-89416-190-6

Land Thüringen
DM 24,80 ISBN 3-89416-189-2

Türkei-Handbuch
DM 32,80 ISBN 3-923716-02-8

Türkei West &Südküste
DM 29,80 ISBN 3-923716-11-7

Zypern-Handbuch
DM 26,80 ISBN 3-923716-04-4

Skandinavien – der Norden
DM 32,80 ISBN 3-89416-191-4

Irland-Handbuch
DM 36,00 ISBN 3-89416-194-9

Schottland-Handbuch
DM 36,00 ISBN 3-89416-179-5

Baltikum – Estland, Lettland, Litauen
DM 39,80 ISBN 3-89416-196-5

Litauen mit Kaliningrad
DM 29,80 ISBN 3-89416-169-8

Estland
DM 26,80 ISBN 3-89416-215-5

Lettland
DM 26,80 ISBN 3-89416-216-3

Oberlausitz
DM 24,80 ISBN 3-89416-165-5

PROGRAMMÜBERSICHT

AFRIKA

Durch Afrika
DM 56,80 ISBN 3-921497-11-6

TransSahara
DM 29,80 ISBN 3-921497-01-9

Marokko
DM 44,80 ISBN 3-921497-81-7

Ägypten individuell
DM 34,80 ISBN 3-921838-10-X

Kairo, Luxor, Assuan
DM 26,80 ISBN 3-921838-08-8

Kenya
DM 39,80 ISBN 3-921497-45-0

**Agadir und die Königs-
städte Marokkos**
DM 29,80 ISBN 3-921497-71-X

Zimbabwe
DM 34,80 ISBN 3-921497-26-4

Westafrika
DM 39,80 ISBN 3-921497-02-7

**Madagaskar,
Seychellen, Mauritius,
Réunion, Komoren**
DM 36,80 ISBN 3-921497-62-0

Tunesien
DM 44,80 ISBN 3-921497-74-4

Die Wolken der Wüste
REISE STORY
DM 24,80 ISBN 3-89416-150-7

**Nigeria
– hinter den Kulissen**
REISE STORY
DM 26,80 ISBN 3-921497-30-2

Afrikanische Reise
REISE STORY
DM 26,80 ISBN 3-921497-91-4

**Tonführer Ägypten:
Luxor, Theben**
DM 29,80 ISBN 3-921838-09-8

**Tonführer Ägypten:
Kairo**
DM 32,00 ISBN 3-921838-91-6

Kamerun
DM 36,80 ISBN 3-921497-32-9

ASIEN

Jemen
DM 39,80 ISBN 3-921497-09-4

Myanmar (Burma)
DM 29,80 ISBN 3-9800464-3-5

Phuket/ Thailand
DM 29,80 ISBN 3-89416-182-5

Thailand Handbuch
DM 36,80 ISBN 3-89416-171-X

Bangkok
DM 26,80 ISBN 3-89416-205-8

China Manual
DM 44,80 ISBN 3-89416-167-1

Sri Lanka
DM 36,80 ISBN 3-89416-170-1

Sprachbuch
China
Hoch-Chinesisch (Mandarin),
Kantonesisch, Tibetisch
DM 24,80 ISBN 3-922376-68-1

Sprachbuch
Südostasien
Indonesisch, Thai, Tagalog
DM 24,80 ISBN 3-922376-33-9

RAD & BIKE:

**REISE KNOW-HOW „RAD &
BIKE"** sind Radführer von loh-
nenswerten Radreiseländern
bzw. Radreise-Stories von
außergewöhnlichen, extremen
Rad- und Mountainbike-Tou-
ren durch außereuropäische
Länder und Kontinente. Die
Autoren waren oft jahrelang
unterwegs, und sie sind entweder bekannte, gestandene Bike-
touren-Profis oder „newco-
mer", die mit ihrem Bike in
kaum bekannte Länder und
Regionen vorstießen. Wer
immer eine Fern-Biketour plant
– oder auch nur davon träumt –
kommt an den **RAD & BIKE**-
Bänden nicht vorbei!

ASIEN

**Malaysia & Singapur
mit Sabah & Sarawak**
DM 36,80 ISBN 3-89416-178-7

Singapur
DM 26,80 ISBN 3-89416-210-4

Bali & Lombok mit Java
DM 36,80 ISBN 3-89416-173-6

Sulawesi (Celebes)
DM 36,00 ISBN 3-89416-172-8

**Reisen mit Kindern in
Indonesien**
DM 26,80 ISBN 3-922376-95-9

Vietnam-Handbuch
DM 36,00 ISBN 3-89416-195-7

Nepal-Handbuch
DM 36,80 ISBN 3-89416-193-0

Ladakh und Zanskar
DM 36,80 ISBN 3-89416-176-0

AUSTRALIEN
NEUSEELAND

Neuseeland
DM 34,80 ISBN 3-923716-09-5

Neuseeland
REISE STORY
DM 24,80 ISBN 3-921497-15-9

Australien-Handbuch
DM 32,80 ISBN 3-923716-03-6

AMERIKA

USA/Canada
DM 39,80 ISBN 3-927554-12-X

**Durch den Westen
der USA**
DM 36,80 ISBN 3-927554-16-2

**Durch Canadas Westen
(mit Alaska)**
DM 36,80 ISBN 3-927554-03-0

**Durch die USA mit Flug-
zeug und Mietwagen**
DM 36,80 ISBN 3-927554-10-3

**Als Gastschüler in
die/den USA**
DM 22,80 ISBN 3-97554-14-6

Amerika von unten
REISE STORY
DM 22,80 ISBN 3-9800975-5-2

**„Und jetzt fehlt nur noch
John Wayne…"**
REISE STORY
DM 22,80 ISBN 3-927554-18-9

Mexiko
DM 36,80 ISBN 3-9800975-6-0

Guatemala
DM 36,80 ISBN 3-89416-214-7

Peru/Bolivien
DM 34,80 ISBN 3-9800376-2-2

**Traumstraße
Panamerikana**
REISE STORY
DM 24,00 ISBN 3-9800975-3-6

Venezuela
DM 36,80 ISBN 3-921497-40-X

Sprachbuch
Lateinamerika
Spanisch, Quechua, Brasilianisch,
DM 24,80 ISBN 3-922376-18-5

Trinidad & Tobago
DM 36,80 ISBN 3-89416-174-4

Clemens Carle

Rad-Abenteuer Panamericana

45.000 km mit dem Bike von Feuerland nach Alaska

Die "Traumstraße der Welt" nicht mit dem Auto, sondern mit einem Trekking-Bike! Das erste Buch einer Panamericana-Radtour. Clemens Carle brauchte 1000 Tage, um von Feuerland sein Ziel "Eismeer" in Nordalaska zu erreichen. Kaum jemand anders hat wie er diese längste Straße Amerikas in all ihrer herben Schönheit und auch ihrer ganzen Härte so intensiv erlebt wie er. Spannend, einfühlsam, realistisch.

300 Seiten, viele Farb- und SW-Fotos, Karten
ISBN 3-929920-13-1, DM 28.80

Hartmut Fiebig

Bike-Abenteuer Afrika

15.000 Rad-Kilometer durch Wüste, Busch und Urwald

Was es heißt, Afrika in seiner ganzen Größe und Härte durch Wüste, Steppe, Busch und Urwald auf einem Fahrrad von Nord nach Süd zu durchqueren, kann eigentlich nur der voll ermessen, der es selbst kennt. Die Reise führt durch Ägypten den Nil hinauf, durch die Bürgerkriegswirren des Sudan nach Ost- und Südafrika. Man liest pures Fahrrad-Abenteuer und lernt dabei mehr über den "Dunklen Kontinent" kennen als so manche gelehrige Abhandlung.

300 Seiten, viele Farb- und SW-Fotos, Karten
ISBN 3-929920-15-8, DM 28.80

REISE STORY

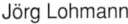